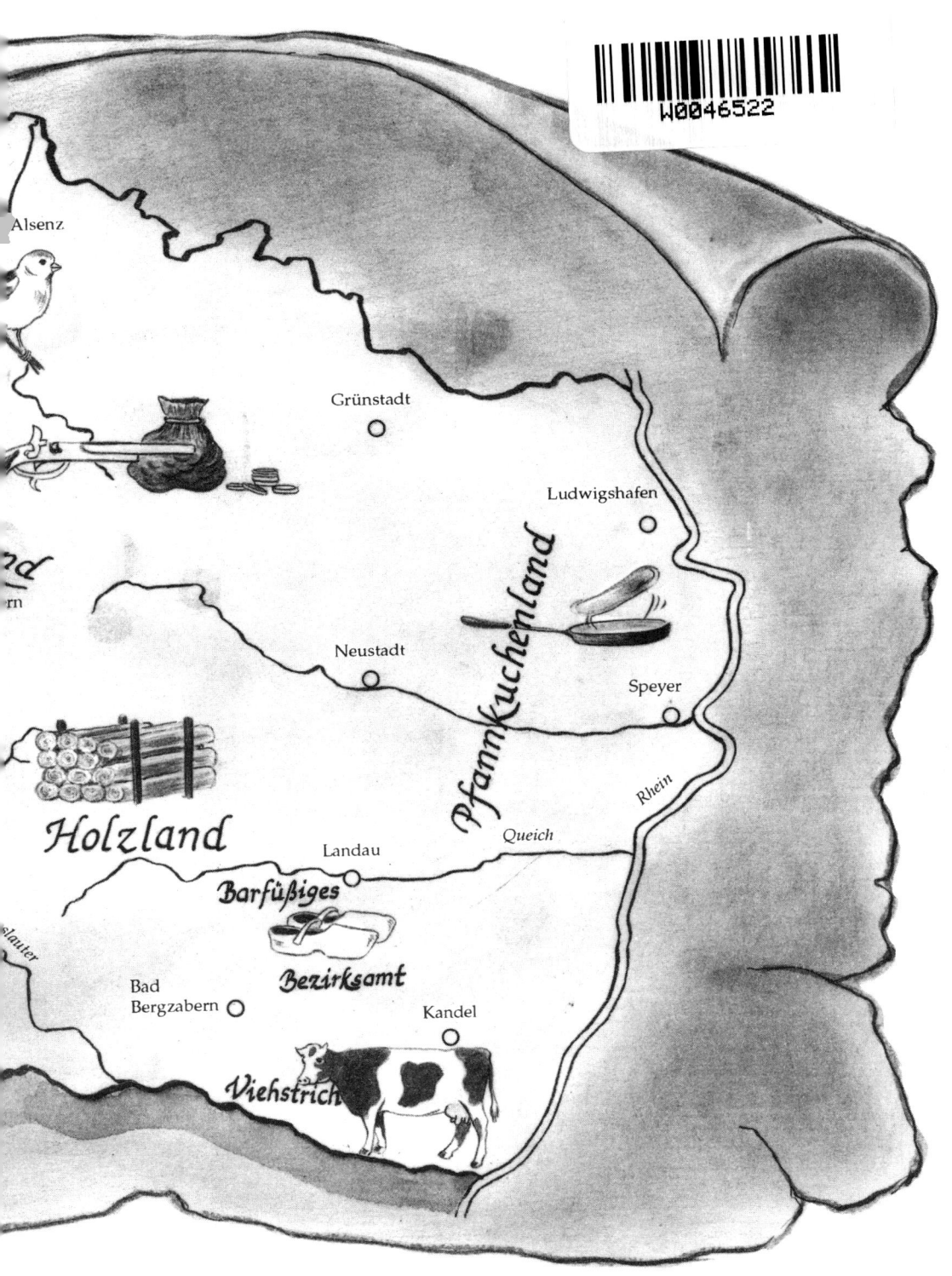

Alsenz

Grünstadt

Ludwigshafen

Pfannkuchenland

Neustadt

Speyer

Holzland

Landau

Queich

Rhein

Barfüßiges

Bezirksamt

Bad
Bergzabern

Kandel

Viehstrich

Helmut Seebach

Pfälzer Volkshumor

Die Necknamen der Dörfer, Städte und Landschaften

Ein Beitrag zur Volkskunde der Pfalz

© BACHSTELZ-VERLAG
HELMUT SEEBACH
Verlagsbuchhandel für Pfalzliteratur
Annweiler-Queichhambach 1993

ISBN 3-924115-12-5

Gesamtherstellung: Robert Weber

Redaktion und Auslieferung:
BACHSTELZ-VERLAG
HELMUT SEEBACH
Verlagsbuchhandel für Pfalzliteratur
Waldstraße 6
55124 Mainz-Gonsenheim
Telefon 0 61 31 / 4 14 85
Telefax 0 61 31 / 46 66 19

Helmut Seebach

Pfälzer Volkshumor

Die Necknamen der Dörfer, Städte und Landschaften

Ein Beitrag zur Volkskunde der Pfalz

"So geraten halt heute viele derartige Dinge, wie z.B. die Ortsspitznamen, an denen noch unsere Großväter ihre helle Freude hatten, allmählich in Vergessenheit. Sie liegen bereits im Sterben.

Die alte Generation nimmt sie mit unter die Erde. Bevor dies aber geschieht, wollen wir sie aufschreiben und für die späteren Generationen als zeitgenössisches Dokument festhalten!"

N.N. 1962.

DIESES BUCH IST (WIEDERUM) DEN BACHSTELZEN GEWIDMET,
ALLEN MENSCHEN, DIE JE IN QUEICHHAMBACH LEBTEN,
LEBEN ODER HIER LEBEN WERDEN,
SELBST WENN SIE NICHTS MIT DEM VOGEL AM HUT HABEN!

Herzlichen Dank für die Unterstützung gebührt

Herrn OTMAR HORNBACH - Annweiler-Queichhambach

Herrn WILFRIED SCHMÖLZ - Ludwigshafen

Bezirksverband der Pfalz

Parkbrauerei AG - Pirmasens

Elwetrittche-Verein e.V. 1982 Landau i.d.Pf.

Inhaltsverzeichnis

Anstelle eines Vorwortes (Erstauflage)

"Der liebenswürdigste Zug der Pfälzer ist ihr Humor; objektiv der Humor der Widerspruchs in tausend Entwicklungen des pfälzischen Volkslebens, subjektiv der Mutterwitz, womit der Pfälzer sich selbst und andere humoristisch zu behandeln weiß. Es ist eine reizende Aufgabe für den Ethnographen, den Humor der Tatsachen zu schildern und zugleich das Volk in seinen Spielen, Witzen, Bildern, Anekdoten humoristisch von sich selbst erzählen zu lassen. Da greift man bei unseren Pfälzern fast so tief ins Wespennest ...

Den Genius der pfälzischen Sprache charakterisiert eine Überfülle von stehenden Schlag- und Kraftworten, Hyperbeln, von volkstümlichen Redewendungen voller Satire und Komik. Im Wortwitz auftrumpfen bringt populären Ruhm, und die Schlagfertigkeit mit der Zunge ist oft größer als mit dem Geiste oder mit der Faust ...

Aber so humoristisch das Volk selber ist, so wenig liebt es, daß ein dritter diesen Humor zur Charakteristik benütze ... Die Spitznamen, mit welchen sich die pfälzischen Städte, Dörfer und Landschaften in alter und neuer Zeit gegenseitig gehöhnt haben, sind mitunter von so kurzer, derber Charakteristik, daß man einen ganzen kulturgeschichtlichen Kommentar darüber schreiben möchte ...

Es wäre eine Lust, in allen deutschen Gauen einmal Schilderungen zusammenzustellen, in denen der Witz des deutschen Volkes sich selbst zeichnet. Kein Pfarrer könnte eine strengere Sittenpredigt geben wie ein solches Buch; aber man müßte es vorerst ins Englische oder Französische übersetzen und jenseits des Kanals oder der Vogesen drucken lassen, damit die Deutschen das Büchlein nicht gar zerrissen. ...

Auf einem Kongreß sämtlicher deutscher Volksstämme wird der Pfälzer jedenfalls das letzte Wort behalten."

WILHELM HEINRICH RIEHL. Die Pfälzer. Ein rheinisches Volksbild. Erstausgabe Stuttgart/Augsburg 1857.

Vorwort zur zweiten Auflage

Im Rahmen der Jubiläumsfeier 700 Jahre Queichhambach, die viele Ortsansässige und Auswärtige im Sommer 1983 in ihren Bann zog, wurden gleich drei Publikationen vorgestellt, darunter auch die Erstauflage dieses Buches.

"Von den Arschkerb bis zu den Zollbüchern. Die Necknamen, Neckverse und Neckerzählungen der pfälzischen Dörfer, Städte und Landschaften" war der etwas langatmige Titel eines schmalen Bändchens, das ich vor über zehn Jahren im Rahmen einer Buchpremiere der Öffentlichkeit präsentierte.

Daß es zu dieser Erstveröffentlichung kam, ist den damals bedeutenden pfälzischen Verlagen zuzuschreiben: Alle fanden das Thema attraktiv und das Manuskript lesenswert, aber kein Verlag wollte es aus wirtschaftlichen Überlegungen drucken. Enttäuscht ob solcher Chuzpe, gründete ich bedenken- aber nicht gedankenlos einen eigenen Verlag. Mittlerweile kann ich nach zehn Büchern über die herablassend gemeinte Etikette "Selbstverleger" nur schmunzeln.

Von vornherein stand fest, daß dieses erste Büchlein allen Queichhambachern zu ihrem Jubiläumsfest gewidmet sein sollte. Da "Bachstelze" der landläufige Neckname der Queichhambacher ist, war es naheliegend auch meinen Verlag nach diesem Vogel zu benennen. Seither bin ich der einzige pfälzische Verlag, der einen Vogel hat - zumindest als Firmenemblem.

Insgeheim verband ich damit die im besten Sinne naive Hoffnung, daß der kleine Vogel den Namen des kleinen Queichtaldorfes in die weite Welt tragen und von Pfälzer Art und Sittte künden möge. Zwar labt es die menschliche Eitelkeit zu wissen, daß die verlegten Bücher in vielen Universitätsbibliotheken im In- und Ausland und selbst in Amerika zu finden sind, doch was nutzt der Flug in die weite Welt, wenn scheinbar selbst das eigene Nest zu Hause nicht sauber ist? Wie kommt es, daß manche Queichhambacher Bürger noch immer ein gespanntes Verhältnis zu ihrem Vogel haben?

Eines der traurigsten Kapitel im Verhältnis des Verfassers zu seinem Heimatort war der wohl einzigartige Fall in der pfälzischen Kommunalpolitik, daß die offizielle Bezeichnung der Kerwe nach dem Necknamen per einstimmigem Gemeinderatsbeschluß ohne Begründung abgelehnt wurde.

Das konnte aber den Flug der Bachstelze nicht hemmen und ihr Lied nicht verstummen lassen. Der Chefreporter der Rheinpfalz, JÜRGEN MÜLLER, hat sich an ihrem Gesang erfreut und zum Erfolg des Büchleins wesentlich beigetragen. In der **Sonntag Aktuell** brachte er in mehreren Folgen ein Uznamen-Alphabet., das eine überwältigende Resonanz hatte. Seinem Aufruf weitere Ortsnecknamen mitzuteilen, folgten Hunderte von Lesern. Es wurde zur größten volkskundlichen Sammelaktion, die je in der Pfalz von einer Zeitung ins Leben gerufen wurde. Die zugesandten Materialien über zumeist in jüngster Zeit entstandene Ortsnecknamen wurden ebenfalls in diese Neuauflage eingearbeitet und als "Mitteilung von N.N." wiedergegeben.

Ungeahnte und bisher ungehobene Schätze bargen die Materialien der sogenannten Brenner'schen Sammlung im Archiv des Vereins für bayerische Volkskunde und Mundartforschung im Institut für deutsche Philologie, Volkskundliche Abteilung der Universität **Würzburg**. Hunderte von Mitteilungen aus der Pfalz mit volkskundlich-mundartlichem Inhalt, die z.T. noch aus der pfälzisch-bayerischen Zeit vor der Jahrhundertwende stammen, haben dort unbeschadet den Zweiten Weltkrieg überstanden und sind bis heute unbeachtet geblieben. Für die Gewährung der Einsichtnahme danke ich sehr herzlich Herrn Professor DIETER HARMENING.

Eine systematische Sammlung von Ortsnecknamen stellt das Fragebogenmaterial des Pfälzischen Wörterbuchs in **Kaiserslautern** dar. Der 1927 an Dorfschullehrer verschickte Fragebogen Nr. 15 beinhaltete zum Schluß noch folgende beiden Fragen:

"24. Mit welchen Versen, Zurufen, Uznamen neckt man die Bewohner der Nachbarorte?

25.

a) Welchen Uznamen haben die Bewohner des eigenen Dorfes in den Nachbarorten?

b) Welche Mundarteigentümlichkeiten werden verspottet?

c) Neckverse."

Die ausgefüllt zurückgesandten 481 Originalfragebögen wurden in wochenlanger Arbeit vollständig durchgearbeitet. Über nahezu jede der rund 700 pfälzischen Ortschaften lagen zumeist mehrere Antworten vor. Das in diesem Buch verwendete Material wurde jeweils mit dem Kürzel "PfWb." gekennzeichnet. Unmittelbar aus dem Pfälzischen Wörterbuch entnommene

Belege sind mit der Ziffer des jeweiligen Bandes und der Ziffer der betreffenden Spalte versehen, nach der Art "PfWb. 4, 573"

Für die in jeder Phase der Arbeit gewährte freundliche Unterstützung danke ich an dieser Stelle herzlich dem Leiter der Pfälzischen Wörterbuchkanzlei, Herrn Dr. RUDOLF POST, nicht zuletzt aber seiner hilfsbereiten Mitarbeiterin, Frau SIGRID BINGENHEIMER.

Zehn Jahre ist zwar kein Alter für einen Verlag, höchstens für einen Vogel, trotzdem nehme ich das Verlagsjubiläum zum Anlaß mit meinen Freunden und Geschäftspartnern zu feiern. All den tausend Leib- und -Seele-Pfälzern, die man mit einem volkskundlichen Sachbuch erreichen und erfreuen kann, sage ich herzlichen Dank. Danke für die erwiesene Treue, das große Interesse, die freundliche Unterstützung und die kritische Begleitung in den vergangenen zehn Jahren! Auch Ihnen sei insgeheim ein ganz klein wenig dieses Buch gewidmet. Bevor ich jetzt die Bachstelze noch einmal hochleben und hochfliegen lasse ...

Helmut Seebach   Annweiler-Queichhambach, im Frühjahr 1993.

Einführung:

Was sind Ortsnecknamen?

Ortsneckereien stehen in dem größeren Zusammenhang der Neckereien auf einzelne und auf Gruppen regionaler und sozialer Art. Hierzu zählen, vor allem Standes-, Stammes- und Volksneckereien, die schon seit dem Mittelalter zahlreich bezeugt sind.

Die *blinden Hessen* und die *Suppenschwaben* sind uns heute geläufige Stammesnecknamen. *Uncle Sam, John Bull* und *Marianne* sind bekannte Spottnamen für die Vereinigten Staaten, England und Frankreich, während wir selbst mit dem Necknamen *Deutscher Michel* bedacht wurden, der mit dem Namen des Erzengels Michael, des Patrons der Deutschen, zusammenhängt.

Volks- und Stammesneckereien betrachten ein Volk von außen her, Ortsneckereien dagegen einen Stamm oder eine Landschaft von innen. Ortsnecknamen sind Einwohnernecknamen und zeigen ein besonderes Gemeinschaftsgefühl an. Die Necknamen stellen eine Selbstdefinition durch den Bezug auf ein bestimmtes Stück Erdoberfläche dar. Es ist vordergründig eine Selbstidentifizierung durch Raumbezug, wissenschaftlich betrachtet im Grunde aber eine Identifizierung mit einer sozialen Kategorie, auf dem Umwege über die Identifizierung mit dem räumlichen Symbol dieser sozialen Kategorie, also mit dem Ort, der Landschaft und deren Namen. Bei Ortsnecknamen handelt es sich folglich um die räumliche Symbolisierung sozialer Bindungen.

Die Entstehung

Neckereien können nur dort entstehen, wo ein ausgeprägtes Selbstgefühl, ein starkes Gruppenbewußtsein entwickelt ist. Dies ist im allgemeinen bei dörflichen Siedlungen eher der Fall, wo man auf engem Raum zusammenwohnt und ein intensiver sozialer Kontakt untereinander besteht.

Einerseits sind Neckereien Ausdruck dieses Zusammengehörigkeitsgefühls und Gruppenselbstbewußtseins, andererseits sind sie auch ein Abwehrmittel gegen das Andere, das Fremde. Alles was zur eigenen Gruppe gehört, erweckt das Gefühl des Bekannten, was zu einer andere Gruppe gehört, löst ein Fremdheitsgefühl aus und wird zum Anlaß des Spottes.

14

Der Spötter betrachtet allein sich selbst als den Besitzer der rechten Sitte, der richtigen Sprech- und Lebensweise. Von dieser selbstbewußten Haltung des Überlegenen aus wehrt und wertet er das Fremde mit der Waffe der Neckerei ab. Da sich alle in dieser Position glauben, folgt dem Spott automatisch der Gegenspott nach, und die Ortsneckereien überziehen wie ein dichtes soziokulturelles Gewebe eine Landschaft. Geltungssucht, Schadenfreude und Unterhaltungstrieb können weitere Kräfte sein, aus denen Necknamen entstehen.

Ortsnecknamen entstammen überwiegend der sozialen Grundschicht. Sie sind in der Regel die Schöpfung einzelner und können schnell Allgemeingut werden. Häufig galt der Spott ursprünglich zunächst nicht der ganzen Gemeinde, sondern einer bestimmten sozialen Gruppe, z.B. den Bauern, Handwerkern, Händlern, (Kap. 4) einem zahlenmäßig überwiegenden oder auffallenden Teil der Bevölkerung, manchmal gar den Bewohner im verrufenen Viertel der Gemeinde (Kap. 12).

Doch bald übertrug sich der Neckname auf alle und der ganze Ort wurde damit bezeichnet. So waren z.B. manche **Ramberger** mit der Bürstenfabrikation beschäftigt, die dann über das Land zogen und ihre Waren als Wanderhändler verkauften. Bei der Bevölkerung waren sie als *Berschdebinner* aus **Ramberg** bekannt, doch allmählich nannte man so alle Bewohner dieses Ortes.

Ist solch ein Übername erst einmal eingeführt, so haftet er unablösbar an seinem Träger und geht automatisch über auf die nachfolgende Generation, wie folgende Mitteilung besagt:

"Personen, die von **Ramberg** auswärts heiraten und deren Kinder heißen im andern Dorf nicht anders als *Berschdebinner*".[1]

So bekam jedermann. ob er es wollte oder nicht, mit seiner Geburt einen zweiten Herkunftsnamen. Im Umgang der Bewohner der Dörfer und Städte miteinander war dieser Name so etwas wie eine soziale Visitenkarte. Sie besagte unmißverständlich, wer aus welchem Ort stammte und was er war. Mit diesem uneigentlichen Ortsnamen verband sich eine eigene soziale Realität.

---

[1] Mitteilung aus **Roschbach** an das Pfälzische Wörterbuch.

Zur Anwendung ...

Humorvolles, harmloses Spielen mit dem Ortsnamen, feine Ironie, sanfte Stichelei, ausgeprägter Sarkasmus, scharfer, beißender Spott, rüpelhafte Derbheiten und verletzende Zotenhaftigkeit, all diese Nuancen des Volkshumors können je nach Temperament mit dem Necknamen zum Ausdruck gebracht werden. Gleich in welchem Grade dies geschieht, die Verspottung ist stets das Ziel des kommunikativen Aktes. Diese wird durch dreierlei Formen erreicht. Einmal durch die direkte Aussprache, dann durch die Darstellung des Necknamens als Lautäußerung und schließlich durch ein Symbol oder eine symbolische Handlung. Betrachten wir zunächst die herkömmlichste und häufigste Form der Verspottung, die direkte Aussprache. In nachfolgendem Beispiel zeigt sich anschaulich die Funktion des Necknamens als Reiz-, Schlag- oder Stichwort:

"Die **Rülzheimer** riefen: 'Du **Hördter** *Willobst*!' und wir antworteten: 'Ich stach dich tot!' (Denn sie hießen die *Stecher* - der Verf.) Bumbs, da flogen die Steine rüber und nüber. ... und nicht bloß die Jungen, sondern auch die Alten konnten fuchsteufelswild werden und hetzten die Hunde gegen einen, wenn man ihnen das Stichwort an den Kopf warf."[2]

Eine in der Form reduzierte, jedoch ebenso unmißverständliche Art der Verspottung, kann mit der Nachahmung von Sprach- oder Lautäußerungen gegeben sein. In **Gundersweiler** fühlten sich die Menschen aufs Korn genommen, wenn jemand zu brummen oder nur zu summen anfing.[3] Der Ruf von Tieren eignete sich bei dieser Art der Verspottung besonders, wie folgende Erinnerung zeigt:

"In jenen Zeiten fuhren die Bauern aus unserer Gegend noch mit ihren Fuhrwerken ins Saargebiet, um dort Kohlen zu holen. So eine Fahrt dauerte gut zwanzig Stunden und man mußte mitten in der Nacht aufbrechen. Wenn die Fuhrleute dann in der Dunkelheit durch **Haschbach** kamen, konnten sie es sich nicht verbeißen, (wegen des Ortsnecknamens - der Verf.) 'Katz, Katz' oder 'miau, miau' zu schreien. Davon wurden auch die **Trahweilerer** wach, zogen ihre Kleider an und bewaffneten sich mit Knüppeln und Ochsenziemern; denn sie wußten, bald danach würden sie den Kuckucksschrei zu hören bekommen. Der sollte daran erinnern, daß die Gemeinde **Trahweiler** keinen eigenen Wald und somit auch keinen Kuckuck besitzt.

---

2 N.N. 1919.
3 Weil sie *Brummler* genannt werden; siehe Kap. 5.

Durch nachgemachte Kuckucksschreie wollten die **Trahweilerer** aber nicht in ihrer Nachtruhe gestört werden. So standen sie bereit, wenn die Fuhrwerke **Haschbach** passiert hatten, und beim ersten Kuckucksruf, der durch die Nacht gellte, sprangen sie auf die Wagen und verdroschen die Fuhrleute nach Strich und Faden. Diese konnten sich nur retten, indem sie verzweifelt auf die Pferde oder Kühe einschlugen und sich aus dem Staube machten."[4]

Als dritte Möglichkeit schließlich kann die Verspottung auch "sprachlos", d.h. durch die Reduktion auf eine Grußgebärde, also allein durch eine symbolische Handlung oder Geste, bewirkt werden. Voraussetzung dafür ist natürlich, daß alle Beteiligten die Zeichensprache verstehen, d.h. der unausgesprochene Neckname muß allen bekannt ist:

"Um die **Deidesheimer** in Wut zu bringen, brauche man ihren Necknamen noch gar nicht zu nennen, es genüge, wenn man den Zipfel seines Taschentuches als *Eselsohr* aus der Rocktasche hängen läßt."[5] Gleiches konnte einem in **Sausenheim** und **Forst** passieren.[6] Auch wer einst durch **Annweiler** ging und sich über den Ärmel strich, mußte auf allerhand gefaßt sein.[7]

"Und wer vor Zeiten durch **Ungstein** ging mit einem Zahnstocher im Mund (als Gottessprich: die **Ungsteiner** hätten für ihre Karmenade gerade Zahnstocher nötig), dem war, ehe er vor's Dorf hinauskam, eine Tracht Prügel so sicher wie etwas."[8]

In gesitteten Bahnen verläuft dagegen die symbolische Verspottung beim Fasching. So war es im 19. Jahrhundert öfters vorgekommen, daß z.B. bei Faschingsumzügen in **Kaiserslautern** und in **Otterberg** der gegenseitige

---

[4] Nierhaus 1980.
[5] Bertram 1962.
[6] "In **Sausenheim**, wie auch in **Forst**, soll man es heute noch nicht wagen dürfen, als Fremder durch den Ort zu gehen und dabei den Zipfel seines Taschentuches aus der Tasche hängen zu lassen. Es war ein bekanntes Uzmittel der Nachbarn, solch ein *Eselsohr* aus seinem Schnupftuch zu machen." Bertram 1936.
[7] "Wer daher vordem in **Annweiler** mit der Hand über den Ärmel strich, der konnte auf Prügel gefaßt sein. Höhnt aber jetzt ein Fremder mit dem alten Spottzeichen, dann brauchen ihm die Männer von Annweiler nur ihr monumentales Rathaus zu weisen, das wiegt schwerer als hundert Samtmäntel und hundert Ärmel dazu." Riehl 1972, S. 122; siehe Kap. 2.
[8] Esslinger 1922, S. 80.

Neckname *Schabsler* und *Zahnstocher* symbolisch dargestellt wurde, wobei emsiges Fingerstreichen an das Schaben von Rüben gemahnte, die die Lautrer auf der **Otterberger** Flur entwendet hätten.[9]

Überhaupt ist es der Fasching, der sich naturgemäß mit dem Volkshumor befaßt, vielmehr befassen sollte. Leider geschieht dies bei den pfälzischen Karnevalsvereinen heute überwiegend nur formell und nominell, auch wenn eine große Anzahl von ihnen sich auf den traditionellen Ortsnecknamen beruft (siehe Anhang).

... und Wirkung

Die Verwendung des Ortsnecknamens im Sprachgebrauch, seine bewußte Anwendung im sozialen Handeln und die Reaktion der Geneckten können nicht nur je nach Temperament unterschiedlich sein, sondern waren auch nicht zu allen Zeiten gleich.

Im 19. Jahrhundert kam die Verspottung mit dem Ortsnecknamen einer Aufforderung zum Kampf gleich.[10] War damals Publikum aus den Nachbardörfern auf der Kerwe, bei Tanzmusikveranstaltungen oder bei Begegnungen im Wirtshaus anwesend, nahm das gegenseitige Rufen des Necknamens kein Ende, bis sich die Gemüter so erhitzten, daß man sich schließlich des Spottes mit Tätlichkeiten erwehrte. Der bekannte Heimatdichter AUGUST BECKER hat dies in der "Nonnensusel" und im "Schreinerbäwele" anschaulich geschildert. Nur zu verständlich ist auch, daß in dieser Zeit ein Freier aus dem Nachbarort oder auch ein hinzugezogener Neubürger einen schweren Stand hatten.[11]

Alle diese Erscheinungen geben uns Einblick in ein archaisches Verständnis von Ehre, das durch die soziale Realität des Dorfes als Lebens- und Wirtschaftsgemeinschaft geprägt war. Dieser über Jahrhunderte tradierte

---

[9] Pfälzisches Museum 1908, Nr. 2, Bronner 1911.
[10] "Wie in anderen Gauen hänseln sich auch im Westrich Nachbarorte durch Spottworte und Spottverse, was für die Jugend einer 'Aufforderung zum Kampfe' gleichkommt." Leibrock 1933.
[11] "Mit den **Deidesheimer** Buben gab es auf der Kerwe wegen den Mädchen oft Streit. ... Für die Nachbarsbuben war es das schönste, die Einheimischen mit ihrem Schimpfnamen zu ärgern, nach dem Reizen kam das Verkloppen, und nach dem Raufereisieg bei den Mädchen 'absahnen', dann als auswärtiger Kerwegast ein schönes Mädchen gewinnen, einladen und heimbringen, das war wirklich das höchste Ergebnis und ein unvergeßliches Kerwebubenerlebnis" Mitteilung von ELSE KLEIN - **Wachenheim**.

Ehrbegriff verlangte automatisch eine Wiedergutmachung im Falle einer Verletzung. So ist mit der Verteidigung der kollektiven Ehre eng das Auftreten verbaler und körperlicher Gewalt verknüpft. Die Ehre des Dorfes stand zumal an der Kerwe zur Disposition, dem wichtigsten Fest aller Feste im Jahreslauf, bei dem sich das Dorf nach außen hin präsentierte:

Heute findet man sich in der Regel mit seinem Necknamen ab. Man macht eine gute Miene zum bösen Spiel und antwortet allenfalls mit Gegenspott. Zudem wird durch unsere moderne Massen- und Mediengesellschaft der örtliche Konkurrenzgeist neutralisiert, die ortsbezogenen Spottnamen verlieren ihre ursprüngliche Schärfe.

"Gerade auf den Sportplätzen wird ab und zu der eine oder andere Ortsspitzname noch ausgesprochen."[12] Die vorteilhafteste Reaktion ist, sich zu dem Necknamen seines Heimatortes bewußt zu bekennen, weil dies dem Spott die Spitze nimmt. Dies kann unter anderem dadurch geschehen, daß man den Gegenstand der Neckerei zum Symbol der Gemeinde erhebt, z.B. als Darstellung bei Umzügen, auf der Kerwe oder an Fasching, als Emblem auf der Vereinsfahne oder im Ortswappen, oder indem man das örtliche Nationalgericht in der Dorfgaststätte serviert und anderes mehr:

Dieses bewußte Herumführen und Zurschaustellen ist die Sichtbarmachung des dörflichen Sinnbildes in der Menge und erbringt damit eine allgemeine Werterhöhung des Zeichens. Es kann in aller Regel zur Steigerung des Dorfgemeinschaftsgeistes beigetragen. Man bringt dem Symbol seiner heimatlichen Kulturgruppe warme Gefühle und eine Anhänglichkeit entgegen, wie gegenüber Familienmitgliedern und Freunden. Diese Hochschätzung des Symbols der eigenen Gruppe geht mit einer entsprechenden Abwertung desjenigen jeder anderen, vergleichbaren kulturellen Einheit einher. Die Abwertung kann sehr radikal und ungerecht sein und entbehrt sehr oft einer realen Grundlage.

Necknamen bleiben auch in der Gegenwart Indikatoren gegenseitiger Sympathie und Antipathie. Dieser Sachverhalt ist für die Kommunalpolitik nicht unbedeutend bei Fragen der Eingemeindung, der Verbandsgemeinde- und Landkreisbildung oder bei der Wahl zentraler Orte für Schule und Verwaltung.

Überhaupt entdecken vor allem Kommunalpolitiker in letzter Zeit die positiven Seite des Volkshumors und nutzen sie werbewirksam für ihre

---

[12] N.N. 1962.

Gemeinde. Seit den achtziger Jahren ist in der Pfalz der Trend zum repäsentativen Dorfbrunnen festzustellen. Kaum eine Gemeinde, die dabei nicht mithalten möchte. Verspricht dies doch mindestens ein Bild in der Zeitung anläßlich der Brunneneinweihung. Während zahlreiche Brunnen geschichts- und gesichtslose Fantasiegebilde sind, wird bei manchen an die gewachsene Dorfkultur angeknüpft. Originell sind sie dann zu nennen, wenn dem Ortsnecknamen gestalthaft Ausdruck gegeben wird, wie in **Freckenfeld** (Krautkopf-Brunnen), **Münchweiler**-SÜW (Goldammer-Brunnen), **Vollmersweiler** (Fuchs-Brunnen). Ein herausragendes Beispiel stellt **Winnweiler** dar. Hier wurden die Necknamen der vier Ortsteile **Alsenbrück**, **Hochstein**, **Langmeil** und **Potzbach** als Skulptur in Bronze gegossen und bilden eine sehenswerte Plastik ohne Brunnenanlage.

Mit der Personalisierung des Ortsnecknamens schafft man einen attraktiven Werbeträger, entweder als Gruppe oder als Einzelperson. Die **Venninger** Theatergruppe betreibt seit 1981 unter dem Namen "Worschdzippel" Brauchtumspflege. Das gleiche tun auch die **Roschbacher** "Kuckucksmusikanten". Die **Rodalber** wollen mit ihrem "Grünesputschefest" und ihrer neu geschaffenen Symbolfigur, der "Grünesputschefraa", den Fremdenverkehr ankurbeln.

Attraktiv für Fremde und lukrativ für die Veranstalter sind die in den letzten Jahren wie Pilze aus dem Boden schießenden Stadt-, Dorf- und Vereinsfeste in aller Regel dann, wenn mit dem Necknamen etwas Eß- oder Trinkbares bezeichnet (siehe Anhang) und entsprechend angeboten wird.

Mit all den aufgeführten Erscheinungsformen des Ortsnecknamens schafft sich das Volk ein neues Brauchtum und altes wird mit Leben erfüllt. Unsere pfälzer Heimat wird dadurch nicht zuletzt kulturell vielfältiger und attraktiver werden. Trotz guter Ansätze und gelungener Beispiele bleibt auch in diieser Hinsicht noch viel zu tun in der Pfalz.

Der Geltungsbereich

Der Geltungsbereich eines Ortsnecknamens ist in der Regel klein, er beschränkt sich häufig auf die unmittelbar umliegenden Nachbargemeinden. Die Ausdehnung, das heißt der Grad der Bekanntheit, hängt einerseits ab von der Bedeutung und dem Ansehen des Ortes, andererseits aber auch von der Zugkraft des Necknamens selbst.

Gesteigerter Individualverkehr, erhöhte Mobilität und weitreichende Kommunikationsmittel führen die Menschen aus weit entfernten Orten zusammen und der Geltungsbereich der Ortsnecknamen vergrößert sich dadurch. Als negative Auswirkung dieser Ursachen kann sich aber auch der Rückgang des örtlichen Gemeinschaftsbewußtseins einstellen und letztlich das Verschwinden von Ortsnecknamen zur Folge haben.

Es ist keine Seltenheit, daß sich ein Dorf bei den Nachbarn im Osten eines anderen Namens erfreut als im Westen und wieder eines anderen im Norden und Süden. So stichelt man **Meckenheim**, das östlich von **Neustadt** liegt, von Norden her mit *Häbb*, weil es der nördlichste Ort ist, der statt "ich habe", "ich häbb" spricht. Von Süden her ruft man ihm *Gääschnickel*, d.h. Gäuschnickel, zu, außerdem muß es sich aber auch noch *Nüß* und *Hewwel* gefallen lassen.[13]

Schon FRIEDRICH JOHANN BRONNER stellte in seinem 1911 erschienenen "Bayerischen Schelmenbüchlein" fest, daß unter allen süddeutschen Landschaften in der Pfalz die Zahl der Necknamenorte besonders groß ist. Die vorliegende Sammlung läßt den Schluß zu, daß es wohl kein pfälzisches Dorf gibt ohne mindestens einen Necknamen, viele Orte können sogar mehrere, bis zu einem Dutzend und mehr verschiedene Necknamen haben.

Der untersuchte Raum

Inhalt und Umfang des Begriffes Pfalz sind zu verschiedenen Zeiten unterschiedlich verstanden worden. Die vorliegende Studie hat sich auf ein Gebiet beschränkt, das der Pfalz im heutigen verwaltungspolitischen Sinne Rechnung trägt:

Die Ortspunkte **Frankenthal** und **Lauterburg** im Nord- und Südosten, **Zweibrücken** und **Bad Münster a.S.** im Süd- und Nordwesten markieren ungefähr den geographischen Raum, aus dem die Necknamen gesammelt wurden. Im Gegensatz zum Untersuchungsgebiet des Pfälzischen Wörterbuches (**Kaiserslautern**) sind die heute saarländischen Kreise **Homburg**, **St. Ingbert** und **St. Wendel** nicht berücksichtigt.[14]

---

[13] Christmann 1951.
[14] Über dieses Gebiet und die angrenzenden Regionen liegt eine neue Sammlung vor: BRAUN, EDITH. Necknamen der Saar und drum herum. Lebach 1991.

Die Schönheit der Pfalz beruht nicht zuletzt auf dem reizvollen Wechsel unterschiedlicher Naturlandschaften: Das landwirtschaftlich intensiv genutzte sandige Flachland der Rheinebene, die im Westen angrenzende reben-bewachsene Haardt, die übergeht in das größte zusammenhängende Misch-waldgebiet Deutschlands, den Pfälzerwald, die sich darin anschließende Südwestpfälzische Hochfläche als ein Teil des Westrichs, mit der Sickinger Höhe und dem Zweibrücker Hügelland, die Westpfälzische Moorniederung und das Nordpfälzische Bergland.

Eine Übertragung der Necknamen auf Karten ergäbe, daß auch darin die reizvollen regionalen Unterschiede entsprechend der Vielgestaltigkeit der Landschaften zum Ausdruck kämen. Gewisse Necknamen kommen in einem bestimmten Raum häufig vor, andere wiederum nicht. Wir würden z.B. eine Menge Necknamen nach Kulturpflanzen vor allem in der fruchtbaren Rheinebene vorfinden, *Esel* und *Rückkorb* als an den Haardthügeln und im angrenzenden Pfälzerwald gebräuchliche Transportmittel, eine Vielzahl Necknamen nach Waldtieren im Pfälzerwald u.v.a.m. Vielleicht findet der aufmerksame Leser auch das Urteil von OTTO BERTRAM bestätigt, der in Bezug auf den Landkreis **Neustadt** zu folgendem Urteil kam: "Die witzig-sten Bezeichnungen stammen aus den Dörfern des Hügellands, die Necknamen der Walddörfer erscheinen rauher und derber als die übrigen."[15]

Aber auch in anderer Hinsicht dienen uns die Necknamen in ihrer räum-lichen Verteilung als eine aussagekräftige historisch-volkskundliche Quelle. Nördlich einer Linie von Schwarzbach, Queich und Speyerbach finden wir keine Necknamen und Neckverse mehr, in denen der Holzschuh vorkommt, südlich davon ist ein Verdichtungsgebiet mit Teufelsnamen und Teufels-versen, sowie mit Sauerkraut-Namen. Wir dürfen mit Recht annehmen, daß wir hier eine in west- östlicher Richtung verlaufende Kulturscheide haben. Sie ist in so fern von fundamentaler kulturhistorischer Bedeutung, als diese Sprachreflexe das südpfälzische Gebiet bis zur Linie Schwarzbach, Queich und Speyerbach als eine Region ausweisen, in der vordergründig als franzö-sisch geltende Kulturerscheinungen wie das Holzschuhtragen und die Vorliebe für Sauerkraut zum Vorschein kommen. Sie können die an anderer Stelle schon postulierte These unterstützen, daß Pfalz und Elsaß in vielerlei Hinsicht einen Kulturraum ohne Grenze bilden.[16]

---

[15] Bertram 1962.
[16] Siehe Seebach Pfälzer Bauer 1991, S. 27 f; siehe Seebach Weihnachten 1990, S. 11 ff, S. 35 ff, S. 54 ff.

Die sprachliche Form

Aufgrund der unterschiedlichen Quellen ist nicht immer die Mundartform des Necknamens überliefert, eine größere Anzahl erscheint in der schriftsprachlichen oder halbmundartlichen Form. Bei mundartlichen Varianten eines Necknamens wurde die in der Literatur am häufigsten erwähnte Form dargestellt. Eine umfassende Aufnahme der Necknamen in ihren Mundartformen aller pfälzischen Dörfer und Städte wäre wünschenswert, sie konnte aber bisher nicht erstellt werden.

Der Neckname muß nicht immer allein für sich stehen, sondern kann auch eingebettet sein in einen gereimten Vers oder in der freieren Form des Spruches stehen nach dem Muster:

"**Otterbacher** Mohre,
mit de lange Ohre!

Milchsüpper (**Gerbach**)
geh häm, die Milch laaft üwer!"

Eine andere Erscheinungsform bilden Neckverse und Necksprüche über Dörfer und Städte, in denen lediglich der amtliche Ortsname erscheint, z.B.:

"Ich bin vun Märjedaal (**Marienthal**),
mer kennt mich überall,
ich han kan Strump und kan Schuh,
ich hin e armer Bettelbu!"

"Es gibt Gute, Schlechte und **Herxheimer**!"

Manche Neckverse können auch zu den Kleingattungen der Volksdichtung gezählt werden. Sie sind Teil des ehedem populären Spruch- und Liedgutes, wie z.B. die vierversigen Priameln (d.h. volkstümliches Spruchgedicht) der Art:

"Wer über die Haardt geht ungespott',
über **Gimmeldingen** ungeroppt,
über **Mußbach** ungeschlagen,
der kann von Glück sagen!"

Einige solcher Ortsneckpriameln aus den Sammlungen des Deutschen Volksliedarchivs in **Freiburg** konnten auch in diesem Buch eingearbeitet und entsprechend ihrer Herkunft gekennzeichnet werden.

23

Necknamen ergeben sich zuweilen aus der Verdichtung einer vorliegenden Schwankerzählung. Verstehen wir den Schwank als eine in volkstümlicher Form gehaltene Erzählung mit lustigem, komischen oder derbem Inhalt, so müssen wir zwischen Schwankgeschichte einerseits und Schwankmärchen und Schwanksage andererseits unterscheiden. Der Inhalt der schwankhaften Geschichte ist eine Begebenheit, die schwankhaft ist oder ins Schwankhafte umgebogen wird. Sie ist zumeist wirklich vorgekommen oder könnte zumindest so geschehen sein, wie sie erzählt wird. Indem sie in der Regel örtlich und zeitlich festgelegt ist, erhält sie Wirklichkeitscharakter, wie z.B. die Schwankgeschichte von den **Hambacher** *Storkefressern*

Im Gegensatz dazu ist das Schwankmärchen eine Mischung aus Schwank und Märchen, weder örtlich noch zeitlich festgelegt und spielt in einer idealen Welt, wie z.B. das von *Jesus und Petrus in der Pfalz.*

Die Schwanksage steht zwischen der Schwankgeschichte und dem Schwankmärchen, Wirkliches und Unwirkliches mischen sich in ihr, wie beim Schwankmärchen, wobei aber dem Wirklichen eine größere Bedeutung zukommt als bei diesem. Sie wird ebenso geglaubt und ist örtlich und zeitlich bestimmt wie die Schwankgeschichte. Allerdings sind die Grenzen zwischen den Gattungen fließend.

Es werden in diesem Buch auch schwankhafte Erzählungen dargeboten, die sich nicht zu einem festen Necknamen verdichtet haben, aber in einem erkennbaren Bezug zu einem bestimmten Ort stehen. Gar manchen Schwänken liegt ein Körnlein Wahrheit, ein örtlicher Vorfall zugrunde, der nur komisch ausgeschmückt oder verzerrt wurde. Es kommt auch vor, daß man eine bereits vorhandene Schwankidee den örtlichen Eigentümlichkeiten anpaßte. Viele Schwänke erweisen sich als ein ausgesprochenes Wandergut und tauchen in den verschiedenen Landschaften Deutschlands auf. So kennt man die Schwanksage von dem Sammetärmel nicht nur in **Annweiler am Trifels**, sondern auch in **Cochem** und **Wimpfen**.

Aber auch die gleichen Necknamen und Neckverse sind oft außerhalb der Pfalz bekannt. Die Spottlitanei, bei der man *ungeschlagen von Glück sagen kann* und die vom *Wind und dem Kind*, kennt man auch anderenorts, sie sind ebenfalls wanderndes Gut.

Auch wenn man bei den Necknamen berücksichtigt, daß sie unabhängig voneinander aufgrund vergleichbarer Voraussetzungen entstanden sein können, so liegen doch sicherlich Übertragungen und Wanderungen vor.

24

Nicht nur Fernwanderungen von Namen haben stattgefunden, sondern vor allem auch Nahwanderungen innerhalb der Pfalz, wie z.B. bei den *Schabsler*-Necknamen. Die *Kiwwelschisser*-Necknamen bilden eine Neck-reihe im **Elmsteiner** Tal und eine solche im Umkreis von **Ludwigshafen**.[17]

Necknamen waren früher mehr als heute vornehmlich Teil der im Alltag gesprochenen Sprache. Der mündlichen Tradierung kommt eine bedeutende Rolle zu. Die Necknamenreihung, also das Phänomen, daß ein oder mehrere unmittelbar benachbarte Orte denselben Necknamen tragen, kann aus der Dialogsituation zwischen Neckendem und Genecktem verstanden werden. Dabei kann folgendes Grundmuster als Reiz und Reaktion bei Ausruf und Antwort zugrunde gelegt werden:

"Du xyz!" - "Selber xyz!"

Aus diesem Dialog bleibt schließlich der identische Neckname an beiden Orten haften: *xyz*.

Gelegentlich zeichnen sich die Necknamen benachbarter Orte durch thematisch zusammenhängenden Spott und Gegenspott aus. Auch darin mag sich die ursprüngliche Dialogsituation widerspiegeln, wie folgende Beispiele zeigen:

Hambach: "Ihr Storkefresser!" - **Diedesfeld**: "Ihr Pannewärmer!"

Harthausen: "Königskinner!" - **Hanhofen**: "Freischare!"

Mundenheim: "Kiwwelschisser!" - **Maudach**: "Auswischer!"

Königsau: "Kiwwelschisser!" - **Brigidau**: "Driwwerdecker!"
(Beide Orte sind ehemals pfälzische Siedlungen in Galizien).[18]

Über das Alter der Namen

Necknamen stellen das einzige noch wirklich lebendige Stück Namensge-bung dar. Werden und Vergehen kennzeichnen sie in zeitlicher Hinsicht. Manche von ihnen kommen ins Alter und sterben, andere werden neu geboren: "Umgekehrt veralten auch derlei Benamungen und bürgen sich neue ein. Eine Zeit lang bestehen dann die beiden nebeneinander."[19] Da Neck-namen jederzeit neu entstehen können, ist auch diese bisher umfassendste

---

[17] Zur räumlichen Struktur der Necknamen siehe Moser 1950, S. 424 ff.
[18] PfWb. 2,122.
[19] Christmann 1951.

25

Sammlung pfälzischer Ortsnecknamen nie vollständig und abgeschlossen. Während allerdings die Personennecknamen mit ihren Trägern zumeist rasch vergehen, haben die Ortsnecknamen allgemein ein längeres Leben.

Wo immer es möglich war, wurde das Alter, d.h. die Entstehungszeit eines Necknamens, vermerkt.[20] Dies konnte oft nur in den Fällen geschehen, die auf ein konkretes geschichtliches Ereignis zurückgehen, denn Necknamen sind mündlich verbreitetes Sprachgut und werden nur äußerst selten schriftlich festgehalten. Manche haben ein erstaunlich hohes Alter, doch reichen vor die Zeit des Dreißigjährigen Krieges wohl nur wenige Namen zurück.

SCHICK 1970 vermutet, daß "schon während des ganzen 18.Jahrhunderts auch die Spott- und Uznamen für fast alle unsere Orte im Westrich entstanden sein müssen."[21] In der Tat können wir im Zusammenhang mit der pfälzischen Auswanderung den Nachweis für das hohe Alter vor allem des Spruchgutes erbringen. Wenn die Ortsneckpriameln wie nach folgendem Muster sowohl im Auswanderungsland als auch im pfälzischen Mutterland auftreten, dürfen wir für letzteres mit Recht auf die allgemeine Verbreitung des Spruchgutes schon vor dem Auswanderungstermin schließen:

"**Allentown** du armie Stadt!
Bethlehem du Bettel Sack!
Estown (Hellertown) du Säuekiwel!
Nazareth (Emaus) der Deckel driwer!"[22] (Pennsylvania)

"**Selz** is die schenschte Stadt,
Baden is der Dudelsack,
Straßburg is der Leierkiwel,
Elsaß is der Deckel driwe,
Mannheim sin die Pfifferleit,
Kandel sin die dimmschde Leit!"[23] (Kutschurganer Gebiet/Odessa)

Beeindruckend ist, um ein weiteres Beispiel zu nennen, der identische Neckname *Stecher* für **Rohrbach** im Beresaner Gebiet in Odessa[24] und

---

[20] "Noch hat es niemand unternommen, das Alter solcher pfälzischen Liebesbeweise zu erfassen." Christmann 1951.
[21] Schick 1970, S. 51.
[22] Mitteilung von Prof. DON YODER. Bis zum Jahre 1775 waren insgesamt rund 95 000 Pfälzer im Hafen von **Philadelphia** gelandet.
[23] Mitteilung von FRANZ SCHÄLL.
[24] Eigene Erhebung.

Badisch-elsässisch-pfälzische Koloniegründungen in der Ukraine (1808 - 1810)

1. Mit den Menschen wanderten vor rund 200 Jahren die Ortsnamen und die Ortsnecknamen in die neue Heimat.

Rohrbach in der Pfalz. Den Bewohnern beider Orte sagt man nach, sie würden stets ein Messer im Sack mit sich tragen. Dieser Neckname und dieses Image von **Rohrbach** muß demnach schon im 18. Jahrhundert, also vor der Koloniegründung (1808/1810), allgemein bekannt gewesen sein, mit in die neue Heimat genommen und auf das neue **Rohrbach** übertragen worden sein. Eine spätere Übertragung ist auszuschließen, da nach der Auswanderung aus der Pfalz keine weiteren Kontakte zwischen "Muttersiedlung" und "Tochterkolonie" bestanden.

Um die Jahrhundertwende begann man mit der schriftlichen Aufzeichnung der pfälzischen Ortsnecknamen. Die vorliegende Sammlung umfaßt die Ortsnecknamen, Neckverse und Neckerzählungen, die in den letzten 100 Jahren in der Pfalz lebendig waren und zum überwiegenden Teil gegenwärtig noch bekannt sind. Manche sind aber allerdings schon in Vergessenheit geraten und erscheinen uns heute als fremd. Deshalb kam und kommt es öfters vor, daß aus Unkenntnis eines historischen Necknamens dessen Gültigkeit überhaupt bestritten wird nach dem Motto: "Was ich nicht kenne, gibt es nicht!" Um diesem Rechtfertigungsdruck vorzubeugen, wird die Herkunft jedes Necknamens im Fußnotenapparat wissenschaftlich nachgewiesen, auch wenn gelegentlich darunter das optische Erscheinungsbild der Buchseite leiden sollte, oder andere Leser wiederum es als "zu genau" erachten.[25] In der Regel wird die älteste gedruckte Quelle herangezogen.

Alle diese (beinahe) verlorenen, vergessenen und verdrängten Ortsnecknamen werden in diesem Buch wieder in Erinnerung gerufen und können nun durch die Betroffenen (erneut) akzeptiert, bewußt angenommen, aktiviert, mit Leben erfüllt und an die nachwachsende Generation als ein Teil des kulturellen Erbes der Pfalz und ihrer Menschen auch ins dritte Jahrtausend weitergegeben werden.

---

[25] Für die zwischen zwei Fußnotenziffern stehenden Angaben gilt jeweils die letzte Fußnote als Quelle.

1. Körperliche und charakterliche Eigenschaften

Es sind überwiegend die schwachen Seiten des Charakters, die körperlichen Gebrechen und das geistige Unvermögen, die in den folgenden Necknamen zum Ausdruck gebracht werden, seltener die Vorzüge. Bei den Namen des ersten Kapitels ist der Wirklichkeitsgehalt nicht gesichert, denn Übertreibung und Verallgemeinerung sind Grundzüge des Spottes. Die Mitmenschen sind scharfe Beobachter, aber nicht immer sachlich. So genügt schon der Eindruck von der auffälligen Besonderheit eines Einzelnen oder einer Gruppe und die Eigenschaft wird als Neckname auf alle Bewohner übertragen. Siedlungsgemeinschaften können aber oft auch einen typischen, unverkennbaren Wesenszug haben, der in einem Necknamen verspottet wird.

Besondere geschichtliche Ereignisse, Begebenheiten im Alltag oder auch nur aus Schadenfreude geborene freie Erfindungen können der Ausgangspunkt von Ortsnecknamen sein.

Zunächst bekommen wir eine Vorstellung wie Pfälzer aussehen, dann erfahren wir Grundsätzliches über ihren Charakter und ihr Verhalten.

Von Kopf bis Fuß

Der vermeintlich wichtigste menschliche Körperteil, der Kopf, erscheint gegenüber anderen Teilen des Körpers als Ortsneckname nicht sehr häufig. Stets erfahren aber die Köpfe eine nähere Bestimmung wie *Schwoll(e)kepp*, (**Berghausen,**[1] **Hengsberg**)[2] *Knuppelkepp*, (**Schweisweiler**) *Wasserkepp*, (**Herxheim a.B.**) *Queckekepp*, (**Hohenöllen**)[3] *Graskepp*, *Drassenkepp*[4] oder *Drassem*,[5] (**Rittersheim**) wegen dem langen, herabhängenden Kopfhaar. Die männlichen Bewohner von **Rittersheim** waren die ersten Pilzköpfe in der pfälzischen Kulturgeschichte der Haartracht, denn sie hatten früher die Gepflogenheit ihre Haare bis zum Genick, zur *Ank*, wachsen zu lassen und hier schnurgerade abzuschneiden. Dies brachte ihnen weiterhin den Necknamen *Perücke* ein, wofür auch mundartlich *Polkaank* gilt.[6] *Die Pause,* d.h. Beule am Kopf, tragen die **Maßweiler**. Die **Siebeldinger** haben *Weißhoor*.[7]

---

[1] Bertram 1936.
[2] Bronner 1911.
[3] PfWb.
[4] Bronner 1911.
[5] PfWb.
[6] Becker 1925.
[7] PfWb.

Der Neckname *Rote* (**Ruppertsweiler,**[8] **Venningen**[9] wird volksläufig auf die Haarfarbe bezogen. Es wird gesagt, wenn man nach **Venningen** ein Schwarzes hintut, bekommt man dafür fünf Rote.

"Venninger Roure, reire uf de Doure!"[10]

Auf die Haarfarbe spielt auch folgender Vers aus **Obermohr** an:

"Grasgrüne Wickespitze,
feierrote Hoor!
Ich han emol e Schatz gehat,
der war vun Obermohr!"[11]

Die Bewohner vom **Schmalfelderhof** haben *Rebeisegsichter*, d.h. Reibeisengesichter, die **Neupotzer** ein Gesicht wie ein *Vollmond*. Die **Horbacher** sehen aus wie *Schecke un Fahle*,[12] die **Rieschweiler** wie *die Fahle*.

Schlappohre gibt es in **Fischbach** (PS), **Ilbesheim** (KIB)[13] und in einem Neckvers über **Oberotterbach**:

"Oberotterbacher Mohre
mit de lange Ohre!"

Eine fast komplette Personenbeschreibung von Kopf bis Fuß eines **Schönauers** liefert folgender endreimschwacher Vierzeiler:

"D'Schenauer Mohre,
mit de lange Ohre,
hubbse iwer d'Bohnestecke
mit de dicke Arschbacke!"

Die **Oberhauser** (ROK) sind *Schlappmäuler*, die **Göllheimer** *dumme Bloomäuler*, die **Oberndorfer** haben ein *Bollmaul* und die Bewohner von **Münsterappel** gar ein *Kuharschlochsmaul*.[14] Die **Maikammer** haben *Langhälse*.[15] Daß die **Gleiszeller** wegen ihrer dicken Hälse *Kröppert*,[16] die **Mühlhofer** *Kropphälse* heißen, hat wohl seine geologischen Ursachen:

---

[8] Heckel 1952.
[9] PfWb. Der Neckname wird auch mit den revolutionären Ereignissen in Verbindung gebracht.
[10] PfWb.
[11] Heckel 1952.
[12] PfWb.
[13] Becker 1925,
[14] PfWb.
[15] Mitteilung von HEINRICH SCHMITT.
[16] Keiper 1925.

"Der Kropf ... ist in der Pfalz in manchen Gegenden eine ziemlich häufige Erscheinung, so auf den kalkreichen Vorhöhen des Gebirges von **Klingenmünster** bis **Bergzabern**."[17]

Die **Waldleininger** sind eine schielende Sippschaft, denn sie werden *scheele Stuft* genannt; *Stuft* gilt auch für die **Callbacher**.

Die **Niedermoschler** haben *Sackduchbärt*.[18]

Die **Maßweiler** haben *Pänz*.[19] Die **Hochstätter** (ROK) sind die *Dickedünne*.

Der Pfälzer Volkshumor kennt eine stattliche Anzahl von Ortsnecknamen und -neckversen, die die menschliche Kehrseite betreffen. *Nackärsch,* **(Hinzweiler)** *Hohlärsch,* **(Erfenbach)** *Geel(b)ärsch,* **(Battenberg)**[20] *Schlabbarsch,* **(Oberndorf)**.[21] *Wasserärsch* **(Fußgönheim)**[22] spiegelt die Nähe zum Rhein wider.

Sehr populär ist ein Neckvers, den sich mit einigen Abwandlungen zahllose Nachbardörfer gegenseitig zurufen: Dabei wird die Form der menschlichen Kehrseite in immer neuen Variationen plastisch geschildert. Sehr häufig ist der Neckvers nur noch als kondensierter Neckname überliefert. Es ist von einer stufenweisen sprachlich-inhaltlichen Reduktion eines ursprünglichen Schnaderhüpfels auszugehen. Der Entwicklungsprozeß wird rückschreitend zur vierzeiligen Strophe etwa folgendermaßen zu skizzieren sein.

In aller Regel wird in der ersten Zeile der Ort genannt, dem ein Lautwort zugeordnet wird. Dieses wiederum kommt in drei Hauptversionen vor: "Hicke-hacke", "Riche-racke" und "Wicke-wacke". Seltene Nebenformen sind *Jicke-jacke(r)* **(Steinbach)** und *Licke-lacke(r)* **(Böhl)**:

Wenn der Volksmund alle darauffolgenden Verse vergessen hat, bleibt lediglich das Lautwort als Ortsneckname stehen: *Hicke-hacke(r),* **(Berg,**[23] **Martinshöhe,**[24] **Neupotz**, **Pleisweiler**, **Rhodt,**[25] **Steinbach-KUS,**[26] **Wals-**

---

[17] Heeger Volksheilkunde 1936, S.116.
[18] PfWb.
[19] N. N. 1951.
[20] PfWb. In der Gemarkung gab es Vorkommen von gelbem Ockersand, der auch abgebaut und verkauft wurde.
[21] PfWb.
[22] Eigene Erhebung.
[23] PfWb.
[24] Mitteilung von EMMA BRAUER.
[25] PfWb.
[26] Mitteilung von GUSTEL WIEMER.

heim) *Ricke-racke(r),* **(Jakobsweiler, Schönau,**[27] **Großsteinhausen)**[28] **Wicke-wacke (Eßweiler, Frankelbach, Heinzenhausen,**[29] **Kleinbundenbach, Rosenkopf).**[30]

Nun kann dieses zweigliedrige Lautwort nochmals verkürzt werden, wie z.B. in *Racker* **(Dirmstein, Gerolsheim, Grethen).**[31]

Ist der Neckname in einen volkstümlichen, zweigliedrigen Neckvers eingebunden, dann steht das ganze Lautwort mit einer seiner drei Varianten auf alle Fälle mit dem anzüglichen "Arschbacke" im Endreim. Dieser Zweizeiler ist als erste Reduktionsstufe anzusehen:

> **"Dierbacher/Neupotzer**[32]**/Knöringer**[33] Hicke-hacke,
> mit de dicke Arschbacke!"

> **"Albersweiler/Godramsteiner** Hicke-hacke,
> mit de krumme Arschbacke!"
(Ebenso **Hatzenbühl, Leinsweiler, Neupotz, Rechtenbach, Vogelbach).**

> **"Lautersheimer/Relsberger** Ricke-racke,
> mit de dicke/derre Arschbacke!"[34]

> **"Heinzenhauser/Oberweiler** Wicke-wacke,
> mit de derre Arschbacke!"[35]

> **"Rhodter**, Rhodter Wicke-wacke,
> mit de dicke Arschbacke!"[36]

> **"Rehborner** Wicke-wacke,
> met de lange Arschbacke!"[37]

Bei der rückläufigen Schilderung der Entwicklungsgeschichte sind wir nun endlich bei der ursprünglichen Ausgangsform angekommen, beim kompletten Vierzeiler, dem Schnaderhüpfel, das häufig beim Tanz oder bei Tanzpausen intoniert wurde. In seinem letzten Paarreim fallen in der Regel "Sohlen" und

---

[27] PfWb.
[28] Schmitt 1980.
[29] PfWb.
[30] Schmitt 1980.
[31] PfWb.
[32] Eigene Erhebung.
[33] Mitteilung von KURT GATTING.
[34] PfWb.
[35] Mitteilung von THEODOR KRENNRICH.
[36] Eigene Erhebung.
[37] PfWb.

"holen" zusammen, wobei der Teufel in einer Verwünschungsformel in bezug auf den Ort angerufen wird. In **Becherbach, Dernbach, Gersbach,**[38] **Kleinbundenbach,**[39] **Mörsbach, Reiffelbach, Sarnstall,**[40] **St. Julian,**[41] **Steinhausen** heißt es:

> "... Hicke-hacker/Ricke-racker/Wicke-wacker,
> mit de krumme/derre/dicke/dinne Arschbacke,
> mit de krumme/derre/dicke/dinne Sohle,
> de Deiwel soll eich hole!"

Die Häufigkeit dieses sprachlich sehr produktiven Neckverses ist auch damit zu erklären, daß sich zwei Nachbarorte in der Form von Spott und Gegenspott mit demselben Vers necken, so z.B. **Kaulbach** und **Kreimbach, Fockenberg** und **Reichenbach**.[42]

Kehren wir zu anderen Körperteilen des Pfälzers zurück. Selbst die Form der Beine, *Dachsbeine,* (**Katzenbach** - KL)[43] und die Gangart, *Hopser,* (**Böbingen**)[44] sind Ziel der Spottlust. Die **Falkensteinern** sind die *Hinnehoch,* [45] denn man sagt ihnen nach: "Sie gehen hinne hoch wie die Gäns!"

Da sie früher an steilen Hängen ihre Feldarbeit mühsam verrichteten, sollen sie einen besonderen Gang bekommen haben und müssen sich deshalb von den Nachbarn verspotten lassen.[46] Genauso ergeht es auch den Bewohnern von **Knopp** mit der Bezeichnung *Watschl.*[47] In **Dahn** und **Hofstätten**[48] sind die *Laafer* und in **Bad Dürkheim** die *Krawweler* zu Hause.[49] Die **Hohenecker** sind die *Duckes.*[50]

Die **Esthaler** sind *Pletz,* wobei ein Plotzer ein dicker, kräftiger Mann ist. Der gedrungene Körperbau scheint den **Erdesbachern** und den **Bosenbachern** den Necknamen *Stumpe,* den **Fehrbachern** *Knorze* und den

---

[38] PfWb.
[39] Braun 1991.
[40] PfWb.
[41] Mitteilung von ROLAND PAUL.
[42] PfWb.
[43] Heckel 1952.
[44] Eigene Erhebung.
[45] PfWb.
[46] Heckel 1925. Ein anderer Erklärungsversuch wird mit der Bauweise der Häuser gegeben, siehe Kap. 7.
[47] Schick 1970.
[48] PfWb.
[49] PfWb. 4,510.
[50] PfWb. 2,592: "Wohl eine abwertende Bildung aus -es, zu ducken 'sich bücken, verbergen'."

Schönauern *Knerzel*[51] eingebracht zu haben. *Krepper(t)*, sonst allgemein die Bezeichnung für kleine Lausbuben, heißen auch die Bewohner von **Rheinzabern** und von **Waldsee**.[52]

Eitle und Angeber

Die Pfälzer haben ein lebendiges Bewußtsein ihrer raschen Auffassungsgabe. Es ist ein Ehrenpunkt des Volkes, gescheit und aufgeklärt zu sein. An die reizbarste Seite des Menschen knüpft sich aber auch am leichtesten die Satire. Eine allbekannte Schilderung zur Charakteristik pfälzischer Art trifft darum spöttisch die Gescheitheit der Pfälzer:

Als ein französischer General, über List und Verrat der **Neustadter** erzürnt, befahl, die drei gescheitesten Leute zu hängen, lief die ganze Stadt davon, weil jeder glaubte, er sei einer davon.

Jemand der sich selbst für besonders klug hält, wird in der Pfalz als *Klugschisser* (**Medard**) bezeichnet.

Dumme gibt es nur in **Mühlbach**,[53] *Narre* dagegen viel mehr, nämlich in **Bayerfeld**,[54] **Böhl**,[55] **Contwig**,[56] **Ellerstadt**,[57] **Flemlingen**,[58] **Forst, Gönnheim, Imsweiler**,[59] **Haardt**,[60] **Herschberg, Kalkofen**,[61] **Niederkirchen-NW**,[62] **Ramberg**[63] und in **Rhodt**.[64]

> "**Ruppertsecker** Narre,
> danze uf de Sparre,
> danze uf de Sohle,
> der Deiwel soll se hole!"[65]

---

[51] PfWb.
[52] Bertram 1938.
[53] PfWb.
[54] Bronner 1911.
[55] PfWb.
[56] Schick 1970.
[57] PfWb.
[58] Mitteilung von ROLF HOHMANN.
[59] PfWb.
[60] Mitteilung von HILDE RÖSSLER.
[61] PfWb.
[62] Bertram 1962.
[63] PfWb.
[64] Eigene Erhebung.
[65] Brenner'sche Sammlung.

Die Bewohner von **Weisenheim a.S.** sollen deshalb *Narren* sein, weil die harten Kirschen und Zwetschgen, die schon vor der Reife abfallen, ebenso heißen.[66] *Schottert*, was ebenfalls 'närrisch' bedeutet, sind die **Morschheimer**,[67] *Rasselkappe* die **Böhler**, *Spinner* die **Oberndorfer**.[68]

In seiner Einleitung zur "Nonnensusel" versucht AUGUST BECKER den Necknamen für **Oberhofen** aus dem großbäuerlichen Millieu des 19. Jahrhunderts zu erklären:
"Der kleine Ort galt als der reichste der Umgegend; seine Bewohner als fleißige, tüchtige Landwirte, haushälterische, nüchterne Leute, die *nichts draufgehen lassen*, und aus jeder Scholle noch einen Extrataler drücken möchten. Man warf ihnen Bauernstolz vor, ein einbildnerisches Selbstgenügen, ja eine gewisse Selbstbespiegelung, wovon ihr Spitznamen *Spiegelgucker* herrühren mochte, gegen den sie jedoch viel Empfindlichkeit zeigten." Der Neckname *Spiegelgucker* soll auch für den Nachbarort **Pleisweiler** gelten.[69]

Aus **Feilbingert** kennt man den Spruch:

"In Feil sind sie stolz wie die Gäul.
Aber schon in Bingert wird es geringer!"[70]

Das Angeben scheint in vielen Orten ein ausgeprägter Charakterzug zu sein: *Gääschnickel*, d.h. Angeber aus dem Gäu, (**Meckenheim**)[71] *Schnetzer*, (**Jockgrim**)[72] *Patriarche*, (**Leimersheim**)[73] *Herre*, (**Reichenbach, Unkenbach**)[74] *Halwe Herre*, (**Duttweiler**)[75] *Halbherre*, (**Blankenborn**,[76] **Trippstadt**)[77] *Brulljes* (**Kallstadt**)[78] oder *Brulljesmacher*, (**Bad Dürkheim**,[79] **Kallstadt**) *Großhanse*, (**Winden**)[80] *Großsprecher*, (**Herxheim**)[81] *Sprich-*

---

[66] PfWb.
[67] Bronner 1911.
[68] PfWb.
[69] Becker (1962), S. 11.; Hebel 1917, Heckel 1952 weist den Necknamen beiden Orten zu.
[70] PfWb.
[71] Christmann 1951.
[72] Bertram 1938.
[73] PfWb. 1,601.
[74] PfWb.
[75] Bertram 1936.
[76] Kamm 1978, "Vorne Schuh gewichst un hinne gschmeert!" Ebd. S. 52.
[77] Mitteilung von THEODOR SCHMITT.
[78] PfWb.
[79] Eigene Erhebung.
[80] PfWb.

beck, (**Neustadt**) *Sprichklopper,* (**Bad Dürkheim**) *Hochsäächer,* (**Erfen-bach**) *Färzmacher,* (**Waldfischbach**) *Risser,* d.h. Prahler oder Lügner, (**Waldfischbach**) *Pranger* (**Edenkoben**).

Als *Bedichde,* d.h. Betuchte und damit wohlhabend, gelten die Bewohner von **Schweigen.**[82]

Weil die **Dietschweiler** manchmal etwas selbstherrliche Gelüste zeigen, spricht man von der *freien Republik Dietschweiler.*[83]

Luft, (**Einöllen,**[84] **Wallhalben,**[85] **Hermersberg**)[86] *Luftmacher,* (**Wall-halben**)[87] *Wind,* (**Bellheim,**[88] **Duchroth,**[89] **Hayna,**[90] **Hettenleidelheim, Herxheim,**[91] **Hoppstädten,**[92] **Knittelsheim,**[93] **Neuhemsbach,**[94] **Ober-moschel, Sembach**) *Windbeutel,* (**Duttweiler, Dirmstein,**[95] **Herxheim, Hettenleidelheim,**[96] **Rülzheim**)[97] und *Windmacher* (**Ilbesheim**-KIB,[98] **Neuhemsbach,**[99] **Pfeffelbach, Schmalfelderhof**) sind Necknamen, die denselben Charakterzug bezeichnen. Den **Sembacher** *Windmachern* sagt man nach, sie könnten zwar Wind machern, aber keinen Regen. Über sie wird noch folgender Neckvers gemacht:

> "**Sembacher** Wind,
> flieh in die Luft,
> flieh net so hook (hoch),
> sunscht beißt dich e Flook! (Floh)"

---

[81] Eigene Erhebung.
[82] PfWb.
[83] Keiper 1907.
[84] PfWb.
[85] Bronner 1911.
[86] PfWb.
[87] Schmitt 1980.
[88] Eigene Erhebung.
[89] Leibrock 1933. Wegen einer bevorstehenden Brautschau in **Duchroth** soll sich ein Bauer Vieh von Nachbarn und Freunden geliehen und in seinen Stall gestellt haben.
[90] Becker 1925.
[91] PfWb.
[92] Menke 1957.
[93] Bertram 1938.
[94] Mitteilung von GUSTEL WIEMER.
[95] PfWb.
[96] Hebel 1917.
[97] Eigene Erhebung.
[98] PfWb.
[99] Mitteilung von GUSTEL WIEMER.

"Aneller (**Einöllen**) Wind
peif so geschwind,
ma ham Bodder, Warscht,
na, na mer gehn net ham!"

"Huheöller (**Hohenöllen**) Duft,
flie(g) in d' Luft,
flie(g) net so hoch,
sticht dich ach kä Schnook!"

Einfältige und Ungehobelte

Der Pfälzer Volkswitz kennt allerlei Käuze, nur eine Sorte kennt er nicht, das sind Dumme und Toren. Während Bloide, Tappe, Holzköpf, Halbhirnige und dergleichen Schmeichelnamen sich im schwäbischen Volkshumor sehr häufig finden, gibt es solche Leute in der Pfalz nicht.

Ein *Hoppeidel* (**Schmalenberg**)[100] ist ein schusseliger Mensch. Die *Bequeme* sind in **Niedermoschel**,[101] die *A(n)fellige,* d.h. Einfältige, in **Göllheim** und die *Lahmarsche* in **Leimersheim** und **Ramsen**.[102] Ein *Bless,* (**Kleinbundenbach**,[103] **Käshofen**)[104] ein *Flendes* (**Diedesfeld**)[105] und ein *Doddel* (**Heiligenstein**) ist ebenfalls ein einfältiger, ungeschickter Mensch.[106] Weil sie sich in den ehemaligen Tuchfabriken im Elmsteiner Tal ungeschickt angestellt haben sollen, heißen die **Esthaler** *Dickstrumpf*.[107]

"**Bundenbacher** Blesse,
scheiße in die Resse (Rissen)
scheiße in das Butterfaß,
Höre, Leit, wie rappelt das!"[108]

Kallstadter sind *Hasefieß*,[109] **Alsterweiler** *Mucker*,[110] **Oberstaufen-**

---

[100] PfWb.
[101] Bronner 1911.
[102] PfWb.
[103] Keiper 1925.
[104] PfWb. 1,974.
[105] PfWb.
[106] PfWb. 2,384.
[107] PfWb. 2,266.
[108] PfWb.
[109] Bertram 1962.
[110] Anonyme Mitteilung.

bacher *Spötter*,[111] die **Rumbacher** *Dickköpp*,[112] die **Berger** *Hetzer*.[113]

Einer der es sehr genau nimmt, ist ein *Dippelschisser* (**Alsheim, Ginsweiler, Oberhausen**-ROK, **Katzenbach**-ROK, **Reipoltskirchen**,[114] **Lauterecken**).[115]

Als *Schnerremer*, d.h. Schnorrer, haben sich die Einwohner von **Winden**
einen (Neck-)Namen gemacht.[116] *Strenzer* sind die Bewohner vom **Schmalfelderhof**. Die *Hancher* in **Kusel**[117] und **Glanmünchweiler** heißen so, weil
sie angeblich alles für sich han, d.h. haben, wollen.[118]

Ist einer besonders grob und hanebüchen, so sagt der Volksmund im
Scherz:

> "Er isch in Frankweiler gebore, in Nußdorf uffgezoche
> und in Äirekowe hot er gelernt!"

Die Einwohner von **Frankweiler**, **Nußdorf** und **Edenkoben** gelten als
besonders derbe, wenn nicht gar grobe Brüder.[119] Die Grobheit und
Ungeschliffenheit im pfälzischen Charakter trägt viele Namen:

Stritzer, (**Bechhofen**,[120] **Merzalben**) *Stiwel*, (**Bosenbach, Konken,
Martinshöhe**,[121] **Welchweiler**)[122] *Dickstiwel*, (**Welchweiler**)[123] *Knewel*,
(**Donsieders**,[124] **Erzenhausen, Fischbach**-KL, **Katzweiler, Martinshöhe,
Rothselberg, Schweix, Stockborn**) *Klowe*, (**Ehweiler**,[125] **Martinshöhe**,[126]
Rothselberg,[127] **Schwanheim**,[128] **Schwedelbach**) *Hewel*, (**Böhl, Botten-
bach, Dannstadt, Fischbach**-KL,[129] **Meckenheim**)[130] *Gewel*, (**Watten-**

---

[111] PfWb.
[112] Schmitt 1980.
[113] PfWb.
[114] PfWb. 2,632.
[115] PfWb.
[116] Bertram 1938.
[117] PfWb.
[118] PfWb. 3, 625.
[119] Hebel 1917.
[120] Eigene Erhebung.
[121] PfWb.
[122] Bronner 1911.
[123] PfWb.
[124] Schmitt 1980.
[125] PfWb.
[126] Eigene Erhebung.
[127] Becker 1925.
[128] Eigene Erhebung.
[129] PfWb.
[130] Christmann 1951.

heim)[131] *Stoffel,* (**Hördt,**[132] **Neuhofen,**[133] **Potzbach**)[134] *Broutschtoffel,* (**Hördt**)[135] *Storre,* (**Ehweiler**) *Stolle* (**Hördt**)[136] und *Mieser Grobe* (**Miesau**).[137] Auch die **Eppsteiner** *Bracke* und die **Sippersfelder** *Knippeldeller* wollen wir in diesem Sinn deuten.

> "Merzelber (**Merzalben**) Stritze,
> reiten uff de Ritze,
> reiten uf de Besestecke,
> de Deiwel muß 'n 's Genick breche!"[138]

Streitsucht und Tätlichkeiten gehören zum dörflichen Charakterbild: *Petzhörnchen,* (**Höringen**)[139] *Rauhe,* (**Battweiler**)[140] *die Wille,* d.h. die Wilden, (**Dennweiler**) *Holzknippel* (**Erzenhausen**).

Die **Hallgarter** haben ein *wierich* (d.h. wütiges) *Wese*(n).[141] Die **Kübelberger** sind die *glierisch Blatt* (d.h. glutheiße Platte.)[142]

Die Bürger von **Klingenmünster** führen wegen der derben Art des Zuschlagens den Necknamen *Holzschlegel,* wie sie schon AUGUST BECKER in seinerm Bauernroman "Die Nonnensusel" beschreibt.[143]

Die **Erlenbacher** (KL*),*[144] die **Insheimer,**[145] die **Kuseler,** die **Otterbacher**[146] und die **Rülzheimer**[147] gelten, da das Messer bei ihnen locker sitzen soll, als *Stecher.*

"Oft und oft hört man hier in der ganzen Gegend singen: 'Freind, ich ben vun Isem, geh' mer eweg, ich stech' auf die Melodie 'Freund, ich bin

---

[131] PfWb.
[132] Bertram 1938.
[133] Heeger 1922.
[134] Bronner 1911.
[135] Bertram 1938.
[136] PfWb.
[137] Bronner 1911.
[138] PfWb.
[139] Bronner 1911.
[140] Hebel 1917.
[141] PfWb.
[142] Braun 1991. Weil dort angeblich die Menschen hitzköpfig waren und ihnen das Messer locker saß, wenn die Burschen aus anderen Gemeinden nach ihren Mädchen schauten.
[143] Becker (1962), S. 52, 153.
[144] Heeger 1922.
[145] Eigene Erhebung.
[146] PfWb.
[147] Bertram 1936.

zufrieden.' Tatsächlich sollen die **Insheimer** zum Stechen sehr leicht bereit sein."[148] Gleiches ist auch von **Weisenheim a.S.** überliefert:

"Wu bischt n' her?
Vun Weism, warum was witt? Ich hab e Messer im Sack!"[149]

Die **Welchweiler** sind die *Stößer*,[150] die **Wilgartswieser** sind *Klopper*. Die *Boxer* schlagen in **Talfröschen** zu.

Nach einem in der Umgegend bekannten Bettler und Streuner aus **Wörsbach** nannte man die Wörsbacher insgesamt *Frewel*, d.h. Frevel. Auch Lügner, *Liehner*, (**Waldfischbach**)[151] und Lügensager, *Lichesääger*, (**Geinsheim**)[152] gibt es, dazu einen ganzen *Liehverein* (d.h.Lügenverein) in **Neuhemsbach**.[153] Die **Knittelsheimer** sind *Alfänzer*, weil sie die Alfanzerei betreiben, d.h. Possenreißerei, Betrug.[154]

Lumpe finden wir in **Rülzheim**, *Kores* in **Horbach**[155] und **Rödersheim**,[156] ein *Lumpenkor*, d.h. Gesindel, in **Heltersberg** und **Hütschenhausen**, *Lumpeseckel* in **Herxheim**.

"**Kreuzhöfer** Lumpe
danzen uff de Stumbe,
danze nett se hook,
kriener a kee Schnook,
danze net se nirrer,
kriener a kee Gewirrer!"[157]

"**Duttweiler** Lumpe,
hucken uf de Stumbe,
hucken uf de Knibbelstecke,
kinn die **Lachener** am Arschloch lecke!" [158]

Neunkircher Lumbe, danze uf de Stumbe!"

---

148 PfWb. Mitteilung aus **Roschbach.**
149 Anonyme Mitteilung.
150 Mitteilung von ROLAND PAUL.
151 PfWb.
152 Bertram 1962.
153 PfWb.
154 PfWb. 1,161.
155 PfWb.
156 Bertram 1962.
157 PfWb.
158 Bertram 1962.

Ferner gibt es *Kerl*, (**Eulenbis**,[159] **Hauenstein**,[160] **Niederstaufenbach**), *Schuft* (**Schmalfelderhof, Schmittweiler**)[161] *Jauner*, d.h. Gauner, (**Erlenbach**-GER*)*.[162] und *Hamliche*, das sind Heimtückische (**Großniedesheim**).[163] Überhaupt kennt man mancherorts nur dreierlei Charaktere:

"Es gibt Gute, Schlechte und **Herxheimer**!"
"Es gibt Gute, Schlechte und **Schifferstadter**!"[164]

Unfeine Sitten

"In der guten alten Zeit wurde ein gewisser Ort in den Bauernhäusern nicht nur sehr stiefmütterlich behandelt, sondern er fehlte oft überhaupt. Ein im Stall stehender Kübel diente dann dem angedeuteten Zweck. So ist der Neckname *Kiwwelschisser*, den man den **Mundenheimern** angehängt hat, zu verstehen."[165] Im Gegenzug wurde der Nachbarort **Maudach** mit *Auswischer* bezeichnet.[166] Weitere Kübelschisser finden wir in **Alsheim, Appenthal, Elmstein, Frankeneck**,[167] **Lambrecht**,[168] **Lindenberg, Maxdorf, Mutterstadt, Neidenfels**,[169] **Speyerbrunn**.[170]

"Steenhauser (**Steinhausen**) uf dem Hiwwel,
scheißen all in enner Kiwwel,
scheißen all in ens Faß.
Huh! Wie rappelt das!"[171]

Auch in **Ludwigshafen** leerte man dereinst noch morgens die *Nachthäwelscher* aus.[172] Gleiches läßt sich bei den *Dibbeschissern* in **Alsenz, Ginsweiler** und **Oberhausen** (ROK) vermuten. Kamen die **Oberwieser** und **Rodenbacher** (KIB) *Bettschisser* zu spät aufs Töpfchen? Und was hat es mit den *Sackschissern* (**Ommersheim**)[173] auf sich?

---

159 PfWb.
160 Schmitt 1980.
161 PfWb.
162 Bertram 1938.
163 PfWb.
164 Eigene Erhebung.
165 Heckel 1952.
166 PfWb. 1,490.
167 PfWb.
168 Bertram 1962.
169 PfWb.
170 Bertram 1962.
171 PfWb.
172 Eigene Erhebung.
173 PfWb.

Mancherorts hielt man wenig auf Ordnung und Sauberkeit, zumindest in den Augen der Nachbarn. Folgende Feststellung in Form eines Zweizeilers gilt auch für **Langenbach**,[174] **Morbach**, [175] **Pfeffelbach**,[176] **Unkenbach**:

> "Juchhe **Albersbach**!
> Kee Stub gekehrt, kee Bett gemach(t)!

> "**Imsbach**, kee Bett gemach(t),
> kee Stubb gekehrt,
> kee Feier geschert -
> oh du lumbig Imsbach!"

> "**Elschbach**, kee Bett gemacht,
> kee Stubb gekehrt,
> in de Nachthawe geschiss,
> net ausgeleert!"[177]

> "**Enkenbach/Mackenbach**, kee Bett gemacht,
> kee Stubb gekehrt, kee Nachttopf ausgeleert!"[178]

> "**Schallodenbach**, kee Bett gemach, kee Stub gekehrt,
> kee Bachelhawe (d.h. Nachttopf) ausgeleert!"

> "**Frankelbach**, kee Bett gemach,
> enin geschiß un zugemach!"

Andernorts scheint man zur Verrichtung seines Geschäftes ein fließendes Gewässer bevorzugt zu haben:

Graweschisser, (**Leinsweiler**) *Bachschisser,* (**Albessen, Albisheim, Asselheim, Bubenheim, Colgenstein, Harxheim, Minfeld, Mühlheim, Ottersheim-KIB, Roßbach**,[179] **Wiesbach**)[180] *Brunnenschisser,* (**Eppstein**)[181] *Krahneschisser,* (**Odernheim**)[182] *Kanalschisser* (**Frankenthal**).[183] *Kiwwelsäächer* sind die **Mußbacher**[184] und *Treppesäächer* die

---

[174] Braun 1991.
[175] PfWb.
[176] Menke 1957.
[177] PfWb.
[178] Mitteilung von GUSTEL WIEMER.
[179] PfWb.
[180] Schmitt 1980.
[181] Bronner 1911.
[182] PfWb.
[183] Eigene Erhebung. Unter Kurfürst KARL THEODOR wurde der Frankenthaler Kanal zwischen 1773 und 1777 erbaut.
[184] Bertram 1962.

Burgalber[185] und *Beensäächer*, d.h. Beinpinkler, die **Kuseler**.[186]

Wegen ihrer großen Bärte heißen die **Dackenheimer** *Bartschisser*.[187]

Weil die **Winnweiler** sich Straßenpflaster wie in den Städten leisten konnten, werden sie *Pflasterschisser* genannt.[188] Die **Grumbacher** tragen denselben Uznamen.[189] Die **Dahner** sind *Furzer*.[190]

Auswischer (**Maudach**) und *Kiwwelschisser* (**Mundenheim**), *Sauerei* (**Niederhausen**-ROK) und *Ordnung* (**Münsterappel**) sind jeweils Formen von Spott- und Gegenspott zweier Nachbarorte.[191]

Einige Verse beschreiben Art und Unart, Sitte und Unsitte der Gemeinden:

"Mach mer eener drunner un driwwer,
weil ich bin von Heferswiller (**Hefersweiler**),
mach mer eener ganz gemach,
weil ich bin von **Frankelbach**!"[192]

"**Obermohrer** Hure,
danze uf der Schnure,
danze uf em Butterfaß,
ei, ei, ei wie rappelt das!"[193]

"Die **Dansenberger** Hure,
hupsen iwwer die Schnure!"

"In **Schopp** si die Leit so grob,
die gewe em noch keen Knopp!"[194]

"In **Pirmasens**, da geht noch die Spitzbuberei,
da schmeißen sie bei der Nacht die Fensterscheiben ei(n)!"[195]

---

[185] PfWb.
[186] Braun 1991.
[187] Bronner 1911.
[188] PfWb.
[189] Menke 1957.
[190] Mitteilung von FRITZ BECKER.
[191] Bronner 1911.
[192] Deutsches Volksliedarchiv.
[193] Heeger 1922.
[194] PfWb.
[195] Deutsches Volksliedarchiv.

2. Das unverheiratete Mädchen trägt eine Spitzenhaube mit feinen Stickereien, wie sie in der Südpfalz üblich war. Zahlreiche Trachtenvereine sehen sich heute als Pfleger alten Brauchtums, indem sie mit historisch nachempfundenen Kleidungsstücken öffentlich auftreten, Bild aus den 30er Jahren.

2. Kleider machen Pfälzer

"Der Pfälzer scheut und verspottet im Gegenteil alles besonders Auffallende in der Tracht und wenn es auch noch so schön und prächtig wäre ...
Stutzerhaftes Wesen, Modesucht und Kleiderluxus kann demgemäß auch
sicher in keiner pfälzischen Stadt als ein allgemeiner, herrschender Zug des
Volkscharakters bezeichnet werden. Modesucht wird sich überhaupt nur
höchst selten in einer Gegend finden, wo das Dorf und die Landschaft den
sozialen Grundton angibt.

Wie der Pfälzer bei aller Humanität und Freundlichkeit doch sehr wenig
zeremoniös in seinen äußeren Manieren ist .... so ist er auch in seiner
Kleidung bürgerlich schlicht ... Mit alledem ist jedoch gar nicht geleugnet,
daß nicht in einem anderen Sinne Luxus und Modesucht in der Pfalz
ebensogut herrsche wie überall in Mitteldeutschland. Der Geringe will es
dem Vornehmen gleichtun im Putz, der Knecht dem Herrn. Das Kleid soll
keinen Standesunterschied mehr kenntlich machen."[1]

Bei der Tracht in der Pfalz wie bei der Tracht allgemein wird grundsätz-
lich zwischen der Frauen- und der Männertracht unterschieden, dabei
wiederum zwischen der Tracht der unverheirateten Jungen und der der
unverheirateten Mädchen, sowie zwischen der Tracht der verheirateten
Männer und Frauen. Ferner haben regionale, territoriale und konfessionelle
Unterschiede Einfluß auf die Erscheinungsform der Tracht in der Pfalz
genommen. Schließlich ist bei den einzelnen Trachtenstücken generell noch
zwischen der Alltags- und der Festtagstracht zu unterscheiden.

Viele Ortsnecknamen dieses Kapitels bezeichnen Teile der alten pfälzischen Volkstracht. Da diese im letzten Drittel des vergangenen Jahrhunderts
als lebende Tracht aufgehört hatte zu bestehen, kann auf das ungefähre Alter
der Necknamen geschlossen werden. Die Tracht wurde bei uns noch in der
ersten Hälfte des 19. Jahrhunderts allgemein getragen. Zum Schluß kleideten
sich noch insbesondere die alten Leute mit einzelnen Trachtenstücken nach
der Art der Voreltern.

Als ein allgemeines Erkennungsmerkmal, das Auskunft zu geben vermag
über Geschlecht, Ehestand, Herkunft und den sozialen Status des Trägers,
kann die Kopfbedeckung bei Männern und Frauen gelten. Wie der Hut der
Männer viele Formen und Namen hatte, so auch die Haube, eines der Haupt-
stücke der weiblichen Tracht:

---

[1] Riehl 1973, S. 171 f.

"Wo in der Vorderpfalz die Nebelspalter, Rundhüte[2] und Dreimaster noch vereinzelt auftauchen, da wuchern bei den Frauen die weißen Nebelkappen noch weit üppiger, nette Hauben, die ... glatt um den Kopf liegen, indes hinten, bald hoch, bald niedrig, ein gesteift und gefältelt emporstehender beutelartiger Aufsatz sich erhebt, welcher der Haube fast ein helmartiges Profil gibt."[3]

Zu diesen Frauenhauben zählt die Bügelhaube oder *Newwelkappe* (**Alsenbrück**),[4] die aus zwei Teilen besteht, dem sich über den Scheitel ziehenden Bügel und dem ovalen Haubenboden.[5]

Belzkäppcher trugen die Bewohner von **Haschbach** und die **Gommersheimer** *Schlabbelhied*, d.h. Schlapphüte.

Der kurze *Stehkrage(n)* (**Mußbach, Waldmohr**)[6] an den langen Tuchröcken der Männer wurde im 19. Jahrhundert vom Umlege- oder *Lablkrage* (**Weingarten**)[7] abgelöst.[8] Der Stehkragen war wie die weiße Manschette schon im 18. Jahrhundert das allgemeinste, aber auch niedrigste Zeichen der Eleganz in der bäuerlichen Tracht.

Ihre Einnahmen aus der Leinenweberei erlaubten den **Waldmohrer** Ackersleuten im vergangenen Jahrhundert sich einen bescheidenen Wohlstand zu leisten. Für das Auge sichtbar wurde dies sonntags, wenn sie städtisch gekleidet zur Kirche gingen und mit langen Pfeifen stolz umhergingen. Auch der Stehkragen fand bei ihnen Anklang. Obwohl diese "Halsverschönerer" wegen ihrer Steifheit von dem Träger als unangenehm empfunden wurden, wenn sie hoch waren, trug man sie mit Wohlgefallen zur Schau. Der mit einem "Chemisette " (Vorhemd) versehene Stehkragen war

---

[2] "Stoffel Rundhut" wurde zu einem Synonym für einen einfältigen und ungeschickten Menschen, das vor allem auf die Bewohner des Westrichs angewendet wurde; vgl. Riehl 1973, S. 175; vgl. Schandein 1867, S. 269; vgl. PfWb. 5,654.
[3] Riehl, S. 177.
[4] PfWb.
[5] Herzog 1982, S. 470.
[6] PfWb. "Die **Waldmohrer** galten als eingebildet. Wohl deshalb, weil es dort Behörden gab, wo Beamten (in Stehkragen) arbeiteten. Denen wollten es dann natürlich die 'besseren' Familien im Ort gleichtun. Braun 1991, S. 278.
[7] Bertram 1938.
[8] Herzog 1982, S. 467 f.

das sichtbare Zeichen des bescheidenen Wohlstandes dieser Bauernweber geworden und haftet bis heute den **Waldmohrern** noch als Neckname an.[9]

Die Einstellung der Kleinstadt zum Bauerndorf, das noch länger an der alten Tracht hängt, wird im Necknamen *Stehkrachebauere* (**Ebernburg**)[10] und *Manschettebauere* (**Gerhardsbrunn**,[11] **Oberstaufenbach**,[12] **Schwegenheim**,[13] **Thaleischweiler**),[14] erhellt. Daß die **Ruppertsberger** einst *Trumännerkräge* trugen, scheint im Hinblick auf ihren Wohlstand durch die Rebsorte Traminer nicht verwunderlich. Dabei handelt es sich um einen Pelzkragen, den sowohl Männer wie auch Frauen getragen haben sollen.[15]

Ein praktisches und bequemes Kleidungsstück der Männer war das Wams: *Wammes,* (**Tiefenthal**)[16] *Wämmes,* (**Fischbach**-KL,[17] **Langmeil**)[18] *Wämscht,* (**Rhodt**)[19] *Wämmescher,* (**Bennhausen**,[20] **Morschheim**) *Bloowämscher,* (**Kandel**) *Bloowämmes* (**Niederkirchen**-KL).[21] *Puhlwäms* spielt auf die Arbeit der Bauern in **Freinsheim** an.[22]

"Als eine kurze Jacke war es schon durch Jahrhunderte im Gebrauch und im Laufe der Zeit manchen Änderungen unterworfen. Ursprünglich reichte es mit kurzen Schößen über die Hüfte, wurde im 18. Jahrhundert verkürzt und ohne Schöße gearbeitet und reichte im 19. Jahrhundert kaum noch bis zur Hüfte. Es wurde ein gern getragenes Kleidungsstück, war auch meist aus blauem oder schwarzem Wollstoff gearbeitet, hatte rechts und links eine Reihe meist blanker Knöpfe und war in Hüfthöhe oder auch darüber glatt abgeschnitten."[23]

---

[9] Wunn 1977, S. 124 - 130.
[10] PfWb.
[11] Becker 1925.
[12] Mitteilung von KAROLINA KNAPP.
[13] Eigene Erhebung.
[14] PfWb.
[15] PfWb. Schriftliche Mitteilung von BARBARA ORTH - **Ruppertsberg**. Demnach ist nicht wie PfWb. 2,409 von Kragen, 'einem einjährigen Zweig der Rebe mit Trauben'auszugehen.
[16] Eigene Erhebung.
[17] PfWb.
[18] PfWb. Er soll aus braunem Bieber gewesen sein.
[19] Bertram 1936. Die **Rhodter** sollen sagen: "Wenn ich mei Rückkeitz nit uffhäb, män ich grad, ich hett kä Wamscht aa!" PfWb.
[20] Becker 1925.
[21] PfWb.
[22] Bertram 1962.
[23] Herzog 1982, S. 467.

3. Südpfälzer Bauern aus **Schönau** in Arbeitskleidung bestehend aus Hut, weißem Leinenhemd, ärmelloser dunkler Weste, dunkler Stoffhose und Holzschuhen, um 1925.

Die Weste, das Gilet, wurde in den 80er Jahren des 18. Jahrhunderts aus Frankreich in die Tracht unserer Bauern unter der Bezeichnung "Brustlappen" oder "Brusttuch" übernommen:

Brusch(t)lappe, (**Käshofen,** [24] **Konken**)[25] *Brosch(t)lappe,* (**Jettenbach,**[26] **Welchweiler**)[27] *Bruschschneppe,* (**Mühlbach**)[28] *Bruschduuchheim,* (**Bellheim**)[29] *Bruschduuchheimer* (**Westheim**).[30] Bei den beiden letztgenannten Gemeinden liegt auch ein Spiel mit dem Ortsnamen vor.

"Die Weste ... bestand gewöhnlich aus schwarzem oder tiefblauem, oft aber auch lichtrotem Wolltuch, hatte eine oder auch zwei Reihen weißer Metallknöpfe bzw. übersponnene Knöpfe, war hochgeschnitten oder auch mit auseinanderstehenden Klappen (Revers) gearbeitet und ließ den weißen und nicht gestärkten Hemdkragen sehen mit dem darunter durchgezogenen schwarzen zu einem einfachen 'Schlopp' geschlungenen Seidentuch."[31]

Der samtene Ärmelrest eines Talars steht im Mittelpunkt einer Neckerzählung, die in der mittelalterlichen Stadt **Annweiler** spielt und ihr den Necknamen *Samtärmel* eingebracht hat:

"Der Magistrat hatte in den goldenen Tagen der Hohenstaufenzeit lange Sammettalare, die aber eben auch alt und fadenscheinig wurden und endlich ganz zerrissen. Da beschloß der hochweise Rat, daß je einer von ihnen den letzten übriggebliebenen Samtrock anziehe und damit sich an das Fenster setzte, auf daß alle Vorübergehenden in der Meinung seien, der ganze Rat sitze noch im Samtstaat oben.

Aber auch dieser ging den Weg aller Röcke, und da ließ man einen Ärmel ausbessern, mit dem sich einer so ans Fenster setzen mußte, daß man nur diesen Ärmel sah. Das tröstete die Bewohner der Stadt in den schlechten Zeiten, daß der ehrwürdige Rat noch im Samtstaate saß."[32]

---

[24] Bronner 1911.
[25] PfWb.
[26] Hebel 1917.
[27] Brenner'sche Sammlung.
[28] Bertram 1939.
[29] Bertram 1938.
[30] Eigene Erhebung.
[31] Herzog 1982, S. 468.
[32] Becker 1978, S. 285.

Diese Neckerzählung ist aus einer Schwanksage entstanden, die ein ausgesprochenes Wandergut ist und in ähnlicher Form auch in anderen deutschen Landschaften auftaucht.[33]

Aus bisher noch unerklärlichen Gründen heißen die Bewohner von **Langmeil** *Ärmeljugser*.[34]

Der Unterschied Stadt - Land zeigte sich in früherer Zeit auch optisch an den verschiedenen Kleidersitten. Es war stets die Stadt, die prägend auf die ländliche Mode Einfluß nahm. *Affezippel* (**Neustadt**)[35] ist die Bezeichnung für einen Menschen, der sich auffallend und übertrieben modisch kleidet. *Piwo*, ein Stutzer oder Geck, aus frz. pivot 'Hauptperson' (?), gilt als Uzname der Bewohner von **Pirmasens**.[36] "Fulard" ist ein seidenes Kopf- oder Halstuch, mit dem die **Dürkheimer** *Fullare*[37] wohl in der Umgebung aufgefallen sind.

Wurde städtische Mode auf dem Land nachgeahmt, so gab dies natürlich Anlaß zum Spott. Wegen ihrer städtischen Kleidung und dem vornehmen Auftreten werden die **Böhler** *Hänsching*,[38] d.h. Handschuhe, genannt. Früher ging man noch häufiger *barfüß* (**Ruchheim, Albisheim**) als heute, allerdings taten das die *Barfüßer* (**Mühlheim**)[39] oft aus Not. Auch *Blechanke* für die **Welchweiler** kann als bloßes Fußgelenk verstanden werden.[40] Man trug mancherorts *Streffstrimb* wie in **Edesheim**,[41] das sind gestrickte Streifstrümpfe zum Überziehen über andere Strümpfe und den Unterteil der Hosen.

Die **Heinzenhauser** waren bekannt für *die lange Unnerhosse*,[42] die **Schmalenberger** gelten als die *Hossehäkler* oder *Hosselipper*.[43] In **Ottersheim** (GER) gibt es einen *Manchesterverein*, weil dort von vielen Männern Manchesteranzüge getragen wurden.[44]

---

[33] Man kennt die Wandersage auch in **Cochem, Wimpfen** und in **Teuschnitz**, daß sie auch an **Annweiler** haften blieb, ist nur zufällig und entbehrt jedem geschichtlichen Hintergrund. Vgl. Seebach 1987, S. 54.
[34] PfWb.
[35] Bertram 1962.
[36] PfWb. 1,952.
[37] PfWb. 3, 1637.
[38] Sie sollen wegen einer ehemaligen Handschuhfabrik im Ort so heißen. Vgl. Heeger 1922.
[39] PfWb.
[40] Freundliche Mitteilung von Dr. RUDOLF POST - Pfälzisches Wörterbuch.
[41] Hebel 1917, PfWb.
[42] Braun 1991.
[43] Schmitt 1980.
[44] PfWb. 4,1153.

Das letzte Relikt der alten Tracht in der Pfalz sind die Holzschuhe. Sie wurden zumeist aus Weiden- oder Pappelholz hergestellt. In **Drusweiler** trug man, wie anderenorts auch, dereinst *Socken* in den Holzschuhen.[45] Alle **Freckenfelder** sollen früher an den grünen Holzschuhsocken erkannt worden sein. Dem Volksglauben nach soll in der **Kapeller** Kirchturmspitze ein Holzschuh stecken.[46] Die *Hellschuh* (**Gommersheim, Kapellen**), die in **Donsieders** *Klumpe*[47] heißen, waren noch bis nach dem Zweiten Weltkrieg das übliche Schuhwerk in der südlichen Vorder- und Westpfalz.

In den Dörfern der Rheinebene hat man die alten Holzschuhe zum Teil nicht mehr im Gebrauch, so daß sie als Eigenart der **Büchelberger** *Hellschuhträppler*[48] oder *Hellschuklapperer*[49] auffallen konnten. In ähnlicher

4. Das Tragen von Holzschuhen wie hier bei der Dorfjugend aus **Stein** ist heute fast vollständig außer Mode gekommen, um 1925.

---

[45] PfWb.
[46] Bronner 1911.
[47] PfWb.
[48] Bertram 1938.
[49] PfWb.

Weise müssen auch die *Holzschleppler* aus **Hayna**,[50] die *Holzschuhtrapper* aus **Schaidt**[51] und die *Schlappfießige* aus **Mölschbach**[52] bei ihren Nachbarn Aufsehen erregt haben. Das Tragen von Holzschuhen bei der Feld- und Gartenarbeit ist z.T. heute noch bei einigen älteren Bewohnern der Südpfalzdörfer zu sehen. Alle diese Necknamen und jene in Verbindung mit der Holzschuhmacherei (siehe Kap. 4) weisen das Gebiet südlich von Schwarzbach, Queich und Speyerbach als ehemaligen Verbreitungsraum des Holzschuhes aus, der kulturräumlich gesehen als nördlicher Abschluß des Elsaß gelten kann.

Die Beschreibung der männlichen Tracht wäre unvollständig ohne die landläufige "Gips" zu erwähnen. Weil die **Erlenbacher** (GER) früher aus solchen besonders auffälligen Tonpfeifen geraucht haben sollen, heißen sie *Schmaucher*.[53]

Auf die *Stiewele* (**Konken**),[54] d.h. Stiefeln, und überhaupt auf modische Schuhe achteten offensichtlich besonders die Mädchen:

"**Pariser** Schiggelscher un Welschwiller (**Welchweiler**) Fieß!"[55]

"Die **Enkenbacher** Mäd haben Lackschuh an,
und hinten und vorn steht Kuckuck dran!"[56]

"Die Mannemer (**Mannheim**) Mädle han Schlepp uf de Schuh,
die **Ludwigshafer** Buwe geben's Geld dezu!"

"**Erlenbacher** (KL) Mäd han weiße Schürz a(n),
de **Sambacher** Buben ehr Name steht dra(n)!"[57]

"Die **Pirmasenser** Mädle han merbe Strümpf an,
hinne am Bännel steht Lumpemensch dran.!"[58]

"Die Vinnjer (**Vinningen**) Märe han Schbissereck (d.h. Spitzenröcke) an,
unne an de Schbisse steht Lumbemensch dran!"[59]

---

[50] Bertram 1938.
[51] PfWb.
[52] Bronner 1911.
[53] Bertram 1938.
[54] Bronner 1911.
[55] Braun 1991.
[56] PfWb.
[57] Deutsches Volksliedarchiv.
[58] Brenner'sche Sammlung.
[59] PfWb.

3. Pfälzer Küche

"Spricht man schlechtweg von pfälzischer Tracht, so denkt man zunächst an Bauerntracht, von pfälzischen Sitten an Bauernsitten; bei pfälzischer Küche dagegen keineswegs zunächst an die überall noch individualisierte Bauernküche, sondern vielmehr an die Küche des wohlhabenden Bürgerstandes, deren Satzungen bereits über die naive Stufe mündlicher Tradition erhoben und in einem 'pfälzischen Kochbuch' kodifiziert sein können und doch volkstümlich bleiben ...

Der Pfälzer hält viel auf Essen und Trinken; aber es muß fein und manigfaltig sein ... Nicht vergebens ragt sein Land vor allen in Deutschland hervor durch die Fülle, Mannigfaltigkeit und Feinheit seiner eßbaren Naturprodukte ... So gleichen denn auch im Punkte des durchgebildeten Geschmacks die Pfälzer keinem anderen deutschen Stamme, und die pfälzische Küche gehört zu den ethnographisch, ökonomisch und sozial merkwürdigsten Volksaltertümern des Landes. Die Pfälzer haben in ihrer Küche vielleicht mehr konservativen Geist bewahrt als auf irgend einem anderen Punkte des häuslichen Lebens. ...

Der Glanz der pfälzischen Küche hat geschichtlichen Ruf. Das erste deutsche Luxusgesetz, gegen die Schwelgerei beim festlichen Gelage gerichtet, datiert aus **Worms** vom Jahre 1220."[1]

Sicher nicht ohne Grund tragen die Bewohner von **Callbach**,[2] **Hettenhausen**,[3] **Hettenleidelheim**,[4] **Mannweiler**,[5] **Rockenhausen**[6] und **Steinbach** (ROK)[7] den Necknamen *Fresser*.

Selten nur konnten es sich die Menschen leisten *Schnäker* zu sein (**Landstuhl**,[8] **Weidenthal**).[9] Denn der *Hunger* (**Grumbach**)[10] war in vergangenen Jahrhunderten bis in die jüngste Zeitgeschichte hinein ein ungebetener und

---

[1] Riehl 1973, S. 189 f., 192.
[2] PfWb.
[3] Schmitt 1980.
[4] Christmann 1951.
[5] Bronner 1911.
[6] Christmann 1951.
Die **Rockenhauser** sagen auf ihrer Kerwe: "Wärschte e bißche ehender kumm, hättsche könne mitesse!" Bronner 1911.
[7] Becker 1925.
[8] PfWb.
[9] Bertram 1939.
[10] Mitteilung von WERNER ZIMMER.

hartnäckiger Gast am pfälzischen Tisch, nicht nur bei den kinderreichen Familien wie in **Iggelheim**:

> "In Igglem wäß der Zeh't nit, wie sich der Elft ernährt!"[11]

Kein Wunder, wenn es nur *gehangt Flaasch gibt*, d.h. sich die **Medarder** als Erbsenschnitzler betätigen,[12] daß die Menschen einen *Hohlwampe* (**Eulenbis**)[13] oder einen Bauch wie *Schnookepänz* (**Ingenheim**) haben.[14]

"In **Mehlingen** wohnte vor 100 Jahren in einem alten Häuschen ein bejahrter Mann namens CHRISTIAN HESS, der etwas beschränkt zu sein schien. Er hatte als Soldat bei den kaiserlichen Kürassieren gedient, und weil er ein starker Esser war, regelmäßig doppelte Portionen erhalten. Der Mann war ledig, ein Fechtbruder obendrein und wurde von den Kindern, wenn sie ihm begegneten, mit dem Schimpfwort *Hohlwampe* bedacht. Der Spitzname übertrug sich auf das ganze Dorf."[15]

Ist man in den Nachbarorten eingetreten, so schaut man gern einmal in die Küche und lüpft den Deckel vom Hafen, d.h. Topf, um zu erspähen, was Gutes darin gesotten und gebraten wird. Entdeckt man irgendeinen besonderen Geschmack, so ist dies natürlich ein Grund zum Probieren, aber auch zum Necken:

> "Die **Unkenbacher** Fause
> gehn uff Moschel (**Obermoschel**) schnause,
> schnause de Moscheler alles eweg,
> hun die Moscheler dicke Dreck!"[16]

Um nicht nach dem Motto des Spruches über **Otterberg** zu spät zu kommen und deshalb nicht mitessen zu können:

> "Wärscht Du ehnder (d.h. eher) komm,
> hätscht de kenn meresse (d.h. mitessen)!"[17],

---

[11] Keiper 1907.
[12] PfWb.
[13] Eigene Erhebung.
[14] PfWb.
[15] Ruby 1979, S. 256.
[16] Hebel 1917.
[17] PfWb.

nehmen wir sogleich als *Gast* (**Kirchheimbolanden**)[18] Platz am reichhaltigen Tisch der Pfälzer. Wir kosten nun im folgenden ein ausgiebiges pfälzer Mahl mit acht Gängen. Dabei sind wir gespannt zu hören, wie *es Schiersfelder Tischgespräch* (**Schiersfeld**)[19] verläuft.

1. Gang: Suppe als Vorspeise

Die Pfälzer sind keine so großen *Soppesser* (**Otterbach**)[20] wie die Schwaben. Doch auch in der Pfalz kommen *Süppcher* (**Rockenhausen**)[21] als Vorspeise auf den Tisch. In **Vogelbach** ißt man *Grumbeerrahmsupp,*[22] in **Otterberg** *Grumbeeresupp.*[23]

> "**Bindersbach**, die große Stadt,
> hat fünfundzwanzig Häuser,
> die kochen jeden Daach (d.h. Tag) Grumbeeresupp,
> un die is noch so leiser (d.h. wenig gewürzt)!"[24]

In **Dierbach** gibt es *Grobelsupp*[25] aus gerösteten Semmel- oder Brotwürfeln und in **Einselthum** *Zwiwwelbrüh.*[26] Weil sie Suppe ohne (Fett-) Augen kochen, ruft man den Bewohnern von **Gaugrehweiler** nach: *Supp ohne Ääge.*[27]

Auf die **Gommersheimer** ist der Neckruf gemünzt: "Gummerscher Gluckesupp un Geedlwoi!"[28]

Der *Linsetopp* kommt in **Deimberg** auf den Tisch.[29] *Bohnesupp* ist in Bezug auf **Hatzenbühl** in Erinnerung geblieben, dazu folgende Verse:

> "In Hatzebehl in jedem Haus,
> hängt en Sack voll Bohne haus,

---

18 PfWb. 3,55.
19 PfWb.
20 Christmann 1951.
21 PfWb.
22 Braun 1991.
23 PfWb.
24 Eigene Erhebung.
25 Hebel 1917.
26 "Bei der Kirchweih galt sie von jeher als Delikatesse." Bronner 1911.
27 Brenner'sche Sammlung.
28 PfWb. 3,387.
29 Menke 1957.

machen se immer Bohnesupp,
machen se immer wupp, wupp, wupp!"[30]

Vom Mittelalter bis ins letzte Jahrhundert hinein spielte die Hirse in der Volksnahrung eine bedeutende Rolle. Die **Spirkelbacher** hielten länger als ihre Nachbarn an ihrem *Herschebrei* fest.[31]

Noch in der zweiten Hälfte des 19. Jahrhunderts kamen Suppen zum Frühstück auf den Tisch. Besonders gesalzene Milchsuppe mit Brot, aber auch Molkesuppe erfreuten sich damals großer Beliebtheit. Die Bewohner in **Donsieders** werden *Molkesuppfresser* geuzt,[32] und den **Gerbachern** ruft man nach:

"Milchsüpper geh häm, die Milch laaft üwer!"[33]

Für die Nutzung ihrer Weiderechte mußten die Bürger von **Herxheim a.B.** den **Dackenheimern** an einem bestimmten Tag und zu einer bestimmten Stunde einen Eierfladen und einen Hafen voll Milchsuppe überbringen. Jeweils dem jüngsten Bürger fiel die verantwortungsvolle Aufgabe zu.

Da passierte einmal dem Überbringer ein Unglück. Er stolperte und ließ Milch und Eierfladen fallen. Er lief schnell heim und holte eine neue Gabe. So sehr er sich auch sputete, er kam mit dem neuen Geschenk zu spät in **Dackenheim** an. Deshalb verloren die **Herxheimer** ihr Weiderecht. 'Fladenberg' nennen die Leute im Volksmund den Gemarkungsteil, wo einst der Bote stolperte. Seitdem haben die **Herxheimer** auch ihren Spottnamen: *Milchsuppe*. Von diesem Ereignis her rührt auch die Redewendung "*Hin wie die Herxheimer Milchsuppe!*"[34]

2. Gang: Milch und Käse

Milch und *Molke* (**Donsieders**)[35] macht auch müde Pfälzer munter:

Millichsiffer, (**Gerbach,**[36] **Ruppertsecken**)[37] *Millichköpp,* (**Gerbach**)

---

[30] PfWb.
[31] Heeger 1922.
[32] PfWb.
[33] Bronner 1911.
[34] PfWb, siehe Seebach, Pfälzer Bauer 1991, S. 66.
[35] Schmitt 1980.
[36] Hebel 1917.
Man ruft ihnen auch nach:"Milchsiffer, geh häm, die Milch laaft iwer!" Bronner 1911.

Millichsäck **(Queichhambach).**[38] Eine Reihe verschiedener Milchprodukte waren mancherorts sehr beliebt, wie die Necknamen zeigen:

Molkesiffer, **(Donsieders)** *Buttermilchköpp,* **(Alsheim,** [39] **Herxheim a.B.)** *Buttermillichpänz,* **(Mörsfeld)** *Buttermilchschisser,* **(Wattenheim)**[40] *Sauermilchfresser,* **(Leinsweiler)**[41] *Sauermilchkepp,* **(Heiligenstein)** *Sauermilchwämscht* **(Weingarten).**[42]

Kees **(Böbingen, Cronenberg)** ist eine geschätzte pfälzer Spezialität, nicht nur für die leidenschaftlichen *Keesesser,* **(Dammheim)**[43] *Keesfresser* **(Knopp)**[44] und *Keesschnäker* **(Ungstein).**[45]

Die *Keesmutze,* **(Böbingen)**[46] *Keeswärm,* d.h. Käsewürmer, **(Böbingen,**[47] **Dammheim)**[48] *Keeswäm(p)es* **(Beindersheim, Großniedesheim)**[49] und *Keeskittel* **(Böbingen,**[50] **Gommersheim)**[51] lassen sich ihr *Keesebrot* **(Harthausen,**[52] **Weyher)**[53] schmecken, selbst angesichts der Sprüche:

"In **Weyher** esch's Keesebrout deier!"

"**Weyhrer** Käsebrot, schlag dei Mutter mit Lumpe dot!"

Auch die **Marienthaler** sind leidenschaftliche *Keesflareesser*[54] und die **Flomersheimer** sind *Keesbrotgeiger.*[55]

---

37 PfWb.
38 Heeger 1951.
39 PfWb.
40 Becker 1925. "In alten Zeiten scheint es sich dabei um einen Volkssport gehandelt zu haben - jedenfalls ist heute noch als Bedingung bekannt: 'Uff siwwe Meeder in e Flasch' (Auf sieben Meter in eine Flasche)." Braun 1991, S. 279.
41 Hebel 1917.
42 Bertram 1938
43 PfWb.
44 Becker 1925.
45 Bronner 1911.
46 PfWb.
47 Hebel 1917.
48 Eigene Erhebung.
49 PfWb.
50 PfWb. 4,93.
51 Eigene Erhebung.
52 PfWb. 4,91.
53 Hebel 1917.
54 PfWb.
55 PfWb. 4,91.

Früher weideten die **Gommersheimer** in der **Harthauser** Gemarkung ihr Vieh und mußten dafür Käse entrichten.

Die Frauen von **Harthausen** sind einst mit einem beladenen Käsebrett, das sie auf dem Kopf trugen, auf den Markt gegangen. Weil ihnen dabei die Käsebrühe über den verlängerten Rücken gelaufen ist, wurden sie *Keesärsch* gerufen,[56] sie heißen auch *Keesmokl*.

Ein, ja, das pfälzische Leibgericht aber ist der *Handkees,* **(Assenheim,**[57] **Böbingen,**[58] **Büchelberg,**[59] **Flemlingen,**[60] **Geiselberg,**[61] **Lustadt)**[62] der aus weichem, weißem Käse von der Hausfrau mit der Hand geballt wird, woher die *Keesdricker* **(Darstein,**[63] **Lustadt)**[64] ihren Namen haben. Anschließend wird der Handkäse in einer nicht jedem bekannten Kunst zum Reifen gebracht. Pfälzische Dichter haben ihn besungen, dies lieblich duftende, mollig-milde, faul-speckige Volksaltertum der pfälzischen Küche.

Die geschicktesten *Handkeesdricker* sind in **Assenheim** und **Lustadt**[65] zu Hause. Die ersteren werden auch *Handkeesknüppel* geneckt.[66]

Weit über die Grenzen der Vorderpfalz hinaus ist das **Lustadter** "Handkeesfest" bekannt, das alljährlich am 1. Mai gefeiert wird. Der Ortsneckname ist allerdings älter als das Volksfest, das erst 1925 aus wirtschaftlichen und politischen Gründen ins Leben gerufen wurde.[67]

Auch die **Wattweiler** Frauen fertigten einst vorzügliche Handkäse, "so gure dorchene". Wenn dieselben auf einem Brett vor dem Fenster zum Trocknen aufgestellt waren, dann pickten sich die Spatzen den ihnen gebüh-

---

[56] Eigene Erhebung.
[57] PfWb.
[58] Bertram 1938.
[59] Eigene Erhebung.
[60] Bertram 1938.
[61] PfWb. 3,636.
[62] Bertram 1936.
[63] Schmitt 1980.
[64] PfWb.
[65] Zink 1921.
[66] Bronner 1911.
[67] Siehe Seebach, Pfälzer Bauer 1991, S. 145 f.

5. **Lustadter** Frauen demonstrieren aus Anlaß des "Handkeesfestes" den Werdegang des Handkäses in allen Arbeitsphasen, ca. 1937.

renden Anteil heraus. So sollen die **Wattweiler** zu ihrem Namen *Keese-spatze* gekommen sein.[68] Doch was hat es mit den **Großbundenbacher** *Kasgartschen* auf sich?[69]

3. Gang: Fleisch und Wurst

Es wird von den **Otterbergern** erzählt, sie hätten sich immer den Anschein gegeben, als sei ihre Lebenshaltung eine sehr gute. Um eine gewisse Wohlhabenheit vorzutäuschen, hätten sie sich, wenn sie weißen Käse verzehrt hatten, breitspurig unter die Haustüre gestellt und eifrig in den Zähnen gestochert, als wollten sie Fleischreste aus dem Gebiß graben.

Die Täuschung hielt nicht lange vor. Bald hatten es die Nachbarn heraus, welche Bewandtnis es damit hatte, und wer boshaft sein wollte, der stocherte, wenn er durch das Städtchen schritt, lebhaft in den Zähnen und schmatzte dazu, als ergötze er sich noch am köstlichen Nachgeschmack von Backhuhn oder Braten.

Die **Otterberger** werden deshalb als *Zahnstocher* verspottet, was auch wiederholt bei Fastnachtsumzügen im benachbarten **Kaiserslautern** dargestellt wurde.[70]

Dasselbe Motiv wird auch aus zwei anderen Gemeinden überliefert:

"Und wer vor Zeiten durch **Ungstein** ging mit einem *Zahnstocher* im Mund (als Gottessprich: die Ungsteiner hätten für ihre Karmenade gerade Zahnstocher nötig), dem war, ehe er vor's Dorf hinauskam, eine Tracht Prügel so sicher wie etwas. Heutzutage würde man einem solchen Spötter höchstens einen Schinken oder eine Speckseite an den Kopf werfen. Denn unsere Winzer und Gäubauern können's jetzt machen."[71]

Die Bewohner von **Ilbesheim** (KIB) stehen sonntags ebenfalls mit dem *Zahnstocher* vor den Türen und erwecken damit den Anschein, als ob sie Rindfleisch gegessen haben.[72]

---

[68] N.N. 1951
[69] PfWb. 4,98.
[70] Bronner 1911.
[71] Esslinger 1922, S. 80.
[72] PfWb.

Wer sich es leisten konnte, verachtete weder Schweine- noch Rind- oder gar Ziegenfleisch: *Ewerfresser,* **(Hohenecken)**[73] *Kuhfresser,* **(Siebeldingen)**[74] *Kalbfleischfresser* **(Lohnsfeld)**. Man sagt, die **Lohnsfelder** Kerwe sei so früh, daß es weder Schweinefleisch noch Würste, dafür aber *Kalbfleisch* gäbe.[75] In **Rutsweiler a.d. L.** sind die *Hämbesse* zu Hause. "Hampes" oder "Hämpes" heißt dort in der Kindersprache das Kalb, so daß wir aus dem Necknamen *Hämbesfresser* ebenfalls die Kalb(fleisch-)fresser ablesen können.[76] Die **Oberhauser** (ZW) waren *Zickelchesfresser*[77] und die **Roxheimer** waren bekannt für ihre *Gaßerippcher*.

Der folgende Dialog ist aus **Bobenheim a.B.** überliefert:

"Was habt ihr gesse?"
"Hawesalat und Gaaßerippche!"[78]

Rechte *Speckteiler* waren vermutlich die Einwohner von **Obernheim-Kirchenarnbach**[79] und richtige *Speckjäger* die von **Winzeln**.[80]

In **Konken** gab es offensichtlich besonders große *Schunke,* d.h. Schinken:

"In Kunke han se große Schunke,
in Kunke schneid mer große Runke (d.h. Stücke Brot)!"

Die **Kübelberger** Maurer traten im Sommer, wenn das Maurerhandwerk seinen Mann gut nährte, täglich übermütig in den Metzgerladen und bestellten: "E Pund vum dickschte Speck!" Indessen im Winter schlichen sie sich von hinten in den Laden und baten: "E vertl Pündche Fleesch, aber net so viel Knoche!"[81]

Eine besondere Spezialität sind die *Fleschknepp.* Nach den Hausschlachtungen sollen sie in **Nußdorf** in jedem Haus als Sonntagessen auf den Tisch

---

[73] Christmann 1951. Der Neckname soll an die früheren Zeiten erinnern, als noch große Schweineherden zur Eicheln- und Bucheckernmast in den Wald getrieben wurden.
[74] Becker 1925.
[75] PfWb.
[76] PfWb. 3,623.
[77] PfWb.
[78] Bronner 1911.
[79] Schmitt 1980. Er schreibt "Schpektäler"; siehe Kap. 18.
[80] PfWb.
[81] Leibrock 1933.

gekommen sein. Hier war es auch üblich, daß man am dritten Tag der Hochzeitsfeier Leber- oder Fleischknöpfe mit Sauerkraut bereitete. Vors Haus stellte man eine Mistgabel. An ihr hing eine Flasche Wein und in ihren vier Zinken staken jeweils Leber- oder Fleischknöpfe als ein Ausdruck bäuerlichen Wohlstands und Stolzes.[82]

Um die *Werscht* (**Knopp**) geht es den eingefleischten *Worschtfressern* (**Hettenleidelheim**,[83] **Miesau**).[84] Darunter sind die **Dörrmoschler** *Fläschworschtfresser* Spezialisten, die Bewohner von **Knopp** bevorzugen *Brotwerscht*.[85] Wenn an der nördlichen Weinstraße eine **Ungsteiner** *Portion* verlangt wird, so sind das zwei Knack- oder Bratwürste.

6. Metzelsuppe (Schlachtfest) bei A. DEHN in **Leistadt**, um 1925.

---

82 Hebel 1917, vgl. Seebach, Pfälzer Bauer 1991, S. 50.
83 PfWb.
84 Heeger 1922.
85 PfWb.

Sprichwörtlich in aller Munde sind seit geraumer Zeit die *Saumäge* (**Lettweiler, Ungstein,**[86] **Weisenheim a.B.**).[87] Während der Saumagen als ehemalige Arme-Leute-Kost zur Gourmetspezialität (dank einiger politischer Hilfe) aufgestiegen ist, sind die *Faltewärscht,* (d.h. Würste im Dickdarm) in **Frankweiler**[88] und *Blunze* (d.h. Blutwurst ohne Grieben) in **Imsbach**[89] vom heimischen und vom internationalen Publikum bisher nicht in ihre Leibesgunst einbezogen worden. Die **Imsbacher** waren früher arme Bergleute und konnten sich keine teure Wurst leisten, nur die einfache Blunz, deshalb der Neckname *Blunzzibbel.*[90]

Am Ende eines reichlichen Wursttellers bleibt häufig nur ein *Worschtzippel,* (**Bann,**[91] **Bundenthal,**[92] **Hettenleidelheim, Rohrhach,**[93] **Venningen,**[94] **Windsberg**)[95] der *Worschtbennel* (**Windsberg**)[96] oder die *Worschtkordel* (**Rammelsbach**)[97] zurück.

"Der Ausdruck 'Bännjer Worschtzippel' soll seinen Ursprung darin haben, daß früher am Samstagnachmittag, wenn die Bännjer Bergleute und Hüttenarbeiter, die Maurer und Grubenschmiede mit gutem Zahltag aus dem Saargebiet zurückkehrten, um zu Fuß den Heimweg von **Landstuhl** aus anzutreten, da nahmen sie von einem Metzgerladen des Städtchens Fleisch- und Wurstwaren mit nachhause. Unterwegs sollen dabei viel Dutzend von Knackwürsten getilgt und die Wurstzipfel den Waldweg entlang bis **Bann** in Abständen zu finden gewesen sein, so daß ein Fremder, der von **Landstuhl** nach **Bann** gehen wollte, auf die Frage nach dem kürzesten Weg prompt den Rat bekam: 'immer nur den Wurstzipfeln nachzugehen'."[98]

Den **Rammelsbachern** ruft man *Worschtbennel* nach:

---

[86] Reuter 1949.
[87] Bertram 1962.
[88] Hebel 1917.
[89] PfWb.
[90] Mitteilung von KÄTHE TOLL.
[91] Becker 1925.
[92] Schmitt 1980.
[93] PfWb.,
[94] Eigene Erhebung.
[95] Schmitt 1980
[96] PfWb.
[97] Bronner 1911.
[98] Westricher Anzeiger 1972.

Einst wurde dort ein Strolch eingefangen. Als man ihn binden wollte, fehlte dazu der Strick und nirgends konnte einer aufgetrieben werden. Aber es war ja gerade Essenszeit. Der Ortsvorsteher schickte herum und ließ die Wurstbändel einsammeln. Daraus drehte man das benötigte Seil zusammen, das noch so lang wurde, um den Gefangenen aufhängen zu können.[99]

4. Gang: Kartoffeln, Knöpfe und Klöße

Die Kartoffeln, sonst Grumbeeere und in **Otterberg** *Grambiere*[100] genannt, waren für lange Zeit vor allem im Westrich das Hauptnahrungsmittel des armen Mannes:

Grumbeerefresser, **(Kusel)**[101] *Grumbeerepänz,* **(Hütschenhausen,**[102] **Konken,**[103] **Lohnsfeld,**[104] **Morbach,**[105] **Krickenbach,**[106] **Wörsbach)**[107] *Grumbeeresäck,* **(Elmstein)**[108] *Grumbeerestritzer,* **(Bechhofen)** *Klotzgrumbeere* **(Rheingönheim)**.[109]

Noch bis in die dreißiger Jahre hinein war es in der Pfalz üblich, die Pellkartoffeln nicht in einer Schüssel zu servieren, sondern sie auf den Tisch zu schütten. Nach einer Untersuchung aus den sechziger Jahren in der Vorderpfalz glauben ältere Gewährspersonen sich zu erinnern, daß der Küchentisch im pfälzischen Bauernhaus in der Mitte eine Vertiefung zur Aufnahme der heißen Pellkartoffeln besaß. Allein wegen der Größe ist diese Vermutung zu bezweifeln. Eher ist dabei WILHELM HEINRICH RIEHL zuzustimmen, der dieser Vertiefung im Küchentisch die Funktion eines offenen Salzfasses zuweist.[110]

Die geschälten heißen Kartoffeln wurden in das Salz auf dem Küchentisch getupft und gegessen. Diese äußerst karge Speise ist in der Pfalz landläufig

---

[99] Hebel 1907.
[100] PfWb.
[101] Bronner 1911.
[102] Bertram 1939.
[103] PfWb.
[104] Zink 1921.
[105] Christmann 1951.
[106] PfWb.
[107] PfWb. 3,479.
[108] Bronner 1911.
[109] PfWb.
[110] Seebach, Pfälzer Bauer 1991, S. 95.

als "Dupp-Dupp" noch in Erinnerung. Nur so ist der Neckname *Salzdubber* (**Miesau**)[111] oder *Salzdippler* (**Rumbach**)[112] zu verstehen.

Eine eigentümliche Feinschmeckerei ist der Verzehr der Kartoffel mitsamt der Schale. Falls dies wirklich vorkam, geschah es sicherlich aus purer Not, weswegen der Spott nicht ausblieb, wie das Beispiel von **Rodalben** zeigt:

"Rodalwe, Rodalwe in der Kultur,
do fressen die Baure
die Grumbiere mitsamt der Montur!"[113]

Einst war eine Seuche in **Schallodenbach** ausgebrochen, auch gingen die Kartoffeln aus. Wegen der ansteckenden Krankheit traute sich aber niemand aus den Nachbardörfern in den Ort. Da kamen die benachbarten **Schneckenhauser** auf die Idee, Kartoffelschalen in den Odenbach zu werfen. Die schwammen auf dem Wasser hinab nach **Schallodenbach** und wurden dort begierig aufgefischt und in der Not verzehrt.[114]

"Se Kelle (**Cölln**) es nin se welle,
sein kee(n) Grumbeere se quelle,
kee(n) Kohle for se hole,
kee(n) Dauwe for se brore!"

Weil man in **Altenglan**[115] und **Mühlbach**[116] große Klöße aus roh geriebenen Kartoffeln zubereitet, werden ihre Bewohner *Herzdrücker* genannt,

---

[111] Rheinpfalz 1961.
[112] Schmitt 1980. "Salzträppler" in Verbindung mit einer an **Rumbach** vorbeiziehenden alten Salzstraße zu bringen, ist ein untauglicher nachträglicher Erklärungsversuch aus Unkenntnis der pfälzer Tischsitten beim Pellkartoffelessen.
[113] Keiper 1925. "Einen ganz ähnlichen Spruch haben sich unsere Landsleute in Pennsylvania bewahrt. Allerdings ist Amerika heute das Land, in dem man sich selbst in einem Luxusrestaurant eine Portion Kartoffelschalen bestellen kann. Die ernährungsbewußten Amerikaner schätzen den Nährwert der Schale höher ein als das Innere und zeigen sich unbeeindruckt vom sozialen Stigma des armen Mannes, der die Kartoffel mitsamt der Montur essen muß." Seebach, Pfälzer Bauer 1991, S. 92.
[114] Die Erzählung über den Ursprung des **Herxheimer** Lorenzebrot ist motivgleich, vgl. ebd. S. 81 f., S. 189.
[115] Hebel 1917.
[116] Bronner 1911.

die Bewohner vom **Horterhof** *Hoodeknebb*.[117] Die **Altenglaner** haben ihrer örtlichen Leibspeise ein Denkmal in Form eines Brunnens gesetzt. Darauf sind viele kugelrunde Klöße und eine männliche Figur, die ein Herz in Händen hält und an sich drückt.

Kartoffelbrei, d.h. *Stampes*, (**Reichenbach**) essen die **Leimer** *Stampesfresser*,[118] *Reibelscher*, das sind geriebene und als Pfannkuchen gebackene Kartoffeln, die **Quirnheimer**,[119] *Kerschtchen*, eine Art von gebratenen Kartoffeln, die **Dunzweiler**.[120] Die Bewohner von **Fockenberg-Limbach** sind *Kerschtchesschlugger*.[121]

Die **Pirmasenser** sehen die **Zweibrücker** als kleinstädtische Spießer an und sagen diesen nach, sie würden bei Ausflügen in die weitere Umgebung "de Grumbeeresalat in de Tut orrer im Reenschirm metnemme", um kostspielige Auslagen für die Wegzehrung zu vermeiden.[122]

Knepp, (**Niederhochstadt**)[123] das sind Knöpfe, gelten als die örtliche Leibspeise der **Hochstadter** *Kneppfresser*[124] oder *Kneppsäck*[125], auch die **Hermersberger** *Kneppruchler* oder *Knepp(k)riwwler*[126] bereiten sie gerne zu. *Grießknepp* gibt es in (**Rheinzabern**).[127] Auch die **Wörther** *Grießsäcke* essen häufig Klöße aus Welschkorngrieß.[128]

Bfludde (**Scheibenhardt**) sind Brühknöpfe aus Mehl und Kartoffeln.[129] *Kleeß* kommen in **Schaidt**[130] und **Patersbach**[131] oft auf den Tisch.

---

117 Heeger 1922.
118 PfWb.
119 Eigene Erhebung.
120 PfWb.
121 Bertram 1939.
122 N.N. 1951.
123 PfWb.
124 Hebel 1917.
125 PfWb. 4,370.
126 Pf. Wb.
127 Bertram 1938.
128 PfWb. 3,440.
129 Bertram 1938. Dem frz. Ortsteil **Scheibenhard** sagt man nach, es hieße *Schnitzhäfe*. Somit verbindet sich mit den beiden Ortsnecknamen für **Scheibenhardt/Scheibenhard** das Eintopfgericht Schnitz un Knepp. Siehe Seebach, Pfälzer Bauer 1991, S. 97 f.
130 Eigene Erhebung.
131 PfWb.

7. Dörrobst wurde früher in bauchig geflochtenen Körben als Wintervorrat aufbewahrt. Zuvor mußten die Äpfel und Birnen "geschnitzt" und in der Sonne getrocknet werden, wie das Bild aus Pennsylvania zeigt.

Ein altes Eintopfgericht sind "Schnitz un Knepp", eine Kombination aus Dörrobst und mit Hefe getriebenen Knöpfen, die in einem Topf, im *Schnitzhaffe* (**Scheibenhardt**) oder *Schnitzhebche* (**Schweisweiler**), zusammengebracht wurden.

5. Gang: Obst und Gemüse

Bei der häuslichen Vorratswirtschaft spielte früher das Dörren von Äpfeln und Birnen eine große Rolle. Äpfel werden als *Backäpfel* (**Edenkoben,**[132] **Gimbsbach**)[133] und *Apfelflutte* (**Odernheim**) verzehrt.[134]

Backbeere (**Biedershausen,**[135] **Höheischweiler,**[136] **Weselberg**)[137] sind *Schnitz* (**Scheibenhardt**)[138] aus Birnen, die durch Dörren haltbar gemacht werden. Wer durch **Bann** geht muß vorsichtig sein:

> "Die Bännjer muß mer ehre,
> sunscht schmeißen se mit Beere!"[139]

Eine wilde, unveredelte Birnenart wird zwar *Saubeere* (**Dreisen,**[140] **Göllheim,**[141] **Münchweiler-ROK**) genannt, aber trotzdem gerne von den *Säubeerefressern* (**Göllheim,**[142] **Kerzenheim**)[143] und *Saubeereschissern* (**Münchweiler-ROK**) gegessen.

Ein gleichlautender Neckvers aus **Erzenhausen**[144] und **Sippersfeld**[145] beschreibt, daß man Birnen nicht nur verzehren kann, sondern aus ihnen auch Birnenwein und Marmelade bereiten kann:

---

[132] PfWb.
[133] "Bachebl" bei Bertram 1939 muß wohl ein Mißverständnis sein.
[134] PfWb.
[135] Becker 1925. Die gedörrten Birnen sollen zu Mus gekocht und dann als Kuchenbelag verwendet worden sein. N.N. 1951.
[136] PfWb.
[137] Keiper 1925.
[138] Eigene Erhebung.
[139] Bertram 1939.
[140] Bronner 1911.
[141] PfWb.
[142] Zink 1921.
[143] Becker 1925.
[144] PfWb. Der Spruch wird auch sonst gebraucht, ohne sich auf einen bestimmten Ort zu beziehen.
[145] Leist 1953, S. 47.

"Mr esse Beere, mr trinke Beere,
un han a Beere uffs Brot se schmere!"

Die **Dannenfelser** haben eine *Birnenweinkehle*.[146]

Eine weiter Beerenart ist die *Riebeere* (**Gonbach**), die von den *Riebeere-schissern* (**Gonbach**) gerne gegessen wird.[147]

Auch Kirschen und Zwetschgen oder *Blaume* (**Dielkirchen**)[148] erfreuen sich großer Beliebtheit:

Kerschefresser, (**Lauerhof**)[149] *Kerschegrippser*, (**Höheinöd**)[150] *Ker-schekäre*, d.h. Kirschenkerne, (**Schmitshausen**)[151] *Kerscheknabber*, (**Dansenberg**)[152] *Kerscheknepp* (**Erdesbach, Altenkirchen**) oder *Pußknebb*, (**Altenkirchen**,[153] **Frohnhofen**)[154] *Kerscheschnitzler* (**Höheinöd**).[155]

Angeblich sollen die **Erdesbacher** die in ihrer Gemarkung reichlich wachsenden Kirschen mitsamt den Steinen, d.h. den "Knepp", gegessen haben und ihren anschließenden Verdauungsspaziergang bis an die Ortsgrenze gemacht haben. Im Laufe der Zeit soll sich auf diese Art eine kleine Mauer aus Kirschkernen rund um das Dörflein aufgetürmt haben.[156]

Weil die **Würzweiler** einst *Quetsche*[157] als Zuckerersatzstoff verwendeten, bekamen sie den Necknamen *Quetschesuggler*:

"Sie tauchen dürre Zwetschgen in den Kaffee um ihn zu süßen, hängen aber die Zwetschgen an einen Faden, daß sie diese 'absugle' können."[158]

---

146 PfWb. 1,937.
147 PfWb.
148 Brenner'sche Sammlung.
149 Christmann 1951.
150 Schmitt 1980.
151 Schick 1970.
152 Christmann 1951. "Dort wachsen nur kleine Steinkirschen, die sie nicht verkaufen können und daher selber essen, knappern oder beißen müssen." Bronner 1911.
153 PfWb.
154 PfWb. 1,125.
155 Christmann 1951. In der Gemarkung sollen nur die dünnen Vogelkirschen gewachsen sein, die sich schlecht "schnitzeln" ließen. Mitteilung von GUSTAV ANGNE.
156 Braun 1991.
157 PfWb.
158 Brenner'sche Sammlung. Sie sollen auch niemals Kerwe ohne Zwetschgenkuchen gefeiert haben. PfWb.

Die **Gerbacher** sind die die *Quetschekernsuggler*.

Krauthäble (**Studernheim**), d.h. Krauthäupter, werden zu *Sauerkraut* (**Nußbach**)[159] gemacht und von den *Köhlschnäkern,* (**Ungstein**)[160] *Köhlhasen,* (**Darstein, Dimbach, Spirkelbach**)[161] *Krautbaschane,* d.h. Krautbastiane nach dem Vornamen Sebastian, (**Geinsheim**)[162] und *Kraut-schissern* (**Großbundenbach**)[163] gerne gegessen.

Ob man mit Salat ein Bäuchlein erzielen kann, das müßten die **Walshauser** *Salatpänz* den Gesundheitsbewußten erklären.[164]

Vielläppcher ist ein anderer Name für Feldsalat, den die **Miesenbacher** gebrauchen, deren Karnevalsverein sich stolz ebenso nennt.[165]

8. Die traditionelle Zubereitung von Sauerkraut der Pfälzer in Pennsylvania, bei der mit nackten Füßen das frisch geschnittene Kraut im Ständer festgetreten wird.

159 PfWb.
160 Bronner 1911.
161 Die drei Orte bilden eine Neckreihe in der Landschaft.
162 PfWb.
163 Brenner'sche Sammlung.
164 Becker 1925.
165 Westricher Anzeiger 1972.

Weil es auf der **Dörnbacher** Kerwe einst nichts anderes gegeben haben soll als Gurken und Bocksbraten mit Brühe, blieben an diesem Ort die Necknamen *Gummere* und *Bocksbrüh* haften.[166] *Bocksbrüh* gilt auch für **Schweisweiler**.[167]

In **Dörnbach** wird alljährlich am 1. Sonntag im September die "Gummerekerb" gefeiert:

"Beim Kerweumzug halten die Straußbuben als Symbol dieses Uznamnes die größte Gurke, die sie auftreiben können, mit den Händen hoch, damit sie jeder Kerwegast sehen kann, und sind stolz auf dieses Wahrzeichen. Von unseren Vorfahren wissen wir, daß früher, so wie heute, viele Gurken angepflanzt und die jungen Burschen und Mädels deshalb immer gehänselt wurden."[168]

Vermutlich betrachten die **Hefersweiler** *Gummereschnusse* die Gurken ebenfalls als eine Leckerei.[169]

Recht häufig in der Nord- und Westpfalz finden wir mehrere, aber unterschiedlich motivierte Schabsel-Necknamen.

Die **Otterberger** erinnerten einst bei ihren Faschingsveranstaltungen die **Kaiserslauterer** durch emsiges Fingerstreichen an das Schaben von Rüben. Denn sie wollten wissen, daß diese bei sommerlichen Spaziergängen weiße Rüben in ihrer Gemarkung ausrissen, fein säuberlich abschabten und damit ihren Hunger stillten, weil sie zu armselig seien sich in den Wirtschaften etwas zu kaufen. So hingen die **Otterberger** den **Kaiserslauterern** den Necknamen *Schabsler* an.[170]

Dasselbe Motiv findet sich auch in anderen Orten. So nennt man die Bewohner von **Lambrecht, Oberwiesen, Schneckenhausen** *Schabsel*, die von **Winnweiler** *Schabseler*.

Die **Schneckenhauser** heißen *Schabsel*, weil sie es waren, die auf die Idee kamen, Kartoffelschalen in den Odenbach zu werfen, wodurch die

---

166 Brenner'sche Sammlung.
167 PfWb.
168 Mitteilung von ROSALINDE HOCHSTRASSER.
169 PfWb.
170 Pfälzisches Museum m 1908.

kranken, in Quarantäne lebenden **Schallodenbacher** vor dem Hungertod gerettet wurden. Erst später wurde wohl der Neckname auch auf den Ort **Schallodenbach** übertragen.[171]

6. Gang. Backwaren und Brotaufstrich

Nach einer volkstümlichen Erzählung sollen die reichen **Altenkircher** ihren Necknamen *Heebschisser* dadurch erhalten haben, daß sie für ihren Brotteig nicht mehr den herkömmlichen Sauerteig, den Deisam, nahmen, sondern bereits die teure Hefe, die "Heeb", beim Bäcker kauften.[172]

Als ein durchziehender Handwerksbursche wieder von **Blaubach** fortging, hat er ausgerufen:

"O weh, Blabach, an der hann ich Brot zugesetzt!"

Er meinte damit, daß er das bißchen Brot, das er für unterwegs mitgenommen hatte, in **Blaubach** essen mußte und dort selbst keines bekommen hatte.[173]

"In **Bann** is nix se han,
  do kriet mer e Schtickche Brot,
  's is es Schann!"[174]

Die **Scheibenhardter** werden von den Mitbewohnern im französischen Teil des Ortes *Kornbrotbuwe* genannt.[175]

Der *Lickeweck* (**Gersbach,**[176] **Hengstbach***)* wird im Westrich ohne Einschnitt rund und meist als Doppelweck gebacken.

"Gersbacher Lickeweck,
fresse gern dicke Weck,
saufe gern roter Wein,
morgen soll die Hochzeit sein!"

---

[171] PfWb.
[172] Seebach, Pfälzer Bauer 1991, S. 77.
[173] PfWb.
[174] Bertram 1939.
[175] Eigene Erhebung.
[176] PfWb.

Der Neckname *Brezelbuwe* (**Speyer**) steht im Zusammenhang mit der alten Fastenbrezel, die früher nur in der Fastenzeit zu bekommen war. Ein daran anknüpfendes Brauchtum ist das alljährlich in **Speyer** gefeierte "Brezelfest".[177]

Die **Sarnstaller** *Strauwe* haben ihren Namen vom Strauben-Gebäck, das aus Pfannkuchenteig gebacken und mit Staubzucker bestreut wird. Eine besondere Rolle spielt dabei der Trichter, aus dem man den Teig in das heiße Öl laufen läßt. Dieses einfache Gebildbrot wird traditionelll ausschließlich zur "Strauwekerwe" an Pfingsten den Gästen angeboten. Im Zuge der Einwanderung nach dem Dreißigjährigen Krieg ist dieses Gebäck mit den schweizer Siedlern zu uns in die Pfalz gekommen und im Zuge der Weiterwanderung auch nach Pennsylvania.[178]

Die *Waffele* (**Altenkirchen, Dittweiler,**[179] **Katzenbach**-ROK,[180] **Mühlbach**)[181] aus geriebenen Kartoffeln sind eigentlich ein Gebäck, denn sie werden mit der *Waffelpann* (**Mühlbach**)[182] gebacken. Entsprechend ihres Necknamens feiern die **Mühlbacher** die "Waffelkerb". Zudem ist ihre Küchenspezialität mit dem "Waffelbrunnen" festgehalten und auch noch in folgendem Vers:

"Luschdig geht's in **Mühlbach** zu -
Grumbeerwaffele un Schnaps dezu!"[183]

"Grumbeere reiwe, Waffle backe,
zwei, drei Dutzend Eier nei -
is das net de **Katze(n)bacher**
ihr Gemüs un Zuckerwei?"[184]

---

[177] Vgl. Seebach, Pfälzer Bauer 1991, S. 125 - 127.
[178] Vgl. ebd. S. 129 -134.
[179] PfWb.
[180] Bertram 1939.
[181] Bronner 1911. Man sagt den **Mülbachern** nach, sie hätten im Winter so viele Waffeln gebacken und auf den Balken in den Scheunen gelagert, daß sie davon den ganzen Sommer über gehabt hätten. Bertram 1939.
[182] PfWb.
[183] Heeger 1951.
[184] Heeger 1923.

Große *Waffelefresser* (**Altenkirchen**,[185] **Spesbach**)[186] haben große *Waffelepänz* (**Altenkirchen, Dittweiler, Frohnhofen**,[187] **Katzenbach**-ROK).

Die **Albersbacher** *Brockel, Brockelpänz* oder *Brockelbuben*[188] lassen die übriggebliebenen Waffeln trocknen, um sie später in Milch aufzuweichen und zu essen. Die **Höringer** sind *Brockeschligger*.

In **Dellfeld** ißt man gerne *Flara*, d.h. Fladen.[189] Die **Limbacher** heißen *Herekorn-Pannkuchewamscher*, weil dort früher viel Buchweizen angepflanzt wurde.[190] Angeblich sollen während der **Grieser** Kerwe in einem bestimmten Haus ausschließlich *Pannkuche* gebacken worden sein, weshalb der Ort den entsprechenden Namen bekam.[191]

"Nach ihrem besten Rezept wollte eine brave, besorgte Hausmutter zu **Oppau** ihre Dampfnudeln backen und es fiel ihr dabei nicht im geringsten ein, daß wegen ihrer Nudeln das ganze große Dorf in Schrecken geraten und die Ortsfeuerwehr zum Löschen ausrücken könnte. Und doch sollte es so kommen!

Als nämlich die Frau ihre Dampfnudeln zugesetzt hatte, ging sie wie sonst ihrer Arbeit in Haus und Stall nach; auch zur Krämerin eilte sie noch, etwas zu holen und verhielt sich dort ein wenig mit Plaudern.

Die Nudeln, sich selbst überlassen, bekamen nun trotz ihrer großen Köpfe nicht den Verstand, zur rechten Zeit selber vom Feuer zu rücken. Sie brannten an und bald stand Küche und Hausflur, nicht bloß die Nudeln - ihrem Namen alle Ehre machend - in Rauch und Dampf. Der Qualm drang zu den Fenstern und zur Türe heraus. Nichts anderes vermeinend, als ein Brand sei ausgebrochen, zog man erschreckt die Feuerglocke und läutete Sturm.

Nachbarn und andere Dorfleute sprangen hilfsbereit herbei, um zu löschen und zu retten, was zu retten wäre. Zum Glück gab es nichts zu löschen und zu retten als angebrannte Dampfnudeln, die in ihrem Geschmack aber so gelitten hatten, daß nicht der letzte Spritzenknecht Gelüste verspürte, sie

---

[185] PfWb. Die **Altenkircher** Frauen hätten ihren Männer, die ins Saarland zur Arbeit fuhren, große Vorräte an Waffeln mitgegeben. Braun 1991.
[186] Bronner 1911.
[187] Rheinpfalz 1961.
[188] *Brockelgänse* in PfWb. 1,1239 ist wohl ein Fehler.
[189] PfWb.
[190] Heeger 1923.
[191] PfWb. 1,794.

seinem Magen einzuverleiben. Seit jenem denkwürdigen Vorfalle haben die braven **Oppauer** den Spitznamen *Dampfnudelstürmer.*"[192]

Dampnudle heißen neben den **Oppauern**[193] auch die **Burgalber**[194] und die **Wollmesheimer,**[195] letztere werden auch *Dampknebb* genannt.[196]

Kein pfälzer Brotaufstrich ohne Latwerg, den man aus Zwetschgen und Birnen herstellt. Ein **Kreimbacher** muß sich die spöttische Bezeichnung *Kraambacher Latwerg-Dier* gefallen lassen.[197]

"Kalkower (**Kalkofen**) Latwergstadt,
trocke Brot un doch net satt!"[198]

In der Vorderpfalz gab es früher traditionell das Traubenmus. Im Herbst wurden Trauben, Zwetschgen und Birnen eingekocht. Mit langen Löffeln und Stangen mußte bei Tag und Nacht das Mus umgerührt werden, um das Anbrennen zu vermeiden. Daher kommt der Uzname *Traumuslöffel* für **Neupotz,**[199] **Maximiliansau** und **Otterstadt.**[200]

In **Altenglan** ist *Eppelschmer* als Brotaufstrich beliebt, in **Alsenbrück** *Hunig,* d.h. Honig.[201] Vermutlich nach einer wahren Begebenheit heißen die **Insheimer** *Honigdiebe* oder *Honigschlecker.*[202]

Die an Beeren und Früchten reiche Umgebung und zugleich die Armut der Bevölkerung sind die Ursachen für das reichliche Saftkochen in **Hochstein,** was ihnen den Necknamen *Saftlöcher* eingebracht hat.[203]

Bleiben nun noch als vorletzter Gang Kaffee und Kuchen aufzutischen.

---

[192] Bronner 1911, S. 65.
[193] Zink 1921.
[194] PfWb.
[195] Hebel 1917.
[196] Heeger 1951.
[197] Christmann 1951.
[198] PfWb.
[199] Bertram 1938, vgl. Seebach, Pfälzer Bauer 1991, S. 99 – 102.
[200] PfWb. 2,431.
[201] PfWb.
[202] Hebel 1917; PfWb. 3,1168.
[203] PfWb. Der Volksmund liefert noch eine weitere, wenig glaubwürdige Erklärung: Wenn ehemals Weinfuhren durch den Ort gekommen seien und am berganführenden Ortsausgang langsam fahren mußten, seien die **Hochsteiner** aufgesprungen und hätten sich vom "Saft abgezapft".

7. Gang: Kaffee und Kuchen

Vermutlich aus der Zeit, als man noch Zichorie zur Kaffeeherstellung verwendete, stammt der Name *Kaffeeklopfer* (**Billigheim**).[204] Das Kaffeetrinken war noch im 19. Jahrhundert eine so junge Mode, daß auch das besondere Kaffegeschirr wie die *Kaffehäbcher* (**Reichsthal**)[205] auffielen.

Daher auch der Spruch: "**Appe(n)thal in de Kaffeeschal!**"[206]

In **Hauptstuhl** muß die neue Sitte des Kaffeetrinkens besonders verbreitet gewesen sein, denn die Bewohner heißen *Kaffeebuwe* oder *Kaffeesächer*.[207]

Kaffeetrinker sind in der Regel auch *Kuchefresser* (**Siebeldingen**).[208] Der *Quetschekuche* spielt eine große Rolle in **Haardt,**[209] **Hauptstuhl,**[210] **Herschberg,**[211] **Hohenöllen,**[212] **Konken,**[213] **Reifenberg**[214] und **Seelen**[215] In **Herschberg** heißt es *Quetschekuche met Rehme,* man meint damit, daß dieser obenauf mit schmalen Teigriemen versehen ist.[216]

Bei den **Haardtern** fällt die Kerwe in die Zwetschgenkuchenzeit. Dabei wird ein riesiger, viereckiger "Quetschekuche" zum Symbol der Gemeinde. Bei ihrer "Quetschekuchekerwe" wird dem Zug der Tanzpaare ein Zwetschgenkuchen auf einer Rückketze vorangetragen. Auf ihre Spracheigentümlichkeit anspielend, ruft man ihnen auch nach: "Quetschekuche hau(n)!", d.h. haben.[217] Alte Winzer erzählen, daß früher am Kerwemontag die Dorfjugend mit dem Quetschenkuchen auf der Rückketze von Haus zu Haus zog und keinen ausließ, in dessen Keller Wein lag. Es war altes Herkommen, dem man sich nicht entziehen durfte, daß die Hausfrau sich ein Stück vom Kuchen abschnitt, während als Gegengabe ein Krug mit Wein aus dem

---

204 Bronner 1911.
205 PfWb.
206 Bertram 1962.
207 PfWb.
208 Heeger 1951.
209 Bertram 1936.
210 Bertram 1939.
211 PfWb.
212 Christmann 1951.
213 PfWb.
214 Bronner 1911.
215 PfWb.
216 N.N. 1951.
217 Hebel 1917.

Keller geholt wurde. Selbst in den Wirtshäusern von **Haardt** wurde über Kerwe der Quetschenkuchen angeboten.[218]

Dem Quetschenkuchen schließen sich der *Bollkuche,* **(Rittersheim)**[219] der *Süßkuche* **(Rehweiler)**[220] und noch der *Käskuche* **(Kindenheim)**[221] an. *Apfelkuchenmäuler* haben die in **Münsterappel**.[222] *Appeltort* wurde in **Odernheim** gebacken, wo man auch den *Knautschkuche* kennt. *Appelranze* war ehemals ein viel gegessener Apfelkuchen aus Schwarzbrotteig in **Bockenheim**.[223] Den Kuchenreigen beschließen hiermit der *Radankuche*[224] **(Freisbach)**, d.h. Bundkuchen, und der *Flammkuche* **(Bedesbach,**[225] **Steinwenden)**.[226]

Sieskiechle **(Lauterburg)**[227] und *Kiechelcher* **(St. Julian)**[228] sind weitere örtliche Spezialitäten unter den Backwaren.

8. Gang: Allerlei zum Nachtisch

Wenn die Bewohner von **Eulenbis** gegessen haben, bleibt oft nur ein *Hahneknechelsche* übrig.[229]

Winden kennt man unter dem Necknamen *Backfisch.*[230]

Ein Amtmann bestellte in einer Gaststätte zu **Niefernheim** eines Tages *Ochsenaugen.* Daraufhin erklärte die Wirtin treuherzig, der Metzger habe im Augenblick keine mehr.[231]

Eine eigenartige Speise findet sich vor allem in der südlichen Vorderpfalz. *Froschschenkel* wurden früher offensichtlich in **Duttweiler**,[232] **Freimers-**

218 Heeger 1963.
219 PfWb.
220 Bronner 1911.
221 Eigene Erhebung.
222 PfWb. 1,309.
223 PfWb.
224 Hebel 1917.
225 PfWb.
226 PfWb. 2,1420.
227 Eigene Erhebung.
228 Hebel 1917.
229 Eigene Erhebung.
230 Bertram 1938.
231 Bronner 1911.
232 Bertram 1962.

heim,[233] **Offenbach a.d. Queich,**[234] **Queichheim**[235] und **Speyerdorf**[236] als Leckerbissen verzehrt. Die **Haßlocher** waren *Froschfänger.*[237]

In **Speyerdorf** feiert man trotz Proteste der Tierschützer die "Froschschenkelkerwe" mit richtigen Froschschenkeln.[238]

Der Einfluß der französisch-elsässischen Küche zeigt sich ferner darin, daß außer Fröschen auch Schnecken in der Pfalz gegessen werden, wie der Neckname *Schneckenfresser* für **Lauterburg** zeigt.[239]

Schnääker und *Schuhschmeerschnääker* heißt man die **Weidenthaler.** Dies geht wohl auf eine lustige Begebenheit zurück: Schuhschmiere wurde für Marmelade gehalten und verzehrt.

"Die Weiredaler Schnääker,
danzen uff de Lääder,
danzen uff de Heckebisch,
fressen die gure Hasselniss!"[240]

Die folgenden Necknamen gehen aus Erzählungen hervor, wie sie in ganz Deutschland von Schlesien bis zum Rhein bekannt sind. Den Bewohnern mancher Dörfer wird darin nachgesagt, sie hätten ein ungenießbares Tier mit einem eßbaren verwechselt und tatsächlich gegessen:[241]

Dazu gehören *Spatzerobber,* **(Kleinfischlingen)**[242] *Katzefresser,* **(Bolanden, Schwegenheim)**[243] *Pudelfresser* **(Rodalben)**[244] und *Schlangenfresser* **(Otterstadt).**[245]

---

[233] PfWb.
[234] Eigene Erhebung.
[235] Bronner 1911.
[236] Heeger 1951. "Als ursprüngliche Fastenspeise und spätere Arme-Leute-Kost kamen Schnecken und Froschschenkel schließlich als gestiegenes Kulturgut auf den reichen Tisch der gutbürgerlichen Küche ..." Seebach, Pfälzer Bauer 1991, S. 147.
[237] Heeger 1951.
[238] Vgl. Seebach, Pfälzer Bauer 1991, S. 147, 201.
[239] Eigene Erhebung, vgl. ebd. S. 148 f.
[240] PfWb.
[241] Heeger 1954.
[242] Bertram 1936.
[243] Hebel 1917.
[244] Mitteilung von FRITZ BECKER.
[245] PfWb.

Die **Bolander** sollen früher einmal in Kriegs- und Notzeiten Katzen anstelle von fehlenden Hasen geschlachtet und gegessen haben. Ferner wird erzählt, sie sollen an ihrer Kerwe Besuchern aus den umliegenden Dörfern Katzenfleisch statt Hasenfleisch zum Essen vorgesetzt haben.[246] An Kerwedienstag wird heute noch mit viel "Miau" die Kerwe begraben.

Burschen aus **Schwegenheim** sollen einmal auf der **Mechtersheimer** Kerwe einen Hasenbraten bestellt haben. Man spielte ihnen einen derben Streich und setzte ihnen einen Katzenbraten vor.[247] Diese ältere Neckerzählung wird heute zu den Necknamen *Katze* und *Katzeköpp* für **Schwegenheim** verdichtet.[248]

Da Spott unweigerlich den Gegenspott hervorruft, erzählt derweil der Volksmund, daß die **Schwegenheimer** den **Mechtersheimern** angeblich einmal Hundefleisch für Hasenbraten vorgesetzt haben sollen und diese deshalb *Pudelhund* heißen.[249]

An die Gänsezucht erinnern die Necknamen *Gänsestopfer*, **(Maxdorf)**[250] *Gänsdricker*[251] und *Gänsropper* **(Ruchheim)**.[252]

Wie ein einzelner Bewohner oder ein einmaliges Ereignis eine Neckbezeichnung herbeiführen kann und wie hier Spott den Gegenspott hervorruft, das mag das folgende Beispiel von **Hambach** und **Diedesfeld** zeigen:

"Da hatte ein vermaledeiter Kerl in **Hambach** - sicher ist es schon mehr als 100 Jahre her - den im Dorf nistenden Storch abgeschossen; wahrscheinlich bekam er von seinen Mitbürgern eine gehörige Abreibung dafür. Doch was half's? Als ein **Diedesfelder** Spötter das nächste Mal einem **Hambacher** begegnete, fragte er lächelnd:

'Na, was muß m'r höre, ehr hänn eier Storch dotgeschosse un gebrote?'

---

[246] Mitteilung von ERWIN BEGSTRÄSSER.
[247] Hebel 1917.
[248] Eigene Erhebung.
[249] PfWb.
[250] Eigene Erhebung. Das Gänsestopfen war ein saisonales Nebengewerbe über Winter für viele **Maxdorfer** gewesen. Die Gänse wurden zumeist an jüdische Bürger verkauft.
[251] Bronner 1911.
[252] N.N.1951.

Aber der **Hambacher** war auch nicht auf den Kopf gefallen und trumpfte den Frager ab:

'Warum frogscht? Ja, ja, m'r wissen's schun, die **Diedesfelder** hatte schun die Panne gewärmt, weil se a mithalle wollte, awer m'r hänn'n ebbes gepfeffe!'

Und so kam es, daß seitdem die Hambacher *Storkefresser* und die Diedesfelder *Pannewärmer* heißen."[253]

Der Name *Bettelmannsfresser* für **Nünschweiler** hat seinen Ursprung in einem Gerücht, das sich erstmals in einem zeitgenössischen Kollektenbrief aus dem Fürstentum Zweibrücken vom 6. Juli 1637 niedergelegt findet, in deutscher Übersetzung lautet die Stelle:

"Auch geschah es in Nünschweiler, daß dort ein Bettler, der zu jener Zeit dort ankam, von Hungrigen zerrissen und verschlungen wurd."

Bis zur Mitte des vorigen Jahrhunderts wurde diese Nachricht von allen einschlägigen Geschichtswerken unbesehen übernommen. Erst 1927 wurde in den Mitteilungen des Historischen Vereins der Pfalz nachgewiesen, daß Nachrichten dieser Art nicht als historisch gelten, sondern auf maßlose Übertreibung zu Propagandazwecken zurückzuführen sind. So schlimm die Hungersnot und das Elend unter dem spanischen Kommandanten MORÉANE von 1635 bis 1638 auch waren, so müssen wir die Einwohner von **Nünsch-weiler** von dem alten Greuelmärchen entlasten,[254] ebenfalls hinsichtlich einer anderen Quelle, die folgendes besagt:

Zwei Reisende trafen in jener Zeit einen Knaben bei **Nünschweiler** an, der an einem Kohlenfeuer im Walde ein großes Fleischstück briet und als er gefragt wurde, woher er dies habe, antwortete er:

"Es ist von meiner Schwester, die eben gestorben ist."

In der Not standen einst Unkräuter wie Ackersenf und Melde anstelle von Gemüse auf dem Speisezetteln wie offensichtlich folgende Ortsnecknamen beweisen: *Hederichfresser*, (**Trippstadt**)[255] *Meldefresser*, (**Hütschen-**

---

[253] Christmann 1951, S. 1.
[254] Hebel 1917.
[255] Bronner 1911.

hausen)[256] *Meldepänz* (**Spesbach**).[257] An Zeiten der Not- und Kriegs-
küche erinnern noch die Verse:

"Von Studerem, von Studerem bin ich,
ropp Hederich, ropp Hederich für mich!"[258]

Die Verse sollen früher in **Studernheim** als altmodischer Tanz gesungen
worden sein.[259]

Auf Zeiten der Armut und des Hungers lassen schließen:

Spüllumbe, (**Bischheim**,[260] **Gauersheim**)[261] *Spülwasser* (**Brücken**)[262]
und *Spülwassersiffer,* (**Brücken**)[263] *Spüllumbesuggler* (**Albisheim**,[264]
Bobenheim a.B., Bad Dürkheim,[265] **Gauersheim,**[266] **Hambach,**[267]
Harxheim,[268] **Kallstadt**)[269] und *Spüllumbefresser,* (**Schmalfelderhof**)
sowie die Sprüche:

"**Hambach** gange, flott gelebt,
Spülwasser g'soffe, 's Geld verschnääkt!"

"**Lemberger** Storze,
fressen gern die Knorze,
fressen gern die Kohle,
de Deiwel soll se hole!"

Bisterschied,[270] **Gangloff**[271] und **Ransweiler** teilen sich den Necknamen *Bollenbisser.* Im zweiten Ort soll einmal am Dorfbrunnen eine
Trinkbolle, d.h. eine kugelförmige Schöpfkelle, gehangen haben, die am

---

[256] PfWb.
[257] Becker 1925.
[258] Bronner 1911.
[259] PfWb.
[260] Bronner 1911.
[261] Brenner'sche Sammlung.
[262] PfWb.
[263] Rheinpfalz 1961.
[264] Bronner 1911.
[265] Bertram 1962.
[266] Bronner 1911.
[267] Mitteilung von HILDE ROESSLER.
[268] PfWb.
[269] Bertram 1962.
[270] PfWb.
[271] Keiper 1925.

Rande so aussah, als ob sie verbissen wäre. Auch in **Duchroth** sind richtige *Ausbeißer* am Werk.[272]

Wenn nun der *Hohlwampe* (**Mehlingen**)[273] nach diesem üppigen pfälzer Mahl mit acht Gängen gefüllt ist, kann einem schon das Essen wie ein Stein im Magen liegen, wovon die *Wackebisser,* (**Erlenbach**-KL, **Eulenbis**) die *Wackefresser* (**Heimkirchen**) und die Wackepänz (**Kreimbach,**[274] **Niederkirchen**-KL,[275] **Rimschweiler, Rothselberg**)[276] erzählen könnten.

Bleibt nun nur noch zum Abschluß dieses reichhaltigen Mahles zur Verdauung einen Schnaps zu trinken. Für die **Schellweiler** war es früher nicht leicht, zu ihrem geliebten Branntwein zu kommen. Sie waren so arm, daß sie auf dem Wochenmarkt in **Kusel** nichts verkaufen konnten. Die Bauern wollten aber unbedingt auf den Markt und dort auch ihren geliebten Branntwein trinken. Deshalb nahm jeder von ihnen eine Schütte Stroh mit, um diese zu verkaufen. Von dem Erlös konnte sich nun jeder **Schwellweiler** seinen geliebten Branntwein leisten. Seither aber wird ihr Heimatort *Strohweiler* tituliert.[277]

Direkter werden die Verhältnisse mit dem Necknamen *Schnapsweiler* für **Gumbsweiler** ausgedrückt. Die zahlreichen Schnapsbrennereien und die große Menge des hier getrunkenen Schnapses haben den Ort in Verruf gebracht.[278] Unter allen pfälzer Säufern sollen die **Bellheimer** wahre *Naßkittel* gewesen sein.[279]

---

[272] PfWb.
[273] Christmann 1951. Damit sollen sie auch als starke Esser mit einem nicht zu füllenden Bauch charakterisiert werden.; PfWb.
[274] PfWb.
[275] Der Neckname für die **Niederkircher** ist eine Gegenbildung zu den benachbarten **Morbacher** *Grumbeerepänz;*vgl. Christmann 1951.
[276] PfWb. Die **Rothselberger** bekamen ihren Namen aufgrund der Hartsteinbrüche, die erst Ende des 19. Jahrhunderts in Betrieb genommen wurden.
[277] PfWb.
[278] PfWb. 5,1251.
[279] PfWb. 5,86.

4. Handwerk, Handel und Gewerbe

Eine Eigentümlichkeit in der Pfalz ist das Wandergewerbe. Eine nicht geringe Zahl von Necknamen bezeichnen Handwerksberufe, die aus Hausindustrie und Wandergewerbe hervorgegangen sind. Obwohl in den betreffenden Dörfern diese Gewerbe in der Regel zunächst in keinem besonderen Ausmaße betrieben wurden, kamen die Handwerker aber sehr oft in die Nachbardörfer zum Verkauf ihrer Waren und galten deshalb als besondere, typische Vertreter ihres Dorfes.[1] Unter den Hausindustriellen können die Gewerbe der Besenbinder und Korbflechter geradezu als typische Zeichen der Armut gewertet werden, die sich im 19. Jahrhundert vor allem im Pfälzerwald bemerkbar machte.

"Die Orte, in denen ein Wandergewerbe die wesentliche Erwerbsgrundlage war, liegen fast alle im Pfälzerwald. Von ihren Ursprungsorten ausgehend, griffen sie auf die Nachbargemeinden über und prägten bald die Erwerbssituation dieser Räume. Die Pfalz war reich an fahrenden Leuten und Wandergewerbetreibenden aller Art. Der Hausierhandel war zwar über die ganze Region verstreut, vornehmlich konzentrierte er sich aber im Pfälzerwald und im Westrich."[2]

Handwerk

Der *Bese(n)binder* (**Erzhütte, Standenbühl**)[3] verarbeitet vornehmlich das Birken- oder Ginsterreisig, das er das Jahr zuvor im Walde geschnitten hat und auf dem Speicher trocknen ließ, zu *Besem* (**Niederwiesen, Iggelheim, Neukirchen**) oder *Stallbesen* (**Rudolfskirchen**).[4] In mundartlichen Varianten heißt sein Gewerbe auch *Besebinner* (**Burgalben,**[5] **Fischbach-KL,**[6] **Iggelbach,**[7] **Jakobsweiler,**[8] **Niederwürzbach,**[9] **Schwanheim,**[10]

---

[1] Bertram 1938.
[2] Seebach , Wandergewerbe 1990, S. 30.
[3] Bronner 1911.
[4] PfWb.
[5] Heeger 1922.
[6] Schmitt 1980.
[7] Heeger 1954.
[8] Becker 1925.
[9] PfWb.
[10] Heeger 1922.

Winzeln)[11] oder *Besembinner* **(Gehrweiler, Iggelheim,[12] Mackenbach,[13] Mannweiler,[14] Neukirchen,[15] Reipoltskirchen).**[16]

Von den **Burgalber** Besenbindern ist folgende Strophe bekannt:

"Boralwe is e scheenie Stadt,
wo mer sich kann ernähre.
Do werd vun dere War gemacht,
wu mer mit kann kehre!"[17]

9. Besenbinden war ein typisches Hausgewerbe der armen Bevölkerung.
Der 73jährige Besenbinder GRAMM aus **Silz** bei der Arbeit, um 1925.

---

[11] PfWb.
[12] Hebel 1917.
[13] PfWb.
[14] Hebel 1917.
[15] PfWb. Die älteren Männer verdienten sich durch Besenbinden und Korbflechten zusätzlich etwas Geld. Die fertigen Waren verkauften sie an die ortsansässigen Bauern und auf den Nachbardörfern gegen entsprechendes Entgelt oder Naturalien. Vgl. Ruby 1979, S. 256.
[16] PfWb.
[17] Heeger 1922.

Anderenorts flocht man kunstvoll Körbe aus Weiden oder Stroh: *Korbmacher,* (**Bornheim,**[18] **Burgalben**)[19] *Korbflechter,* (**Hördt**)[20] *Korbflicker* (**Neumühle**).[21] Ärmere Leute fertigten in **Stetten** über Winter strohgeflochtene Backkörbchen, um ihren Lebensunterhalt zu sichern, was ihnen den Necknamen *Backkerb* eingebracht hat.[22] Solche Backkörbe werden heute noch von den Landfrauen beim Kerweumzug mitgetragen.

Das heute seltene Handwerk des *Hol(z)schuhmachers* gab es in **Hayna** und **Kandel**.[23] Im gebirgigen Teil der Südpfalz heißt der Holzschuhmacher *Klumpe(n)macher* (**Vinningen**)[24] und in **Trulben** nach der einstigen territorialen Zugehörigkeit zusätzlich *die Hanauische Klumpemacher.*[25] *Holzschuhbohrer* arbeiteten in **Kapellen** und **Niederotterbach**.[26]

10. Die fertig gebohrten Holzschuhe werden in der Wintersonne getrocknet in einem Dorf im Westrich in den 50er Jahren. Dort waren sie aus Buchenholz und hießen "Klumben".

[18] Bertram 1936.
[19] PfWb.
[20] Bertram 1938.
[21] PfWb.
[22] Hebel 1917.
[23] Bertram 1938.
[24] PfWb.
[25] Schmitt 1980.
[26] PfWb. 3,1164.

Bekannt sind die **Ramberger** *Bärschtebinner*[27] und die **Dernbacher** *Bärschteigel*,[28] die früher mit einem Esel als Packtier oder gar mit einem Pferdegespann nicht nur durch die Pfalz zogen, sondern ihre Waren auch bis nach Lothringen, Thüringen und Bayern verkauften. Viele betrieben im Sommer Landwirtschaft und gingen nur im Winter auf den Hausierhandel. Um 1800 datiert der Anfang der Bürstenherstellung in **Ramberg**, der vermutlich durch heimkehrende Gesellen aus Belgien oder der Schweiz angeregt wurde.[29]

"Dorscht wie e Ramberger Bärschtebinner" ist ein heute noch geläufiges und vielsagendes Sprichwort im Pfälzischen.

Weit über die Grenzen Deutschlands hinaus ist **Pirmasens** als Schuhmetropole bekannt; daß dort ursprünglich Schlappen hergestellt wurden, ist dem Necknamen *Schlappeflicker*[30] oder *Schlappeschisser* zu entnehmen. Die **Hermersberger** waren offensichtlich *Bappschuhmacher*.[31]

Ein ausgedehnter Handel mit Schuhwaren ist heute wie damals in der Gegend um **Pirmasens** üblich:

"Das Schlappemensch vun Bermesens,
das laaft noch iwig (d.h. über) die derkisch (d.h. türkische) Grenz!"[32]

"Bermesens, die Schlappestadt,
do hat's emol e Gans gehat!"[33]

In den umliegenden Orten bis weit ins Glantal hinein ist noch heute ein Spottvers in Umlauf:

"Die Schuh sinn nur tsem verkaafe
un nid fier drin erum se laafe.
Hädschde se ned angedaan,
dann kennschde hunnerd Johr dran hann!"[34]

---

[27] Selbst **Ramberger**, die auswärts heiraten und deren Kinder, heißen im andern Dorf nicht anders als *Bärschtebinner*. PfWb.
[28] PfWb.
[29] Vgl. Seebach, Wandergewerbe 1990, S. 68 - 105.
[30] Hebel 1917.
[31] Schmitt 1980.
[32] Keiper 1907.
[33] Bronner 1911.

In **Kusel** war früher das Handwerk der *Hutmacher*[35] oder *Kappemacher*[36] zu Hause, woran noch heute der Hutmacherbrunnen erinnert.

Vom Sohn eines Kappenmachers erzählt man folgende Geschichte: "Vor Jahren einmal mußte ein junger Mensch aus dem gewerbtätigen Städtchen Kusel in der Pfalz in eine Garnison im Bayerischen einrücken. Der Rekrut ließ es bald an der bei einem Soldaten nötigen Korrektheit mangeln. Deshalb wurde er von seinem Hauptmann hart angefahren: 'Ja, Kerl, wie schmutzig siehst du denn aus! Diese matten Knöpfe, diese Staub- und Schmierflecken an deinem Dienstrocke, diese unreinlichen Hände! Ist das auch noch ein eines Soldaten würdiger Aufzug? Ich hätte böse Lust, dich vierzehn Tage ins Loch zu stecken!' In seiner Entrüstung faßte der Offizier den Mann barsch an der Schulter. Da sank dem armen Krieger das Herz tief in die Hosen und kleinlaut meinte er: 'Herr Hauptmann, eich sein net stolz. Eich benn von Kusel. Mein Vatter is e Kappemacher; mei Motter raacht e Gips!' Am Tage darauf begegnete unser Kuseler zufällig wieder dem Hauptmann auf der Straße. Statt seinem Vorgesetzten stracks die vorschriftgemäße Ehrenbezeugung zu erweisen, blickte er ihn einen Augenblick verdutzt an, um sich dann scheu an ihm vorüberdrücken zu wollen. Über solches Gebaren höchst verwundert, schrie der Offizier: 'He! Warum grüßest du nicht?' 'Ja, Herr Hauptmann', versetzte der Kuseler treuherzig, 'ich han gemäänt, ehr wären noch bees vun gescht!'"[37]

Viele Hausindustrielle bearbeiteten einst Holz als billigen Rohstoff. Als *Schnitzler* (**Ginsweiler**) betätigten sich die *Reche(n)macher* (**Börrstadt**,[38] **Gehrweiler**)[39] und *Kochlöffelschnitzer* (**Mackenbach**,[40] **Waldhambach**).[41] Die **Börrstadter** stellten *Rechegawel*,[42] die *Kochlöffeler* (**Oberhausen-**

---

[34] Braun 1991.
[35] Hebel 1917.
[36] Keiper 1925.
[37] Bronner 1911, S. 62.
[38] PfWb. Sie haben auch Wäscheklammern gemacht.
[39] PfWb.
[40] Bronner 1911.
[41] Das Gewerbe erwähnt schon AUGUST BECKER in seiner Erzählung vom "Zigeunerstoffele".
[42] Becker 1925.

ROK) *Kochlöffel* (**Elzweiler,**[43] **Hambach**)[44] her. Das waren früher alltägliche Gebrauchsgegenstände in Haus und Hof.

Der *Steinknüppel* ist der Holzknüppel des Steinhauers, ein Beruf der in **Winnweiler**[45] und **Ebertsheim** zahlreich vertreten war.

Das Handwerk der *Spengler* (**Glashütte, Niedersimten, Schönau**)[46] oder *Blechschuster* (**Niedersimten**)[47] und der *Dachdecker* (**Schifferstadt**)[48] steht auch in luftiger Höhe auf goldenem Boden. *Späichel-* oder *Spänebrenner,* d.h. Zimmermann, sollen viele **Flemlinger** gewesen sein.[49] Den **Contwiger** Maurern sagt man nach:

"Sei Lebdah werd ke Maurer reich,
was er verdient, versauft er gleich.!"

Handel

Schereschleifer, (**Carlsberg**)[50] *Siebmacher,* (**Börrstadt**) *Siebflicker,* (**Carlsberg**) *Siebdreher* (**Gumbsweiler**)[51] und *Panneflicker* (**Hanhofen**)[52] waren typische Vertreter des fahrendes Handwerks, das zumeist die Jenische, eine Zigeunermischpopulation, betrieben.[53]

Durch den Handel mit allerlei Dingen kann man ebenfalls sein Geld in der Pfalz verdienen, z.B. als *Lumpesammler,* (**Bellheim**) der *Lumpe*[54] und *Hasepelz*[55] (**Bellheim**) nimmt, als *Lumpehändler,* (**Carlsberg**)[56] oder als *Veehännler,* d.h. Viehhändler (**Hertlingshausen**).[57]

---

[43] PfWb.
[44] PfWb. 4,398.
[45] Bronner 1911.
[46] PfWb.
[47] Schmitt 1980.
[48] Bronner 1911.
[49] PfWb.
[50] Becker 1925.
[51] PfWb.
[52] Bertram 1938.
[53] Vgl. Seebach, Wandergewerbe 1990, S. 21 - 28.
[54] Bertram 1938.
[55] Stehle 1982.
[56] PfWb.
[57] Becker 1925.

Dackel, Hühnerdackel oder *Hühnerhändler* wird **Neuburg** nach seinen zahlreichen Händlern genannt, die in den umliegenden Dörfern Federvieh aufkauften.[58] Auch aus **Rödersheim** stammten einst viele *Hinkelmänner.*[59]

Einige ortsansässige Schweinehändler sollen **Mertesheim** zum Necknamen *Klein-Schweinfurt* verholfen haben.

Die *Grünesputscher* **(Rodalben)** haben ehemals ihre Gartenerzeugnisse, darunter besonders *Grünebischel*, d.h. Suppengrünbündel, nach **Pirmasens** auf den Markt gebracht. Insbesondere in der Zeit nach dem Krieg 1870/71

11. Mit seinem speziell konstruierten Fahrrad, das Transportmittel und Fahrzeug in einem war, kam der Hahnemann auch in entlegene Dörfer zum Verkauf seines Federviehs.

---

[58] Bertram 1938.
[59] Bertram 1962.

lieferten die **Rodalber** Bäuerinnen ihre Waren auch in die Fabriken und Hotels der Stadt.[60] In Erinnerung an diese Zeiten wurde das "Grünesputschefest" ins Leben gerufen und eine Symbolfigur geschaffen, die "Grünesputschefraa", die dabei auftritt.

Die Bewohner des großen Dorfes **Weisenheim a.S.** waren wegen ihres Obst und Gemüseanbaues bekannt. Sie pflanzten auch viel Meerrettich und belieferten als *Meerrettichhännler* die ganze Pfalz.[61] Die **Weisenheimer** Meerrettichbuben sollen sich im Sommer durch ein gutes Maulwerk ausgezeichnet haben. Schneidig und scharf wie ihre Ware war auch ihr Gebaren. Auf die Frage: "Wo bischt de her?" antworteten sie rauh und barsch.

"Vun Weißerem! Warum? Was witt (willst du)?"

Wenn die Burschen dann aber im strengen Winter hausierend durch das Land zogen und mit ihrem Meerrettich in den Städten an Haus um Haus anklopften, dann sollen sie kleinlaut gewesen sein und auf die Frage nach ihrer Heimat bescheiden geantwortet haben:

"Vun Weißerem! Ach, kaafe se mer doch e Stang Meerrettich ab!"

Die **Schaidter** *Kie(n)holzzächle* oder *Kie(n)holzstumpe*[62] sollen einst auf den **Landauer** und die **Münchweiler** (PS) *Kie(n)holz,*[63] *Kie(n)holzbrieder,*[64] *Kie(n)holzbindl,*[65] *Kie(n)holzbutsche,*[66] *Kie(n)holzpickler*[67] oder *Kie(n)holzpitschler*[68] mit dem Schubkarren auf den **Pirmasenser** bzw. **Kaiserslauterer** Wochenmarkt gefahren sein und dort den Städtern das kleingehackte Kiefernholz zum Feueranmachen verkauft haben.[69] Die **Schaidter**

---

[60] PfWb. "Eins drei, zwei fünf" wurde zum Losungswort und wo ein **Rodalbener** verkaufte, hieß es nur: "Eins (Bündel) drei (Pfennige), zwei(Bündel), fünf (Pfennige)!" 700 Jahre Rodalben 1950. o.S.

[61] PfWb.

[62] Bronner 1911.

[63] PfWb.

[64] PfWb. 4,196.

[65] PfWb.

[66] Schmitt 1980.

[67] PfWb.

[68] Heeger 1922.

[69] "Vor 1900 wurde ein Bündel für drei Pfennige verkauft, zwei für fünf Pfennige. ... Der Handel mit Kienholz bedeutete den **Münchweilerern** noch bis kurz nach dem 1. Weltkrieg eine zusätzliche, wenn auch kleine Einnahmequelle." Dillenkofer 1990, S. 294.

werden deswegen auch *Kie(n)holzbrocke, Kie(n)holzknorre, Kie(n)holz-knärzle*,[70] *Kie(n)holzknorze*[71] oder *Kie(n)holzzäpple*[72] genannt.

Die **Hertlingshauser** *Heddelbeerbuwe* pflückten Heidelbeeren im Wald und verkauften sie anschließend.[73]

Die **Dittweiler** *Harzkrämer* in ihrer glänzend-klebrigen Kleidung müssen einst eine auffallende Erscheinung gewesen sein.[74] Doch deren Zeit ist ebenso vorbei, wie die der **Quirnheimer** *Sandbuben*,[75] die früher Silbersandhändler waren. Auch die **Biedesheimer** *Wollmänner*[76] sind nicht mehr unterwegs.

Der Neckname *Nodljerchel* **(Weingarten)** bezieht sich ursprünglich auf eine Familie, die früher Kinderspielzeug selbst anfertigte, besonders Holzgäule und Holzpuppen. Diese verkauften sie dann mit anderen Spiel- und Haushaltswaren wie Nadeln auf den Kerwefesten der Dörfer in der Umgebung in kleinen Standbuden.[77]

Zu Beginn des 19. Jahrhunderts betrieben die Einwohner von **Clausen** neben anderen Erwerbsquellen auch die Töpferei. Mit einem Pferdefuhrwerk wurden die *Hawe* und *Häbche*[78] in den umliegenden Dörfern verkauft. Damals äfften die Kinder den Clauser Geschirrhändler, der einst seine Waren lauthals anpries, eifrig nach. Vor allem sein hell klingendes "a" in "Hawe" mag sie besonders gereizt haben.[79]

Nach dem Necknamen *Herdsheweler*, d.h. Herdehäfeler, zu schließen, waren in **Gersbach** einst Kachelofenbauer oder Häfner, d.h. Töpfer, ansässig, die irdene Häfen herstellten.[80]

---

[70] Hebel 1917.
[71] PfWb.
[72] Brenner'sche Sammlung.
[73] PfWb.
[74] Rheinpfalz 1961.
[75] PfWb. Sie verkauften Silbersand, mit dem früher beim Hausputz die Fußböden ausgetsreut wurden.
[76] Mitteilung von WOLFGANG ZAUN.
[77] PfWb. Nach einer Erklärung aus **Gommersheim**, sollen Kiefernnadeln als Viehstreu benutzt worden sein.
[78] Schmitt 1980.
[79] Mitteilungsblatt des Fremdenverkehrsvereins "De Clauser Hawe" 1982, Nr. 1.
[80] PfWb. Häfeler, eine Nebenform zu Hafner, ist in der Nordpfalz bezeugt. Ob Herde -zu "Herd" oder mit prothetischem -h zu erden, 'irden' stellen ist, ist nicht eindeutig zu sagen. Freundliche Mitteilung von Dr. RUDOLF POST - Pfälzisches Wörterbuch.

Gewerbe

Eine Sonderstellung unter den Gewerbetreibenden nehmen die ein, die sich durch ein ambulantes Gewerbe ernährten und in nah und fern ihre Dienstleistungen als Unterhaltungskünstler anboten.

Als *Orgelmänner* oder *Orgelmänncher*, die die Drehorgel bedienten, kennt man die Bewohner von **Münchweiler** (PS).[81]

Das eigentümliche Gewerbe der wandernden Musikanten hat sich nicht nur, aber vor allem im Westrich herausgebildet. Es waren die *Musikante*,[82] *Blechmusikanten*,[83] *Dudelsäck*[84] oder *Letzemer*[85] aus **Mackenbach**, die den pfälzischen Wandermusikanten insgesamt den Namen gegeben haben.[86]

12. Pfälzische Wandermusikanten entstammten auch außerhalb des "Musikantenlandes". LUDWIG BRAUN und OTTO KUNZ aus **Silz** bei einem Straßenkonzert in den 30er Jahren.

---

[81] PfWb.
[82] Heeger 1922.
[83] Bronner 1911.
[84] PfWb.
[85] PfWb. 4,948. Aus jidd. lezan 'Musikant'.
[86] Vgl. Seebach, Wandergewerbe 1990, S. 152 - 187.

Wegen der zahlreichen Artisten, darunter besonders die Zirkusbesitzer aus dem Ort, heißen die **Alsenborner** *Bajasse*[87] oder *Sääldänzer*.[88] *Bajas* gilt auch für das benachbarte **Hochspeyer**, weil es auch dort Zirkusleute gab.[89]

An die Hartsteinindustrie erinnern die *Steinbrüchler*, **(Albersweiler)** *Stee(n)wärm*, d.h. Steinwürmer, **(Tiefenthal)**[90] *Wackes*, **(Schellweiler)**[91] *Wacke*[92] und *Wackepicker*[93] **(Rammelsbach, Pfeffelbach).**[94]

Den *Wackepänz* in **Heimkirchen, Heinzenhausen**[95] und **Hoppstädten**[96] soll in ihrer Not früher nichts anderes übrig geblieben sein, als durch Klopfen

13. Zum Schutz gegen Steinsplitter trugen die Frauen beim Zerschlagen der Steinbrocken zu Straßenschotter Brillen aus Drahtgeflecht, im **Rammelsbacher** Steinbruch um 1925.

[87] PfWb.
[88] Mitteilung von KÄTHE TOLL.
[89] Pf.Wb. 3, 1106 f.; vgl. Seebach, Wandergewerbe 1990, S. 36 - 41.
[90] Becker 1925.
[91] PfWb.
[92] Bronner 1911.
[93] PfWb.
[94] Braun 1991.
[95] Bronner 1911.
[96] Braun 1991.

von Schottersteinen für den Straßenbau ihren Lebensunterhalt zu verdienen. **Fockenberg,**[97] **Essweiler,**[98] **Heinzenhausen** und **Rosenkopf** neckt man *Wicke-wacke.*[99]

Im Basaltbruch des Pechsteinkopfes sind wohl einst zahlreiche Arbeiter aus **Niederkirchen** (KL) beschäftigt gewesen, weshalb sie *Bechstääklopper* genannt werden.[100]

Stahlberg geht ursprünglich auf eine alte Bergmannssiedlung zurück, deshalb werden seine Bewohner *Bergmannsschnippel* gerufen.

In den vielen Spinnereien und Webereien in **Kaiserslautern** drehten sich viele *Spinnrädcher.*

In **Neidenfels** im Elmsteiner Tal gibt es große Papierfabriken, woher der Neckname *Babierlumpe* kommt.

An die Fabrikation von Zucker aus Rüben erinnert *Zuckerdutte, Zuckerbobbe* und *Zuckerschnute* für **Frankenthal.**[101]

Weil in **Lingenfeld** und in **Obermohr** früher jeweils eine Zündholzfabik stand, heißen die einen scherzhaft *Streichholz, Streichhölzle* oder *Streichholzmacher*[102] und die anderen *Fixfeier*[103] oder *Fixfeierhelzjer,*[104] was ebenfalls Streichhölzer bedeutet.

Besondere Tätigkeiten

Der ehemals prägende bäuerliche Charakter der Gemeinden zeigt sich noch in zahlreichen Necknamen. Dabei werden die fleißigen pfälzer Bauern von Ort zu Ort mit unterschiedlichen Spottbezeichnungen bedacht. Sie heißen *Kuhbaure,* (**Darstein**) *Kühfilpe,* d.h. Kühphilippe, (**Oberhochstadt**) *Baurehewel,* (**Dudenhofen, Hambach,**[105] **Ruchheim, Sondernheim**) *Stink-*

---

[97] PfWb.
[98] Rheinpfalz 1961.
[99] PfWb.
[100] Bertram 1962.
[101] PfWb.
[102] Keiper 1925.
[103] PfWb.
[104] Bertram 1939.
[105] Bertram 1962.

bauere, (**Hengsberg**) *Puhlwärm,* (**Freinsheim, Rodenbach**-KIB) *Puhl-ärsch,* (**Erpolzheim, Freinsheim**)[106] *Blarre,* d.h. insbesondere Kuhfladen, (**Mauchenheim**)[107] *Mischtgawelritter,* (**Reichenbach**)[108] *Schwollehupser,* (**Langwieden, Schwedelbach**)[109] *Scholle(n)hupfer,* **Hermersberg**)[110] *Scholleklopper,* (**Heiligenstein**) *Ochseklopper,* (**Wilgartswiesen**) *Graser,* (**Moorlautern**)[111] *Heumacher* (**Saalstadt**).[112] In **Rhodt** heißen die Bauern wegen ihrer Wohlhabenheit aufgrund vieler Morgen Land *Morgan;*[113] die Gemeinde **Hayna** ist ein *großer Stall.*[114] Weil sie sehr häufig Dienst als Stallknecht taten, nennt man die **Erlenbacher** (KL) *Kuster.*

Ein Neckvers über das einst befestigte Städtchen **Otterberg** lautet:

"Hinner uns're Maure,
lebt e Stadt voll Baure!"[115]

Die *Spelzelüpper* (**Walsheim**)[116] trennen die Spreu vom Weizen. Der Neckname *Päddeltreter* soll nach landläufiger Ansicht auf die großen Füße der **Niederkircher** (NW) hinweisen. Er kommt aber in Wirklichkeit von den durch Pfade abgeteilten Gemüseanpflanzungen. Die benachbarten **Deidesheimer** kauften von ihnen Gemüse und verspotteten sie dazu.[117] Die **Flemlinger** werden ebenfalls *Päddeltreter* genannt.[118]

Die **Iggelheimer** *Kischtemacher* fertigen Holzkisten für den Transport von jungen Gemüsepflanzen.[119]

Mit einem Bleuel klopften früher die **Otterbacher**[120] und die benachbarten **Sambacher** *Hoseplätscher*[121] ihre Wäsche am Dorfbrunnen. Ob sie

---

[106] PfWb.
[107] Als Schimpfname für den Bauern, PfWb. 1,956.
[108] Bertram 1939.
[109] PfWb.
[110] Heeger 1922.
[111] PfWb.
[112] Mitteilung von HEINRICH SCHMITT
[113] Bertram 1936.
[114] Becker 1925.
[115] Bronner 1911.
[116] Bertram 1938.
[117] Heckel 1952.
[118] Eigene Erhebung.
[119] Keiper 1925.
[120] Bronner 1911.

auch bei den *Drogewäschern*, d.h. Trockenwäschern, in **St. Alban** sauber wurde?[122] Mit Wäschewaschen verdienten sich die Waschfrauen aus **Glashütte** ihren Lebensunterhalt:

> "Wann die **Glashütter** Wäschweiber wasche,
> kriege se e bissel Geld in die Tasche.
> Do kaafe se Mehl un kaafe sich Brot,
> do hot's im ganze Dorf kää Not!"[123]

Die Herstellung der eigenen Tracht und der Kleidungsstücke ist längst nicht mehr Arbeit der *Bloofärwer*, d.h. Blaufärber, (**Landau**)[124] und *Tuchbleicher* (**Venningen**).[125] Den **Mölschbachern** ruft man *Knöppmacher* nach. Wenn sie keine Knöpfe mehr an den Hosen hatten, steckten sie einen Nagel hinein und hängten die Hosenträger daran.[126]

Zu den wichtigen sozialen Diensten im alten Dorf der Vergangenheit zählten die Arbeit des *Schweinehirten* (**Esthal**)[127] und des *Nachtwächters*, (**Studernheim**)[128] die manchmal auch in Personalunion ausgeübt wurden. Eine früher sehr wichtige und heute nicht mehr übliche Tätigkeit ist die der *Bachputzer* (**Colgenstein**).[129]

Als *Moosrupfer* betätigten sich die **Gleishorbacher**,[130] als *Binse-* oder *Benserobber* die **Hördter, Sondernheimer**[131] und **Neupotzer,**[132] als *Welle-*

---

[121] "Der Waschplatz des Dorfes befand sich am Straßenübergang über den Dorfbach, so sahen die Vorüberkommenden aus den Nachbarorten immer Frauen hier Wäsche klopfen." PfWb. Siehe "Lewande" in Kap. 12.

[122] PfWb.

[123] Hebel 1917.

[124] Hagen 1937.

[125] PfWb.

[126] Bronner 1911.

[127] Bertram 1962.

[128] PfWb.

[129] Eigene Erhebung.

[130] Heeger 1952.

[131] Hebel 1917.

[132] **Neupotzer** *Binserobber* gingen in die Gemüsedörfer der Vorderpfalz wie z.B. **Zeiskam** und riefen morgens: "Bense! Bense! Wer braucht Bense!" Sie boten Binsen zum Verkauf an als Bindematerial, mit dem z.B. die **Zeiskamer** die Karotten zu Bündeln zusammenbanden. Mitteilung von JOHANNA DÖRNER.

knüpper, d.h. Reisigbündelknüpfer, die **Eppenbrunner**[133] und als *Stockholzmächer* die **Reifenberger**.[134]

Als saisonales Nebengewerbe über Winter gewannen früher mit artistischem Geschick die **Haßlocher** *Butzelrobber, Butzelleser* oder *Butzelsucher* und die **Mußbacher** *Butzelropper* Nadelbaumsamen auf den Bäumen. Auf die alten Waldgewerbe der Harzbrennerei und Köhlerei verweisen die Necknamen *Harzlöcher* für **Hohenecken** und *Kohlesäck* für **Erfweiler**,[135] sowie *Kohlebrocke* für **Eppstein**.[136]

Verschiedene Necknamen in der Südpfalz belegen, daß diese Orte im Umkreis von **Annweiler** sich auf die Gewinnung von Eichenrinde spezialisierten, die gemahlen zu Lohe als Gerbmittel für die dortigen städtischen Gerbereien diente: *Schäiler*, (**Waldrohrbach**) *Schäilbrüchel*, d.h. Schälprügel, (**Eußerthal**,[137] **Spirkelbach**)[138] *Rinneklobber*, d.h. Rindenklopfer (**Sarnstall**).[139]

Weil sie im Reichswald auf den Bäumen herumrutschten und dürres Holz sammelten, heißen die **Siegelbacher** *Rütscher*.[140]

Der Neckname *Brackenjee*, (**Schifferstadt**)[141] aus frz. braconnier = dt. 'Wilddieb', läßt vermuten, daß dort die Wilderei keine Seltenheit war. Die **Kuhardter** heißen *Jä(i)ger*, wobei noch ein Anflug von Sprachspott mitschwingt.

Aus der Zeit des 19. Jahrhunderts, als die Pfalz noch in Landkommissariate eingeteilt war, stammt die Spottbezeichnung *Landkummissär* (**Lachen, Lambrecht**).[142]

Als die Grenze zwischen Deutschland und Frankreich noch bestand, waren die **Ludwigswinkeler** *Pascher*, d.h. Grenzschmuggler, tätig.[143]

---

[133] PfWb.
[134] Schmitt 1980.
[135] PfWb.
[136] Mitteilung von GERD MÜLLER.
[137] Eigene Erhebung.
[138] Schmitt 1980.
[139] Eigene Erhebung.
[140] Zink 1921.
[141] Keiper 1925.
[142] PfWb.

Als ein letztes Mittel in schwerer Zeit blieb einem nichts anderes übrig, als durch Betteln sein tägliches Brot zu erwerben:

"Ich hin von Märjedal **(Marienthal)**,
mer kennt mich überall,
ich hun kan Strump un kan Schuh,
ich bin e armer Bettelbu!"[144]

Selbst wenn es nur ein einzelner war, waren bald alle Bewohner als *Bettelvolk* **(Miesenbach)**[145] verschrieen.

Welche Tätigkeiten oder lustige Vorkommnisse sich hinter den folgenden Necknamen verbergen und karikiert werden, läßt sich nicht eindeutig sagen und bleibt der Phantasie des Lesers überlassen:

Blutzapfer, **(Haßloch)** *Plattwichser,* **(Hemshof)**[146] *Oweritscher,* **(Lampertsmühle)** *Hornhocker,* **(Kleinsteinhausen)**[147] *Dutteblooser,* **(Neustadt)**[148] *Rohrbrummer,* **(Roxheim)** *Landmesser,* **(Albersbach)** *Schiewer,* **(Riedelberg)** *Schnapper,* **(Fußgönnheim)** *Roller,* **(Neumühle)**[149] *Steckenreiter,* **(Westheim)**[150] *Entenreiter,* **(Riedelberg)**[151] *Rattenfänger* **(Speyer)**.[152]

---

[143] Schmitt 1980.
[144] Bronner 1911.
[145] Heeger 1922.
[146] Bronner 1911.
[147] PfWb.
[148] Die Kaufleute blasen in die Tüte, bevor sie die Ware einfüllen. Reuter 1949.
[149] PfWb.
[150] Bronner 1911.
[151] Schmitt 1980.
[152] PfWb.

5. Pälzer Sprooch un Sprich

Der bekannte Freiherr ADOLPH von KNIGGE hat in einem Brief aus der Pfalz 1793 geschrieben:

"Die mehrsten Menschen hier schreien in einer Mundart, von der man nicht recht weiß, ob man sie für Deutsch oder wofür sonst halten soll!"

Vor allem die Art wie ein Pfälzer spricht, charakterisiert seine Mundart und seine Mentalität. Er ist zwar laut, aber niemals vorlaut.

"Schreien ist aber am Rheine fast ein Zeichen der Vertraulichkeit; daher auch der vorgedacht große Lärm in den pfälzischen Wirtshäusern. Begegnest du einem Bauern und willst ihn recht freundlich grüßen, so mußt du deinen Gutenmorgen recht scharf und kurz anschlagen; eine weiche, gedehnte, höfliche Aussprache hält er für Hochmut und Vornehmtuerei. Wer aber ganz populär grüßt, der schleudert dem anderen den Gruß ins Gesicht, als ob er ihn beißen wolle."[1]

Dieser hervorstechende Charakterzug ist nicht nur im besonderen der Neckname für die Bewohner von **Edesheim,**[2] **Herxheim,**[3] **Neustadt, Rothselberg,**[4] **Schauernheim**[5] und **Speyer,**[6] die Bezeichnung *Krischer* gilt auch allgemein für die Pfälzer. Das laute Sprechen der **Katzweiler**[7] ist mit *Plärrmeiler*, d.h. Plärrmäuler, gekennzeichnet.

Weil sie angeblich beim Sprechen den Mund nicht aufmachen, werden die **Gundersweiler** als *Brummler* verspottet. Um sie zu ärgern, braucht man nur in ihrer Gegenwart zu brummen oder zu summen. Wenn die Leute aus **Weisenheim a.B.** in Streit geraten, brummen sie und werden folglich *Brummer* genannt.

Die **Godramsteiner** sollen aus welchen Gründen auch immer *Bettelmannsgöscher* haben,[8] von den **Oberndorfern** heißt es, sie sollen über

---

1 Riehl 1972, S. 213.
2 Eigene Erhebung.
3 PfWb.
4 Bronner 1911.
5 PfWb.
6 Bertram 1938.
7 PfWb.
8 Bronner 1911.

Schlappgusche[9] verfügen und schließlich sollen die **Potzbacher** eine nicht zu überhörende *Bollmannsstimme* haben.[10]

Mundarteigentümlichkeiten

In der "Pälzisch Weltgeschicht" von PAUL MÜNCH gilt das Pfälzische schlechthin als die "Menschheits-Ursprungssprooch", die Mundartforschung dagegen mag nicht eindeutig zu definieren, was *das* Pfälzische ist. Sicher ist, daß es viele regional und örtlich begrenzte Mundarten in der Pfalz gibt.[11] Die folgenden Ortsnecknamen beschreiben Teilaspekte der pfälzischen Mundarten, vor allem darüber, wie die Ortsmundart des Nachbardorfes gegenüber der des eigenen Dorfes bewußt wird, legen sie Zeugnis ab.

Lediglich die **Pleisweiler** gelten als die *Hochdeutsche*, weil sie gerne "fein" reden.[12]

"Wie selbstverständlich wird die eigene Sprache oder Sprechart in den Mittelpunkt gerückt, werden von diesem Mittelpunkt, der als das Normale und Richtige gesetzt wird, die anderen sprachlichen Varietäten als defektiv, skurril oder belustigend in das eigene Blickfeld genommen. Abgrenzende Beurteilungen zur Sprache der Nachbarn haben im naiven Selbstverständnis daher meist ihre Funktion im Sprachspott. Erkannte Sprachunterschiede dienen häufig dazu, sich über die anderssprechenden Nachbarn lustig zu machen und sich damit indirekt der eigenen 'richtigen' Sprechweise zu versichern."[13]

Der Leiter der Pfälzischen Wörterbuchkanzlei, Dr. RUDOLF POST, hat erstmals aus sprachwissenschaftlicher Sicht eine systematische und umfassende Studie zum Thema abgrenzende Sprachwertung und Sprachspott im

---

[9] PfWb. 5,1037.
[10] Bronner 1911.
[11] Siehe Kapitel 1 bei Post 1990.
[12] Schirmer 1981, S. 851. "In allen Dörfern der Nachbarschaft treten gewisse Zwielaute auf, die man in der Schriftsprache nicht kennt, man sagt dort Koule houle, Brout, e beiser Bu, e schei(n) Mädel. In **Pleisweiler** dagegen heißt es wie in **Bergzabern**: Kohle hole, e beeser Bu, e schee(n) Mädel. So steht die Sprache dieses Dorfes dem Hochdeutschen tatsächlich näher als die Sprache der Nachbarn, die sich über diese vermeintliche Dünkelhaftigkeit lustig machen." Heeger 1951.
[13] Post 1992, S. 259 f.

Pfälzischen erarbeitet.[14] Demnach werden die Unterschiede zwischen den örtlichen Mundarten überwiegend an einem Beispiel, einem Paradigma, namhaft gemacht. Dabei kann eine abweichende Lautform, eine andere Morphologie (Formenlehre), eine unterschiedliche Lexik (Wortschatz) u.a.m. dokumentiert werden. "Die Konzentration mundartlicher Unterschiede auf ein Paradigma führt häufig dazu, daß dieses Paradigma zum Necknamen für die Bewohner selbst wird."[15]

Die erkannten Mundartunterschiede werden zum einen durch Kennwörter verdeutlicht, zum anderen in Neckfragen, Neckrätseln und Necksprüchen, wie die nun folgenden Beispiele zeigen.

In einigen Orten wird das hinten am Gaumen gesprochene "r" zum Anlaß des Spottes. Diese seltsam klingende Aussprache wird "Gärren" oder "Lorpsen" genannt, weshalb die Bewohner von **Waldsee** *Lorpser*[16] heißen, und die **Queichheimer** folgendermaßen verspottet werden:

"Mein Vatter gärrt, mein' Mutter gärrt unn ich gärr aach!"[17]

Diese Mundarteigentümlichkeit der Hinterzungenartikulation des "r" wird ferner im folgenden Neckspruch nachgeahmt:

"Rilsemer **(Rülzheimer)** Ratze (d.h. Ratten),
reiren uf de Katze,
reiren uf de Hel(z)schuh,
reiren alle Heiser zu!"[18]

Daneben wird auch die kaum hörbare Artikulation des "r" aufs Korn genommen. So glaubten die **Lambrechter** die **Lindenberger** könnten es überhaupt nicht sprechen und ahmten dies in folgendem Kerwespruch nach:

"Heit danzen mee (wir)
moije danzen ee (ihr)

---

[14] "Sprache der Nachbarn. Phonetische, morphologische und lexikalische Eigenheiten benachbarter Mundartsysteme im Eigenurteil pfälzischer Sprecher." (Siehe Literaturverzeichnis, zitiert als Post 1992).
[15] Post 1992, S. 263.
[16] Bertram 1938.
[17] Keiper 1925.
[18] Bertram 1938.

und wann e so nit wänn, (wollt)
dann weisen mee eich die Dee (Tür)!"[19]

Mancherorts wird anstelle des "t" zwischen zwei Selbstlauten ein "r" gesprochen. Man nennt diese sprachliche Erscheinung Rhotazismus. Um sie zu beschreiben, muß der Ort **Schallodenbach** herhalten: "Perer, mach die Läre zu, 's kummt e Gewirrer vun Schallorebach!" Auch in *Blarrer*, d.h. Blätter, für **Mauchenheim**[20] und *Brorrer*, d.h. Bruder, für **Althornbach**[21] finden wir dieses Phänomen.

Woanders glaubte man, die Menschen können kein "t" sprechen und benutzen dafür das "l": Einige Beispiele für Ortsneckerei, die dieses Lambdazismus genannte Phänomen zum Inhalt haben, sind die für **Patersbach** kennzeichnenden Ausdrücke *Bläller blale*, *Fuler lale* und "Peler macht den Lale zu es gibt e Gewiller!"

In **Westheim** karikiert man die Aussprache im benachbarten **Schwegenheim** mit: "E Roitschul mit droiedroißig woiße Goil!"[22]

Über die **Großniedesheimer** *Eujeujeucher* gibt es folgende Verse:

"Ehr Großniedesheimer Eujeujeucher,
trinke e bißche Bronnenwoiche.
lossen e bißche iwerig - far de klane Dieterich!"[23]

Allgemein wurde in der mittleren Vorderpfalz das lange "i" wie im Mittelhochdeutschen Wort wî zu "oi" verdumpft, Woi steht hier also für Wein.

Die **Germersheimer** verspotten die eigenartige Aussprache und Betonungsweise der benachbarten **Lingenfelder** mit:

"Schoßef", hosch unsarn großgscheckete Gäret (Gänserich) noch nit g'sähne? - Doch vort is ar mit Nochbers Briehgans a Bach nabgeritscht!"[24]

Mancherorts vergewissert man sich der Mundartgrenzen durch die

---

[19] Bertram 1936.
[20] PfWb.
[21] Bronner 1911.
[22] Bertram 1936.
[23] PfWb.
[24] Bertram 1936.

Beantwortung verschiedener Neckfragen. So fragen die **Haßlocher:**

"Wie weit geht de Wind?" -

"Bes uff **Speyerdorf**, dort beginnt de Wend!"

"De Wind geht bis uf Bellem (**Bellheim**), no heeßt er Wend!"[25]

"De Schmetshauser (**Schmitshausen**) Wend har e Kend umgerennt!"

Ähnliches tut der Wind auch in **Hambach**,[26] **Roschbach** und **Speyerdorf**. Mit diesem beliebten Scherzrätsel wird die sprachwissenschaftlich als Senkung bezeichnete Erscheinung des Wechsels von "**i**" zu "**e**" verortet.

Die **Haßlocher** haben einen Spruch geprägt, der eine Reihe von Mundarteigenheiten der **Speyerdorfer** zusammenstellt:

"Ehr Kenn, gehn ree(n), de Wend jächt eich Stääb en d'Ääche!",

(Ihr Kinder, geht herein, der Wind jagt euch Staub in die Augen).[27]

So sagt man in **Albersweiler:**

"Der Wend, das Rend un das Kend sin zu **Frankweiler!**"

Und man fragt:

"Wie weit springt e Rindl?"

"Bis uf **Steinweiler** - do is ä Rändl!"[28]

"Nebel" ist ein häufig vorkommendes Kennwort. "Die häufige Nennung läßt vermuten, daß es sich hier um eine Art Wanderrätsel handelt, das von einem Ort auf den anderen übergegangen sein könnte, ohne daß es in jedem Fall der sprachlichen Wirklichkeit entspräche."[29] Aus **Kerzenheim** weiß man den Neckspruch:

"Der Nebel reicht nur bis **Göllheim**, dort fängt der Nabel an!"[30]

Derselbe Spruch wird auch auf die **Dörrenbacher**[31] und die **Wörther**[32]

---

25 PfWb.
26 Bertram 1962.
27 PfWb.
28 Eigene Erhebung.
29 Post 1992, S. 266.
30 Küstner 1908.
31 Heeger 1951.
32 PfWb.

angewandt. **Contwig**[33] und **Imsweiler**[34] heißen *Nawwel*, **Otterbach** *Nawwelich*.[35] *Nawwelbacher* und *Nawwelkacker* sind spätere, sekundäre Bildungen für **Contwig**.[36]

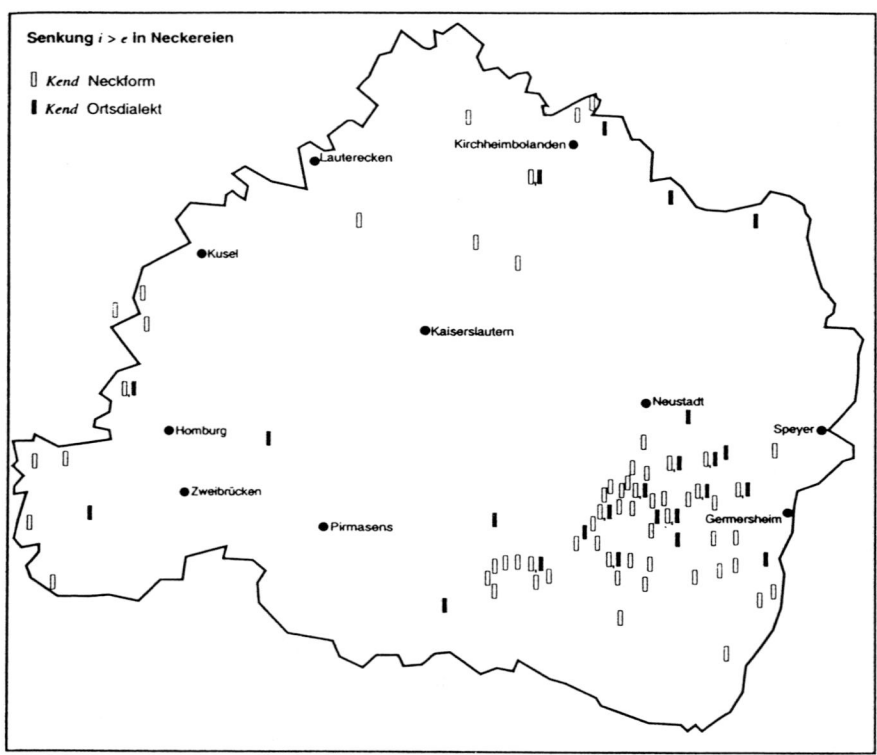

14. Die Karte zeigt deutlich, daß Orte, denen die Form *Kend/Kenn* nachgesagt wird, stellenweise weit über die Gebiete hinausgehen, die von sich aus Senkungen gemeldet haben. Dies erlaubt den Schluß, daß der Sprachspott den früheren Sprachzustand dokumentiert und nicht mehr die heute lebende Sprache. Vgl. Post 1992, S. 265.

---

[33] Keiper 1925.
[34] PfWb.
[35] Bronner 1911.
[36] Schmitt 1980.

Selbst innerhalb der Gemarkung der Streusiedling **Carlsberg** wird mit wachem Bewußtsein eine Sprachgrenze wahrgenommen:

"Wie weit reicht der Newwel?" -

"Bis an die Hetschmühle, dort geht der Nawwel an!"[37]

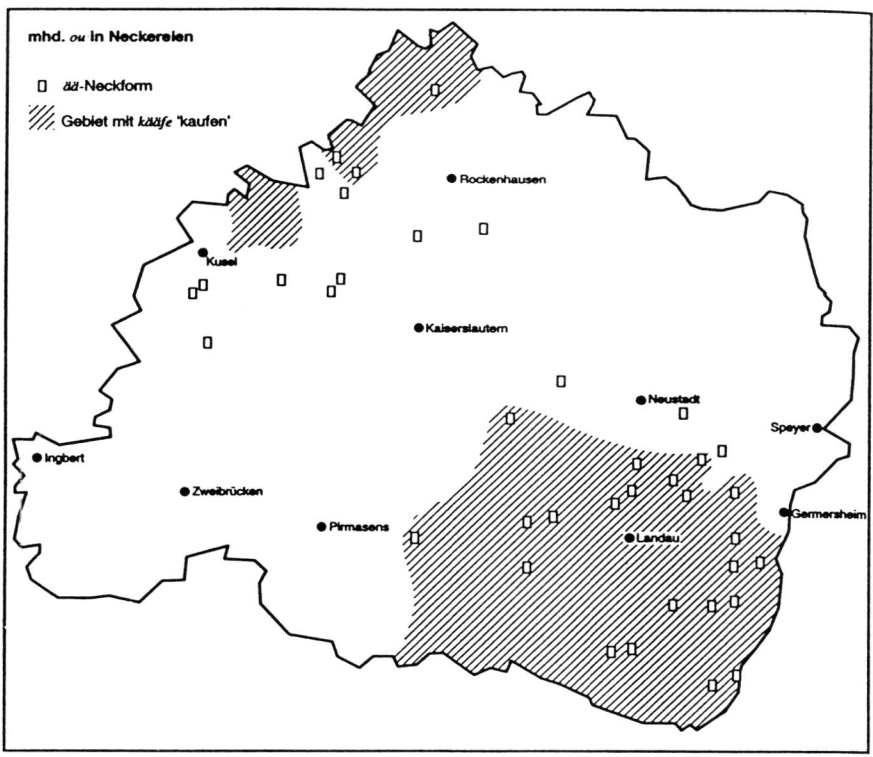

15. "Ein Vergleich der geographischen Verbreitung der Neckformen aus dem Jahre 1927 mit dem Verbreitungsgebiet von *ä*-Formen am Beispiel *kaufen* aus dem Jahre 1960 zeigt wiederum, daß die Neckformen ein ehemals größeres Verbreitungsgebiet dokumentieren." Post 1992, S. 268.

---

[37] PfWb. Die Hetschmühle gehört schon zu **Wattenheim** und liegt an der **Carlsberger** Gemarkungsgrenze.

Die Hebung von "e" zu "i" macht sich in *Pinnich*, d.h. Pfennig (**Alsenz**),[38] *Himberknepp,* d.h. Hemdenknöpfe, (**Erlenbach**-GER)[39] und *Himdaknepp- scher* (**Rosenkopf**) und die Hebung "o" zu "u" in *Mund* und *Dunau,* d.h. Mond und Donau, für **Albersbach**[40] manifest.

Ein weiteres Neckrätsel lautet:
"Wie weit geht de Raach (d.h. Rauch)?" -
"Bis nach **Speyerdorf**, dort sagen sie Rääch!"[41]

Eine andere Antwort:
"Fun Gummersche (**Gommersheim**) bis **Böbingen** -
do fangt de Rääch a(n)!"

Der sprachliche Unterschied zwischen **Niedermoschel** und **Obermoschel** wird mit dem Mustersatz demonstriert: Ich schlage meiner Frau mit der Haue auf das Auge.

Niedermoschel: "Ich schlaan mei Frää met de Hää uff's Ää!"

Obermoschel: "Ich schlaa mei Fraa met de Haa uff's Aa!"[42]

Tatsächlich werden mit diesen gegensätzlichen Sprachneckereien zwei getrennte Gebiete beschrieben. In dem einen sagt man Rääch, Frää und Bääm, und in dem anderen Raach, Fraa und Baam.

Den **Bellheimern**, die "äch" statt "auch" sagen, äfft man *äch, äch, äch*[43] nach. Folgende Spottverse sind im Umlauf:

"Bellemer, Bellemer äch, äch, äch,
geh' rei(n) un schmeer dei(n) Kucheblech.
Bellemer, Bellemer, äch, äch,
äch, geh' rei(n) un versuch de Kuche äch!"[44]

"Bellemer, äch, äch, äch,
danze/reire uff de Kucheblech!"[45]

---

[38] PfWb.
[39] Eigene Erhebung.
[40] PfWb.
[41] Keiper 1907.
[42] PfWb.
[43] Bertram 1938.
[44] Bronner 1911.

Bei Tanzveranstaltungen soll früher gern von den **Bellheimern** der Vers gesungen worden sein: "Un die Stobb (Stube) hört unser un die Speelleut äch, äch, äch!"[46]

Weitere örtliche Varianten der oben genannten Verse sind:

"Weinthaler **(Hinterweidenthal)** äch, äch, äch,
reite uff de Kucheblech,
han groe Mäntel a(n),
henke hunnert Leis dra(n)!"[47]

"Weihremer **(Herxheimweyher)** äch, äch, äch,
reiten uf de Kucheblech,
hän rote Mäntel a,
hucken tausend Lois dra!"[48]

"**Hördter** äch, äch, äch,
reiten uf em Kuchebläch,
reiten uf em Hellschuh
un reiten zum Deiwei zu!"

"Stäner, Stäner **(Stein)** äch, äch, äch,
danze uf de Kucheblech!"

Herxemer **(Herxheim)** äsch, äsch, äsch,
scheiß um's Kucheblech!"

"**Erle(n)bacher** (GER) äch, äch, äch,
geh' häm un schmeer der Kucheblech!"

"Kurder, Kurder **(Kuhardt)** äch, äch, äch,
lehn mer eier Kucheblech!"[49]

Außer in **Hördt** und **Herxheimweyher** spricht man auch in **Erlenbach** (GER),[50] **Freckenfeld, Hauenstein**[51] und **Schaidt**[52] *äch, äch, äch.*

[45] Heeger 1951.
[46] Hebel 1917.
[47] Brenner'sche Sammlung.
[48] Eigene Erhebung.
[49] PfWb.
[50] Eigene Erhebung.
[51] PfWb.

Die Mundart der **Haardter** verspottet man mit *Quetschekuche hau(n)*[53] und den **Nußdorfern** ruft man nachahmend zu:

"Kumm erä(n)! Witt en Schtick Quetschekuche haun?"[54]

Für die Südostpfalz ist die sogenannte Diphtongierung eine lautliche Besonderheit. Bestimmte lange Vokale, besonders das "o", werden zu einem Zwielaut (Diphtong) erweitert. So karikieren die **Minfelder** die benachbarten **Freckenfelder** mit *Braut haule,* d.h. Brot holen. Ein beliebtes Kennwort zur Markierung dieses Phänomens ist das Wort "Bohnen", es dient auch als Beispiel für die weitere Aufspaltung in "ou" bzw. "**au**" oder "**u**":

"Baune ins Baunesäckel nei dau!", (**Erlenbach**-GER)[55] *Baunesäck*[56] oder *Baunesteck,* (**Hauenstein**) *Baunestecke,* (**Essingen**)[57] *Buhne* oder *Buhnestecke,* (**Dudenhofen**)[58] *Buhnestecke,* (**Albersbach**)[59] *Buhnesupp,* (**Ramberg**)[60] *Buhnefäre,* d.h. Bohnenfäden, (**Niederschlettenbach**)[61] *Blummebuhne,* (**Germersheim**)[62] *Lehbuhne,* d.h. Legbohnen, (**Wiesweiler**)[63] *Schodeboune* (**Mußbach**).[64] Den Ortsdialekt von **Winden** verspotten die Nachbarn mit: "Geb acht, d' Gins giehe an d' grine Buhne!"[65]

Die sogenannte Verdumpfung, bei der altes langes "a" im Pfälzischen in der Regel zu langem "o" geworden ist, zeigt sich in dem Neckspruch:

"Der Monn mit der longe Stong!" (**Maikammer**);[66]

daneben noch in den Kennwörtern *Boh(n)schliede,* d.h. Bahnschlitten, (**Heiligenstein**)[67] und *Bochwasser* (**Niederlustadt**).[68]

---

52 Bertram 1938.
53 Christmann 1951.
54 Heeger 1951.
55 Eigene Erhebung.
56 Schmitt 1980.
57 PfWb.
58 Bertram 1938.
59 PfWb.
60 Mitteilung von ALBERT PFEIFFER.
61 PfWb. 1,1077.
62 PfWb.
63 Menke 1957.
64 PfWb.
65 PfWb. 3,28.
66 PfWb.
67 Bertram 1938.

Auch einzelne Ausrufewörter scheinen ortskennzeichnend zu sein. Die **Weidenthaler** sollen sehr oft das Wörtchen *aba*, das soviel wie "nein" heißt, in ihren Reden gebrauchen.

Nun kam einmal ein Fremder zu einem **Weidenthaler**, fragte den, wie es daheim gehe und ob seine Leute immer noch so oft 'aba' sagen würden. Der **Weidenthaler** schüttelte nur den Kopf und sagte: 'Aba'!"[69]

Hoi oder *Hoitoit* soll von dem Fuhrmannruf herrühren, den man in **Schmalenberg** zu hören bekommt. Dort ruft man den Zugtieren für "nach rechts" die Worte "hott" oder "hoit" zu.[70]

Der Neckname *Holläh* für **Dörrenbach** rührt daher, daß, wenn sie jemandem auf den Fuß treten, sagen: "Holläh, ich han's nit gern getan!"

Anstatt "ja" sagen die **Mackenbacher** lediglich *ije*,[71] die **Altdorfer** *jau*, die **Freimersheimer** *ja-ja*.[72] Da die Bewohner von **Berg** für dasselbe Wörtchen "jo" sagen, heißen sie *Berger Jo*.[73] Wer weiß, warum die **Mertesheimer** *au-au* sagen?[74] *ld* (**Neupotz**) ist der Mundartausdruck für "ich".[75] Die **Mackenbacher** sind die *Naudig*, weil sie dies für "nau", d.h. jetzt, nun, sagen.[76]

Weil die **Meckenheimer** für "ich habe" als nördlichster Ort "ich häb" gebrauchen, werden sie *Häb* genannt,[77] ebenso die **Niederkircher** (NW),[78] die **Forster** und **Wachenheimer** dagegen *Hab*.[79]

Get teilen sich die Nachbarorte **Heiligenstein** und **Mechtersheim** für das sonst pfälzische "gelt", was soviel heißt wie "nicht wahr?"[80]

---

[68] PfWb.
[69] Bertram 1936.
[70] PfWb.
[71] Bronner 1911.
[72] PfWb.
[73] Eigene Erhebung.
[74] PfWb.
[75] Bertram 1938.
[76] PfWb.
[77] Bertram 1937.
[78] Bertram 1962.
[79] Mitteilung von ELSE KLEIN.
[80] Bertram 1937.

Wegen ihrer Aussprache von "habe ich" sind die **Busenberger** die *Häw-ich*,[81] die **Mechtersheimer** die *Häb-ich*,[82] die **Hagenbacher** die *Wud-ich*,[83] d.h. wollte ich.

Mit *mer lessn's*, d.h. wir lassen das, verspottet man die Sprache der **Jockgrimer**.[84]

Die **Auerbacher** sind die *Horrische*, wegen folgendem Merksatz:

"Do horrisch mool e Himd ans Finschder gehängd!"
(Da hatte ich mal ein Hemd ans Fenster gehängt).[85]

Weil sie beim Sprechen so zischen, werden die **Speyerer** mit *Ischel* nachgeäfft,[86] die **Waldseer** mit *Isch* für "ist", gefoppt.[87] Mit dieser in der Sprachwissenschaft wegen der Beteiligung der Korona, des Zungenkranzes, Koronalisierung genannten Artikulationsveränderung zeigt sich ein Phänomen, das sich erst in den letzten Jahrzehnten über die ganze Pfalz ausgebreitet hat.

Wegen der offeneren Aussprache des "e" als bei den Nachbarn, das schriftlich zumeist als "a" wiedergegeben wird, heißen die **Dunzweiler** *braat Haabche*, d.h. breiter Kochtopf,[88] Die nordpfälzischer Mundart wird folgendermaßen karikiert:

"Na(n), na(n), leb Harz, du darfscht net uf Draase (**Dreisen**) raase!"[89]

Auf die **Steinfelder** hat man deswegen eine ganze Strophe gemünzt:

"Jetzt simm'r all vun Schdaa(n)feld,
jetzt trinkem 'r noch a Budall,

---

[81] Heeger 1951.
[82] PfWb.
[83] Bronner 1911.
[84] Eigene Erhebung.
[85] Braun 1991.
[86] Bronner 1911. "Wobei *Ischel* möglicherweise die koronalisierte Form von 'Igel' repräsentieren könnte, wahrscheinlicher ist jedoch, daß hier die Aussprache isch 'ich' aufs Korn genommen wird." Post 1992, S. 271.
[87] PfWb.
[88] N.N. 1962.
[89] Heeger 1951.

110

de alte Wei(n) hott Kuhne,
de neu isch na(n) nitt hall!"[90]

Das helle, offene "**a**" ist auch Ziel der Neckfrage an die **Schönauer**:
"Waren ehr wieder in de Schwobach?"[91]

Aus demselben Grund fallen die **Maxdorfer** auf, die von den Nachbarn *Stramer*[92] genannt werden, sowie die **Weingarter** mit *Plattengang*.[93]

Den **Frankweilern** sagt man nach:

"Kumm mol e bissl rä,
versuch unsern gure neie Wä,
un unser Schwarzbrout äch,
mei Aldi hott geschdern gebacke!"

Die überbreite Aussprache des "**ä**" in **Neupotz** nehmen *Säwel* und *Sägger* auf die Schippe.[94]

Und für **Etschberg** gilt: "Kamm eren, do jenn sense!" (Komm herein, hier herinnen sind sie).[95]

Eine auffallende Ablautform wird karikiert in *Bratfusch*, d.h. Breitfisch, (**Aschbach**) und *Fuschbach* (**Nerzweiler**).[96]

Dieser Neckspruch ist auf **Eschenau** gemünzt:

"Eich kenn deich naun, eich dauze deich!"
(Ich kenne dich nun, ich sage du zu dir).[97]

Mit dieser besonders in Personalpronomen auftretenden Diphtongierung in der Nordwestpfalz wird, wie POST 1992 als ein wichtiges Ergebnis seiner Studie resümiert, nur noch ein historischer Sprachstand beschrieben.

Viele Mundarteigentümlichkeiten werden mit einem ortstypischen Wort namhaft gemacht: *Merlemer Brieder*, d.h. **Mörlheimer** Brüder, *Hurra*

---

90 Heeger 1951.
91 Eigene Erhebung. "Schwobach" ist ein Flurname.
92 PfWb.
93 Bertram 1937.
94 PfWb.
95 Braun 1991.
96 PfWb.
97 Mitteilung von WILLY WEBER.

(Berg),[98] *Äise*, d.h. Eisen, **(Oberalben)** *Aaijer*, d.h. Eier, **(Gauersheim)** *Aamänner*, **(Ottersheim**-KIB)[99] wegen der Aussprache von "ein Mann", *Daade*, d.h. Vater, **(Erlenbach**-KL)[100] *Braumekiere*, d.h. Pflaumenkerne, **(Rehborn)** *Eezähn*, d.h. Eggenzähne, **(Hornbach)** *Kammade* **(Bruchweiler)** und *Kumerde*, **(Nothweiler)**[101] jeweils für *Kamerade*, **(Ludwigswinkel)**[102] *Hamballe*, d.h. Handball, **(Lachen)**[103] *Kumcher*, d.h. Kaffeetassen, **(Heltersberg)**[104] *Hojasse* und *Heiers*, **(Hochspeyer)**[105] *Fuhneweih*, **(Hohenecken)** *Gäscht*, **(Kirchheimbolanden)** *Jäiger*, **(Kuhardt)** *die Koschbere*, d.h. die Kostbaren, **(Ruppertsecken)** *Plessär* **(Medard)** für frz. plaisir, *Hodollerie*, d.h. Artillerie **(Altdorf)**.

Während sonst allgemein im Pfälzischen "Gaul" für Pferd gilt, heißt es am südöstlichen Rand der Pfalz wie im Oberdeutschen "Roß", worauf der *Roßbolle* für **Schweigen** anspielt.[106] **Lindenberg** heißt man aus unerklärlichen Gründen *Iboi*,[107] und in "St. Iboi an der Knatter" gilt der Fastnachtsruf: "Iboier hoi!"

Redensarten

Dem Necknamen *Settissi* für **Landstuhl** aus frz. "c' est ici", d.h. "Hier ist ein Abort!", liegen gleich mehrere Erzählungen als Erklärung zugrunde:

Die Landstuhler ließen seinerzeit, als die Ludwigsbahn gebaut war, um einen Nutzen vom Verkehr nach **Paris** zu erzielen einen Wegweiser anbringen mit der Inschrift:

"C' est ici le chemin de Paris!", d.h. dies ist hier der Weg nach Paris.[108]

Als Napoleon I. Deutschland unterjocht hatte und sich nun mit dem Gedanken trug, das riesige russische Reich seiner Botmäßigkeit zu unter-

---

[98] Eigene Erhebung.
[99] PfWb.
[100] Heeger 1951.
[101] PfWb.
[102] Die Erklärung in PfWb. 4,40. ist zweifelhaft.
[103] Bertram 1962.
[104] PfWb.
[105] Vielleicht in Anlehnung an "hoi" und "Bajaß", PfWb. 3, 1141.
[106] PfWb.
[107] Bertram 1962.
[108] Keiper 1925.

112

werfen, ließ er, um für seine Truppen eine möglichst rasche und gerade Vorrückungslinie zu haben, die sogenannte Kaiserstraße zwischen **Paris** und **Mainz** ausbauen. Dieser Weg ging in einiger Entfernung auch an dem Städtchen **Landstuhl** vorüber. Da der Ort aber von vielen Obstbäumen umgeben war, konnte man von ihm nicht viel wahrnehmen. Um doch die Aufmerksamkeit der Vorüberreitenden auf das gewerbsame Städtchen zu lenken, habe seinerzeit der Maire (Bürgermeister) an einer Wegabzweigung vor dem Orte bei einigen Kohläckern eine Tafel anbringen lassen mit der Inschrift: 'C'est ici Landstuhl!'"

Die Sache wird auch so erzählt:
Als die große Kaiserstraße **Paris - Kaiserslautern - Mainz** gebaut war, waren die **Landstuhler** sehr entrüstet, daß diese ihre Stadt nicht durchquerte. Gelegentlich einer Reise Napoleons 1., die an Landstuhl vorüberführte, soll der Kaiser, der von den Klagen der Landstuhler Bürgerschaft gehört hatte, beim Vorbeireiten am Städtchen spöttisch gerufen haben: 'A, c'est ici Landstuhl!'

Unter den Nachbarn, die sich an den Landstuhlern mit Spottreden gern rieben, standen obenan die **Kaiserslauterer**. Wo sie ihr boshaftes 'C' est ici' anbringen konnten, taten sie es. Doch die **Landstuhler** waren nicht auf den Kopf gefallen und rächten sich bald mit dem Gegenruf: 'C' est ici Bock!'

Dazu erfanden sie folgende Schnurre:
Ein preußischer Prinz sei nach **Kaiserslautern** gekommen, um die Schlachtfelder in der Nähe der Stadt zu besichtigen. Huldvoll lud er den Bürgermeister als Begleiter ein, bei ihm in der Chaise Platz zu nehmen. Doch dieser habe sich solcher Auszeichnung nicht würdig erachtet und sich bescheiden zum Kutscher auf den Bock gesetzt. Daher der Zuruf: 'C' est ici Bock!'"[109]

Die Hintergründe folgender Redewendungen sind nicht bekannt und lassen sich allenfalls vermuten:

---

[109] Bronner 1911.

Von einem besonders schlauen Hirten scheint die Redensart ausgegangen zu sein "Der hat en Kopp wie de **Landstuhler** Gääsehirt!"[110]

"Sie schluppen unterm Ree (Regen) durch", sagt man den **Rammels-bachern** nach,[111] ebenso von den **Stambachern**: "Sie schlüpfen unter dem Regen durch!" So sagt man zu einem Überklugen, der etwas aus sich selbst fertigbringen will.[112]

Ist etwas nach langer Zeit immer noch nicht fertig, war früher der ursprünglich auf **Kaiserslautern** gemünzte Spruch zu hören: "Es geht wie mit dem Lauterer Torbau!"

Wenn beim Kegelspiel der neunte nur wackelt und nicht fällt, war allgemein in der Pfalz zu hören: "Alle Neun wie in **Otterberg**!"[113]

Dagegen weißt man mit "**Blaubach**, de Neunte!" jemanden zurück, der dummes Zeug redet. Die Redewendung bezieht sich auf die Versammlungen des Gemeinderates, der am Neunten eines jeden Monats seine Sitzungen abhielt und dieses Datum auch unter amtliche Schreiben setzte.[114]

Nicht jederman beherrscht "die **Katzenbacher** (KL) Kunst". Sie kommt daher, "weil hier und in nächster Umgebung die Reichen selten mehr als eins, zwei, höchstens drei Kinder erhalten. Es soll diese Kunst sich auch merklich verbreiten, so daß die Schulen allmählich sich leeren."[115]

"Den Hund tragen bis **Enkenbach**!" hat FRIEDRICH BLAUL auf seinen Wanderungen durch Rheinbayern (Pfalz) im vergangenen Jahrhundert oft gehört: "Und hier erst erfuhr ich, daß zwei Stunden von **Kaiserslautern** entfernt ein Dorf dieses Namens liege und es außer Zweifel sei, daß im Mittelalter meuterische Vasallen der Kaiser in der Burg zu Kaiserslautern mit der bekannten Strafe belegt worden seien, einen räudigen Hund zu tragen und zwar bis zu dem Kloster **Enkenbach**."[116]

---

[110] Bertram 1939.
[111] "In meiner Jugend hörte ich, wenn es regnete und es ging jemand aus, mer gehn driwer dorch, wie die **Rammelsbacher**." Mitteilung von KAROLINA KNAPP.
[112] Brenner'sche Sammlung.
[113] Keiper 1907.
[114] Braun 1991.
[115] Schandein 1867, S. 344.
[116] Blaul 1910, S. 96.

Ein Jude ging eines Tages im Winter Geschäfte halber durch **Offenbach a.d. Queich.** Sein schlürfender Gang, sein langer, wirrer Bart und sein weiter Mantel schienen den Hunden im Orte nicht besonders zu gefallen. Ehe es sich der Sohn Israels versah, hatte er eine Meute kläffender Köter hinter sich. Eine derartige Gefolgschaft ist nun wahrhaftig kein Vergnügen. Der Jude bückte sich also etliche Steine aufzulesen, um die Kläffer abzuwehren. Der Boden war aber hart gefroren und kein Wurfgeschoß war loszubringen.

Die Hunde, welche die Bemühungen des Mannes in ihrer Weise richtig verstanden und jedenfalls aus Erfahrung wußten, welch deutliche, harte Sprache "Steine reden" können, fuhren jetzt erst recht wütend auf ihn los. Ihre hohnlächelnden Besitzer eilten sich auch nicht, sie zurückzuholen. Da schrie der Jude, indem er sich abwehrend wie ein Kreisel um sich selber drehte, daß von seinem Kittel nur so die Flügel flogen:

"Krieg die Kränk, Uffebach! Die Stän (Steine) binn(d)e sie a,
die Hunn(d) lasse se laafe! Au waih, au waih!"

Der Fluch hat dem Ort, gottlob, weiter keinen Schaden getan, als daß er zum Neckruf wurde: "Krieg die Kränk, Uffebach" war in der Rheinpfalz allgemein üblich und wird auch auf **Offenbach a. d. Glan** angewendet.

Den **Quirnbachern** sagt man übergroße Vorsicht nach und im Volksmund geht daher, wenn einer mit seiner Aussage, seinem Wissen nicht heraus will, der Spruch: "Der red't wie ein Quirnbacher Zeuge; er sa(g)ht net so und net so, daß m'r net sa(g)hn kann, er hätt' so oder so gesa(g)ht!

Die **Speyerer** gelten als die *Greiner*. In diesem Zusammenhang heißt es:
"Der lacht, wie die Speyermer greine!" d.h. weinen.[117]

"Von einem unverschämt überklugen Menschen sagt man: 'Du bist so gescheit, wie das Käsperchen von **Dannenfels**.' Es war dies ein Bauernbube, ein Konfirmandenschüler gewesen zu Dannenfels am Donnersberg, der eines plötzlichen Todes starb. Als die Eltern dem Pfarrer klagend Anzeige machten, fanden sie nicht Worte genug, den frühreifen Verstand des verstorbenen Bübleins zu preisen: 'Und dann war er gar rührend', sagte die Mutter, 'wie gescheit er noch im letzten Augenblick von uns Abschied nahm, erst vierzehn Jahre und schon so gescheit wie ein Alter!' - er hatte nämlich

---

[117] Bronner 1911.

seinen Eltern jene höchst volkstümliche Aufforderung zugerufen, die GOETHES Götz in der ersten Ausgabe dem Hauptmann der Reichstruppen entbietet - und darauf war er gestorben."[118]

"Vun hie bis noch Dackerum!", d.h. von hier bis nach **Dackenheim**, ist eine in der Nordostpfalz übliche Redensart geworden, wenn sich irgend etwas beliebiges, nicht nur ein Weg, in die Länge zieht.

In **Speyer** ist alles teuer!", dieser Satz mag auch heute auf viele andere pfälzische Städte zutreffen.[119]

In **Kirchheimbolanden** war Musterung. Die Burschen waren meist vom Donnersberg. Der erste tritt ein, wird gemustert, ist tauglich, und der Offizier entscheidet: "8. Infanterieregiment **Metz**!" -"Erlauben Sie", sagte der Mann, "ich möchte lieber zu den Jägern in **Zweibrücken**!" - "Gut, also Jäger". Der Rekrut geht freudestrahlend ab.

Der zweite tritt ein. "Tauglich, zum Infantrieregiment **Metz**!" - "Herr Oberst, ich möchte lieber zu den Jägern!" -"Warum?" -"Eich hun mei Bläseer dra!" -"Meinetwegen, also Jäger!" Der dritte tritt ein. "Tauglich, Infanterie **Metz**!" - "Ach, Herr Oberst, lieber zu den Jägern. Mein Alter hat schon da gedient!" - "Also zu den Jägern!"

Als aber auch das nächste Dutzend Donnersberger zu den Jägern will stutzt der Offizier und fragt: "Warum wollt ihr denn alle bei den Jägern dienen?" Tiefes Schweigen. Er fragt nochmals. Wieder Stille. - Da nimmt der Gendarm das Wort: "Entschuldigen Sie, Herr Oberst, der Grund ist einfach: In Metz kostet das Glas Bier 25 Pfennig, in **Zweibrücken** nur 11 Pfennig." Daher kommt die Redensart "Die Donnersberger sind Bierjäger!"

Übrigens nannten die Soldaten in **Metz** ihre Pfälzer Kameraden wegen ihres lebhaften Temperaments *Pfälzer Hupser*.[120]

In der Schlacht am Speyerbach am 14.11.1703 im Spanischen Erbfolge- krieg waren die deutschen Truppen, unter ihnen die von ihrem Erbprinzen geführten Hessen-Kasseler, geschlagen worden.

Am 13.08.1704 verloren die Franzosen die Schlacht bei **Höchstädt a.d.**

---

[118] Riehl 1972, S. 298.
[119] Keiper 1907.
[120] Bronner 1911.

Donau. Als ihr Feldherr, Marschall TALLARD, gefangen vor den Erbprinzen geführt wurde, rief ihm dieser entgegen: "Ah, Monsieur le maréchal, vous êtes très bien venu, voilà de la revanche pour Speyerbach."

"Revanche für Speyerbach!" ist zu einer Redensart geworden, wenngleich sie heute nicht mehr üblich ist.[121]

"Fest wie **Landau**!" wurde einst zum Sinnspruch für Festigkeit und Stärke. Die vom Baumeister VAUBAN unter König LUDWIG XIV seit 1686 erbaute vorderpfälzische Festungsstadt galt einst als eine der stärksten auf dem Kontinent und als uneinnehmbar.[122]

"Tod oder **Landau**!" lautete der 1793 gegebene Befehl des französischen Nationalkonvents an die Rheinarmee unter allen Umständen **Landau** zu entsetzen, was auch tatsächlich gelang. "Selbst in Frankreich galt der Spruch: "Landau - ou la mort!"[123]

Gut 50 Jahre später schien es, als sei dieser Schlachtruf eigens zum Kreuzzug gegen **Landau** und für die pfälzischen Revolutionäre geprägt worden. "Daut oder Landaag!" war die Losung der rund 1 200 Freischaren, die am 20. Mai 1849 einen Sturm auf die Festung **Landau** wagten.[124]

Schimpfwörter

"Das so stark landesübliche Fluchen und Schwören ist auch ein Zug der pfälzischen Kraftnatur im Worte.

Im Anfang des 17. Jahrhunderts war ein Türmer in **Landau** durch seine Kraft im Fluchen und Schwören besonders ausgezeichnet. Sein Turm ward zuletzt vom Blitz, den er so oft beschworen hatte, wirklich zusammengeschlagen. Das war aber doch selbst den Pfälzern zu stark. Als darum der Turm neu aufgebaut war, ließen sie diesen Türmer nicht wieder hinauf, weil ihn nicht einmal der Blitz kuriert hatte, sondern nach wie vor 'Donner und Hagel seine besten Worte seynd, so daß zu besorgen, wo er den Neuen Thurm beziehe, der allmechtige Gott noch ein schröcklicher Exempel als das vorige über uns schicken möchte.'

---

121 Küstner 1908
122 Bertram 1939.
123 Küstner 1908
124 Herzog 1953.

Die kurpfälzische Polizeiordnung von 1684 enthält ein vorangestelltes besonders langes Kapitel vom Gotteslästern, Fluchen und Schwören. Wer seinem Nächsten aus Unbedacht Pestilenz, Franzosen und andere Krankheiten (die 'Kränk' schlechtweg) oder Donner und Hagel an den Hals wünscht, soll stufenweise in Geld- und Turmstrafe verfallen. Die Wirte und ihre Hausknechte sollen gehalten sein, Fremde, welche bei ihnen Fluchen und Schwören, der Polizei anzuzeigen! Auf absichtlichem Verschweigen einer solchen Angabe stand Geld- und Turmstrafe für Wirt und Hausknecht."[125]

Gewohnheitsmäßige Flüche haben sich bis heute in Ortsnecknamen erhalten. So heißen die Bewohner von **Leimen** *Hosch die Kränk,*[126] die von **Martinshöhe** *Sakrahechel* [127] oder *Himmel Sackbennel,*[128] die von **Rülzheim** *Gewitterkeidel,*[129] die von **Falkenstein** *Dunnerkeil,*[130] die von **Bottenbach** *Starndonnerwetter,*[131] die von **Kirrweiler** *Sakertio* oder *Sakerdi-buger*[132] aus frz."sacredieu", bzw."sacre-du-bougre", d.h. Himmeldonnerwetter, bzw. zum Teufel. Hoffentlich trifft bei all dem Fluchen niemanden *de Schlagg.* Das gilt als Gruß, wenn sich zwei **Pirmasenser** unvermutet irgendwo treffen.[133]

Neckverse und Necksprüche

Sehr häufig treten Neckverse in der besonderen Form der Priamel auf. Diese hat in der Regel vier Verse, in denen jeweils ein anderer Ort angesprochen wird. Die drei ersten Verse führen zur Pointe in dem letzten. Es sei nebenbei bemerkt, daß man in der Pfalz von "Gepriambel machen" spricht, wenn jemand der vorzubringenden Sache eine lange Einleitung ähnlich wie bei diesen Spruchgedichten vorausschickt.[134]

---

[125] Riehl 1972, S. 92 f.
[126] PfWb.
[127] Hebel 1917.
[128] N.N. 1951.
[129] Hebel 1917.
[130] Mitteilung von GUSTEL WIEMER.
[131] PfWb.
[132] Hebel 1917.
[133] PfWb. 5,1008.
[134] Hebel 1917.

Ortsneckpriameln der folgenden Art sind auch in anderen deutschen Landschaften zahlreich zu finden:

"**Obermoschel** - große Stadt,
Niedermoschel - Bettelsack,
Oberndorfer - Kessellecker,
Alsenzer - Deckel driwwer!"[135]

"**Schwarzbach** is e schääne Stadt,
Speyerbrunn e wischti(g) Stadt,
Mickewiß e guri Stadt,
Elmstää(n) e Salzkischt,
Appedaal de Deckel druff!"[136]

"**Gerbach** is e wüschte Stadt,
Würzweiler e schönes Dorf,
Ruppertsecken e Bettelsack,
Marienthal e Judesaal,
Rußmühl de Deckel drüwer!"

"Wer über den Lemberg geht und spürt keinen Wind,
durch **Oberhausen** (ROK) und sieht kein Kind,
durch **Duchroth** und wird nicht gespott't,
der hat große Gnad' bei Gott!"

"Wer durch **Falkenstein** geht und spürt kein Wind,
und durch **Würzweiler** und sieht kein Kind,
und durch **Gerbach** und wird nit verspott',
der hat groß' Gnad' bei Gott!"[137]

"Wer geht iwer die Eilmisser Höh (**Eulenbis**) un speert ke(n) Wind,
wer geht dorch Gettebach (**Jettenbach**) und sieht ke(n) Kind,
wer geht dorch Stääfebach (**Oberstaufenbach**) un heert ke(n) Spott,
der hott groß Gnad bei Gott!"

---

[135] Hebel 1917.
[136] PfWb.
[137] Bronner 1911.

"Wer dorch Eilemis (**Eulenbis**) geht und spürt ke(n) Wind,
wer dorch **Erzenhausen/Hirschhorn** geht und sieht ke(n) Kind,
und wer dorch **Weilerbach/Katzweiler** geht und kriet ke(n) Spott,
der hat e groß Gnad bei Gott!"

"Wer uf Roth (**Rothselberg**) geht und speert ke(n) Wind,
wer dorch Gettebach (**Jettenbach**) geht un sieht ke(n) Kind,
dorch Owerstäfebach (**Oberstaufenbach**) geht un kriet ke(n) Spott,
der hat Gnad bei Gott!"

"Wer dorch **Niederstaufenbach** geht un sieht ke Kind,
wer dorch **Föckelberg** geht und spürt ke Wind,
wer dorch **Oberstaufenbach** geht un krieht ke Spott,
der hat groß Gnad bei Gott!"[138]

"Wer durchs Weidfeld geht und spürt kein' Wind,
wer durch **Pleisweiler** geht und sieht kein Kind,
wer durch **Oberhofen** geht und hört kein Scheltwort,
der kommt in der ganzen Welt fort!"[139]

"Wer durch **Steinfeld** geht und spürt kein Wind,
wer durch **Pleisweiler** geht und sieht kein Kind,
wer durch **Oberhofen** geht und hört kein Scheltwort,
der kommt in der ganzen Welt fort!"[140]

"Wer auf der **Cöllner** Brücke steht und spürt kein Wind,
und wer durch **Mannweiler** geht und sieht kein Kind,
und durch **Oberndorf** kommt unverspott',
dem gnad in **Alsenz** Gott!"[141]

"Wer über die Haardt geht ungespott',
über **Gimmeldingen** ungeroppt,

---

[138] PfWb.
[139] Hebel 1917.
[140] Bronner 1911.
[141] Heckel 1952.

über **Mußbach** ungeschlagen,
der kann von Glück sagen!"[142]

"Wer durch Schwegenem (**Schwegenheim**) geht uhne gfobbt,
durch Wingerte (**Weingarten**) uhne geklobbt,
durch Houscht (**Hochstadt**) uhne gerobbt,
der hot Gnad bei Gott!"[143]

"Wer durch **Böckweiler** kommt ohne gefoppt,
durch **Mittelbach** ohne geroppt,
durch Ixem (**Ixheim**) ohne gekloppt,
der kommt glücklich nooch Zwääbrücke (**Zweibrücken**)!"[144]

"Se Draase (**Dreisen**) reire se uff de Gaaße,
In Göllem (**Göllheim**) gebt's große Schelm,
In Maarem (**Marnheim**) sin se aarem,
un in Stanneböhl (**Standenbühl**) dauche se net veel!"[145]

"Im Donnersberg wachsen Stecke,
Göllem (**Göllheim**) is e Flecke,
Rühlismühl leit ällee (liegt allein),
Annlißmühl hot e krumm Bee (Bein)!"[146]

"Nimm kää(n) Kuh von Edekum (**Edigheim**),
un kää(n) Fraa von Beindersche (**Beindersheim**),
dort koche se ohne Flääsch
und wäsche ohne Sääf!"[147]

"Wer in Hemkerch (**Heimkirchen**) dient un hat ke Kind,
dorch die Laurerbach geht un hat ke Wind,

---

[142] Bronner 1911.
[143] PfWb.
[144] Hebel 1917.
[145] PfWb.
[146] Bronner 1911.
[147] Hebel 1917.

dorch Katzwiller (**Katzweiler**) geht ohne Spott,
der hot e Gnad vun Gott!"[148]

"Wer durch's Appeltal geht ohne Wind,
durch **Würzweiler** und sieht kein Kind,
durch **Gerbach** ohne Spott,
der hat es Gnad vun Gott!"[149]

"Wer geht über die Speik (**Landstuhler** Bruchstraße) un hört ke Wind,
über die **Ramsteiner** Brück und sieht ke Kind,
durch die **Mackenbacher** Lawand un kriet ke Schlää,
der ist net in Mackenbach gewää!"[150]

"**Obermoschel** schöne Stadt,
Niedermoschel - Bettelpack,
Unkenbach ist Lumpenbach,
druff gschisse is zugemacht!"[151]

"**Ruppertsecken** ist ein Bettelort,
Marienthal ist e Judesaal,
Rußmühl ist de Deckel druf!"[152]

"In **Dahn** hängt ma de Bettelsack an,
in Schwanne (**Schwanheim**) legt ma'n anne,
in **Lug** bind't ma'n zu!"[153]

"In Göllem (**Göllheim**) gebt's große Schelm,
in Maarem (**Marnheim**) sin se arem,
un in Stannebehl (**Standenbühl**) dauche se net veel!"[154]

---

[148] Mitteilung von HERMANN SCHNEIDER.
[149] Anonyme Mitteilung.
[150] Deutsches Volksliedarchiv.
[151] Brenner'sche Sammlung.
[152] Deutsches Volksliedarchiv.
[153] Geiger 1950.
[154] PfWb.

"In **Linge(n)feld**, do hots kää(n) Geld,
in Weschte (**Westheim**) liecht's im Käschtel,
in Loscht (**Lustadt**) isch's verroscht!"[155]

"Die **Schopper** die reichsten,
die **Schmalenberger** die fleißigsten,
die **Heltersberger** die gescheitesten,
die **Geiselberger** die kirchlichsten!"

"**Gries** is alles zuckersieß,
Schöne(n)berg un **Kübelberg** is alles iwwerzwerch,
Bann kammer noch so han!"[156]

"In Linne (**Linden**) isch nix se finne,
in **Bann** isch nix se han,
un in **Queidersbach**, do sitzt de Deiwel uffem Dach!"[157]

"**Hördt** esch verschärrt,
Kuhardt esch verhurt,
Neupotz esch de Stopper druff!"

"**Hütsche(n)hause(n), Spesbach**,
(auch: **Macke(n)bach, Miese(n)bach**),[158]
Kottw(e)iler-Schwan(d)e(n),
vun allem Üwel Ame!"[159]

"**Gerbacher**[160]/**Dannenfelser**[161] Schuft,
flieh in die Luft;
flieh net so hook (hoch),
beißt di aa(ch) ka Flook (Floh)!"

---

155 Bertram 1938
156 PfWb.
157 Leibrock 1933.
158 PfWb.
159 Leibrock 1933.
160 Bronner 1911.
161 Brenner'sche Sammlung.

"Schweesbacher (**Schweisweiler**) Duft,
fliech in die Luft,
fliech net se hook,
's beißt dich e kee(n) Schnook!"

"Die **Trulber** met de Revulver,
stehe uf de Felse, han nix se schmelze,
schmelze laurer Gänsefett un das bringe se net eweg!"[162]

"Ich bin net vun Eise, ich bin net vun Stahl,
ich bin aus em **Reiche(n)bacher** Saubeeretal,
dem Saubeeretal un dem Brennesselnescht,
un die Reichebacher Buwe sin als noch die bescht!"[163]

Auch mit weniger kunstvollen Neckversen oder mit einfachen Neck-sprüchen werden die Nachbarorte verspottet:

"In **Haßloch**, do hot's noch!"[164]

Wir wissen zwar nicht, was es dort besonderes haben soll, aber für **Hayna** wissen es die jungen Burschen ganz genau:

"In Hääne (**Hayna**),
do kann mer die schääne
Mäd'le sähne!"[165]

"Ich war emol zu Läme (**Leimen**),
da war kä Mensch d'häme!"[166]

Am Donnersberg wurde einst folgende Strophe gesungen:

"Hoppeldibob, mei Geld is fort,
ze (zu) **Speyer** leit mei Ranze!
Geh mer eweg, du bucklig Krott;
ich will net mit dir tanze!"

---

[162] PfWb.
[163] Heeger 1923.
[164] Eigene Erhebung.
[165] Bertram 1938. Aus **Neupotz** wurde dem Autor eine Kurzfassung mitgeteilt: "In Hääne, do kann mer se sääne!"
[166] Bronner 1911.

Im ersten Viertel des 19. Jahrhunderts soll folgender Spruch oft gehört worden sein:

"Speyerer Wind,
Heidelberger Kind,
Hessenblut, tut selten gut!"[167]

"Unser Weiwer brauchen nicht zu dreschen!" mit diesen Worten haben vielleicht die **Freisbacher** Männer ihre Reden begonnen, wenn sie in den Nachbardörfern am Wirtshaustisch saßen. Damit sollte zum Ausdruck gebracht werden, daß die Frauen der Tagelöhner diese schwere Arbeit bei den reichen Bauern nicht nötig hatten.[168]

Obwohl man mahnt: "Fun Schweche (**Schwegenheim**) kän Gaul, fun Houscht (**Hochstadt**) kä Fraa!",[169] konnte eine Frau aus diesem Ort durchaus eine gute Partie für den Mann sein. So war z.B. bei Holzversteigerungen des öfteren scherzhaft hören:

"Ich brauch kää(n) Beerig (Bürge), mei(n) Fraa esch vun Houscht !"

Um die Zahlungsfähigkeit der **Niederhochstadter** auszudrücken, war es üblich zu sagen:

"Er esch gut, er esch vun Houscht, er hot e Äckerle em Pad!"
(Dort ist nämlich die beste Gewann).

Nicht nur Reichtum, sondern auch Armut wird verspottet. Die bösen Nachbarn sagen von den **Ramsern**, sie hätten "nix wie e Büchel un e Schubkarch, e Büchel for die Schulde enei(n) schreibe zu losse un e Schubkarch for das Geborgte heemzefahre!"[170]

"Die Pfälzer und das böse Geld, führt der Teufel durch alle Welt!",[171] kann als Anspielung auf das hausierende Gewerbe sowie auf die Auswanderungslust der Pfälzer gelten.

---

167 Bronner 1911.
168 PfWb.
169 Eigene Erhebung.
170 Hebel 1917.
171 Bronner 1911.

125

Neckverse: Zum Teufel!

"Häufiger vielleicht noch wie anderwärts bringt man hier den Teufel mit diesen tollen Naturspielen in Verbindung, und daß wir hier so ganz besonders viele Teufelsberge, Teufelssteine, Teufelstische, Teufelsmauern und dergleichen finden, ist doch wohl neben der allgemeinen Liebhaberei des deutschen Volkes an mythischen Teufeleien etwas charakteristisch Pfälzisches. Denn nirgends wohl nimmt das Volk noch lieber den Teufel in den Mund als in der Pfalz (und überhaupt am Mittelrhein).

Wer hier kräftig sprechen will, der muß 'teufelmäßig' sprechen und 'schlitzöhrig' sein im Gedanken und 'vielmäulig' im Wort 'wie des Teufels Großmutter', und die Rede muß rasch dahinfahren 'wie der luftige Teufel', und 'hol mich der Teufel' ist dabei nur gleichsam eine Interpunktion, ein nachdrückliches Ausrufungszeichen bei jedem Satzschluß.

Dafür ist aber ein bedenksames Wahrzeichen des Landes jener Erker am Wirtshaus zu **Einöd** bei **Zweibrücken**, durch dessen Fenster der Teufel eine Braut holte mitten aus dem Hochzeitsreigen, weil sie selbst am Hochzeitstage hatte sagen müssen: 'Hol mich der Teufel'. Aus dieser Fabel zieht sich aber der echte Pfälzer nicht die Moral, daß man überhaupt den Teufel aus dem Munde lasse, sondern daß lediglich eine Braut am Hochzeitstage nicht sagen solle: 'Hol mich der Teufel!'"[172]

Besonders die Südpfalz scheint es dem Teufel angetan zu haben, da hier sein Hauptverbreitungsgebiet ist. Man sieht ihn vor allem auf Hausdächern sitzen, manchmal auch auf einer Treppe, selten auf einem Krappenstiel. Wenn er sonst nichts besseres zu tun hat, verwandelt er sich in einen Kuckuck oder pflückt gelegentlich Erbsen:

> "In **Erlenbach** (GER) sitzt de Deiwel uf em Dach,
> in Hääne (**Hayna**) kann mer'n sähne,
> in Winne (**Winden**) kann mer'n finne!"[173]

---

[172] Riehl 1972, S. 50 f.
[173] Eigene Erhebung.

"In **Offe(n)bach** (a.d. Queich), in Offebach,
do huckt de Deiwel uf em Dach,
in Winne (**Winden**), do kann mer'n finne,
in Hääne (**Hayna**), do kann mer'n sähne!"[174]

"In **Roschbach** huckt de Kuckuck uff em Dach,
in **Weyher** uff de Scheuer,
in Herxe (**Herxheim**) blickt (d.h. pflückt) er Erbse,
in Hääne (**Hayna**) kann mer'n sähne!"[175]

"In **Roschbach** sitzt de Kuckuck uff em Dach,
in **Rhodt** sitzt er uff em Droht,
in **Weyher** sitzt er uff de Eier,
in Burr (**Burrweiler**) sitzt er uff de Scheier!"[176]

"In **Rechte(n)bach** huckt de Deiwel uff em Dach,
in Schwäche (**Schweigen**) huckt er uf de Schdäche (d.h. Treppe)!"[177]

"In Queirerschbach (**Queidersbach**) sitzt de Deiwel uf'm Dach!"[178]

"In **Bindersbach**, do huckt de Deiwel uf'm Dach!"[179]

"In **Hatzenbühl** sitzt der Deiwel uff'm Grabbestiel!"

"In **Petersbächel** sitzt de Deiwel unnerm Dächel!"[180]

"**Rockenhausen** ist e kleini (großi) Stadt,
die lauter große (kleine) Häuser hat;
große Schüssele, wenig drinn,
der Deiwel möcht' in Rockenhausen sin!"[181]

---

[174] Bertram 1936.
[175] Hebel 1917.
[176] PfWb.
[177] Eigene Erhebung.
[178] PfWb.
[179] Eigene Erhebung.
[180] PfWb.
[181] Bronner 1911.

"**Erdesbacher**, (**Ruppertsberger**) Narre,
danzet uff de Sparre,
danzet uff de Sohle!
de Deiwel soll euch hole!"[182]

Weiß (es nur) der Teufel, welche Vorstellung hinter der Bezeichnung *Deiwelsinsel* für den **Limburgerhof** steht?[183]

---

182 Bronner 1911.
183 PfWb.

6. Geschichte und Geschichten

Volksüberlieferung ist keine Geschichte. Sie ist nur eine schwache Widerspiegelung der historischen Ereignisse. Ihrer Intention nach kann und will sie auch nicht mit dem tatsächlichen Geschehen übereinstimmen. Die Volksüberlieferung haftet am Kleinen, am Anekdotischen und ist häufig schon nur noch eine örtliche Umbildung von längst und anderwärts bekannten Geschichten. Trotz dieses eingestandenen Defizits dürfen wir den Wert der Volksüberlieferung nicht unterschätzen, gibt sich doch gerade darin die geistige und seelische Haltung ihres Trägers zu erkennen.

"Ganz ähnliche Erscheinungen (wie 1832) wiederholten sich im Jahre 1849. Von französischen Sympathien war so wenig zu spüren, daß sogar mehrere der Frankreich zunächstliegenden, durch geschichtliche Überlieferung und wirtschaftliche Interessen mit Elsaß oder Lothringen eng verbundene Striche, sich geradezu als besonders konservativ und der Krone Bayern treu ergeben bewährten. So fanden zum Beispiel in dem kaum eine Stunde Wegs von der französischen Grenze entfernten, weiland elsässischen **Steinfeld** die Freischärler tapfere Gegenwehr durch die Bauern, ja ein einzelnes schlichtes Bauernmädchen zeigte dabei mehr Mut im Gewehrfeuer, als anderswo ganze Bataillone der pfälzischen Revolutionsarmee."[1]

Die Bürger von **Hanhofen**[2] und **Reiffelbach**[3] beteiligten sich 1848/49 als *Freischare*[4] an der Revolution, während die **Steinfelder**[5] und **Hart-hauser**[6] königstreu blieben und deshalb noch heute *Königskinner* genannt werden.

'Standhaft hatten sich der Bürgermeister und die waffenfähigen Männer des Ortes geweigert, im Revolutionsjahr gegen den Thron Partei zu ergreifen. Erst als dem Dorfoberhaupt JOHANN ADAM SCHREINER I. nach zweimaliger Verhaftung der Tod durch Erschießen angedroht wurde und 300 Gulden Strafe gezahlt waren, stellten sich die Leute von **Harthausen** - immer noch widerstrebend - der provisorischen Regierung in **Speyer** (13.

---

[1] Riehl, S. 244. "... an der neuen, vordem von den Freischärlern niedergebarnnten Scheuer einer Ziegelhütte (stand) mahnend der Hausspruch: 'Fürchtet Gott, ehret den König!'" Ebd, S. 156.
[2] Bertram 1938.
[3] Bronner 1911.
[4] In **Bellheim** wurde die Mitglieder der Familie Voland als *Freischare* bezeichnet. Eigene Erhebung.
[5] Hagen 1937.
[6] Bertram 1938.

Juni 1849) zur Verfügung. Freilich brauchten die **Harthausener**, obwohl sie an diesem denkwürdigen Tag im **Speyerer** Gasthaus 'Zur Sonne' auf Kosten der provisorischen Regierung zechfrei gehalten wurden, nicht mehr ins Feld zu ziehen - die Tage der Revolution waren zu diesem Zeitpunkt gezählt."[7]

Weil die **Zweibrücker** 1793/94 der Mehrzahl nach sich gegen die Revolution und ihre zweifelhaften Errungenschaften ablehnend verhielten und dem Herzog anhänglich blieben, obwohl dieser mit seiner närrischen, verschwenderischen Hofhaltung auf dem Karlsberg bei **Homburg** zu den schlimmsten und gewissenlosesten kleinen Despoten, deren es damals in Deutschland eine erkleckliche Anzahl gab, gehörte und so die Reihe der Zweibrücker Wittelsbacher sehr unrühmlich abschloß, werden sie als *Herzogsnarren* verspottet.[8]

In den Revolutionskriegen erlangte das gefürchtete Sereschaner Freikorps, das waren kaiserliche Freischärlertruppen von der türkischen Grenze, eine traurige Berühmtheit. Bei ihnen herrschte noch die grausame Kriegssitte den Feinden die Köpfe abzuschlagen. Wegen ihrer auffälligen Kleidung erhielten sie den Namen *Rotmäntel* (**Bellheim, Knittelsheim**).[9] Von ihrem Auftreten in der Pfalz erzählt AUGUST BECKER in seinem Roman "Die Nonnensusel".[10]

1471 in der Fehde zwischen Kurfürst FRIEDRICH dem Siegreichen mit Herzog LUDWIG dem Schwarzen von Zweibrücken und dem Grafen EMICH von Leiningen waren die wohlbefestigten Städte **Dürkheim** und **Wachenheim** von dem ersteren im Sturm erobert worden. Daraufhin rückte FRIEDRICH im August vor **Lambsheim** und ließ, als auch dieses nach heftiger Gegenwehr gefallen war, einen kleinen Teil der Besatzung in dem tiefen Stadtgraben ertränken. Ein Reimspruch erinnert noch heute an dieses geschichtliche Ereignis:

---

[7] Keller 1985, S. 108. Als Dank für ihr Verhalten schenkte der bayerische Prinz LUITPOLD der Gemeinde einen Tabaktrockenschuppen, der nach modernsten technischen Erkenntnissen für 2400 Gulden erbaut wurde und heute als denkmalgeschütztes Gebäude eine Kultureinrichtung ist.
[8] Keiper 1925.
[9] Heeger 1951.
[10] "Kein Nagel an der Wand war vor ihnen sicher, geschweige denn unsere Behälter in den Häusern. ... Gekreuzigt, an die Nußbäume angenagelt hat man damals die Rotmäntler drüben bei **Dierbach** und **Freckenfeld**." Die Nonnensusel 1962, S. 40.

"**Wachenheims** hohe Mauern,
Dürkheims grobe Bauern,
Lambsheims tiefe Gräben,
haben manchem gekostet das Leben!"[11]

Die **Kirrweiler** heißen *Brieder*, weil sie in der Vergangenheit in ihrem kleinen Städtchen eng zusammenwohnen mußten und dadurch ein Gemeinschaftsgefühl wie unter Brüdern entwickelt hätten.[12]

Die Stadt **Annweiler am Trifels**[13] führt ebenso wie das benachbarte **Rinnthal** noch heute den Necknamen *Bockstall* in der näheren und weiteren Umgebung. Zum einen wird er durch die Lage im engen Queichtal erklärt. Die frühere freie Reichsstadt, unter dem Schutz der Hohenstaufen, war mit Ringmauern umgeben und soll nur eine einzige schmale Zugangspforte gehabt haben, wie an einem Bockstall.

Auch andere Städte, die früher durch Ringmauern und Gräben umgeben waren, führen denselben Necknamen, so das saarländische **Blieskastel** und **Wolfstein**.[14] Somit scheint es sich auch um einen überregionalen Necknamen zu handeln, mit dem typische Kleinstädte verspottet wurden, in denen einst "Ackerbürger" lebten.[15]

Zum anderen wird der **Annweiler** Neckname mit einer alten Schwanksage erklärt, die als Wandersage auch in anderen deutschen Landen häufig auftritt und mit bestimmten Städten in Verbindung gebracht wird:[16]

---

[11] Küstner 1908.
[12] Kochendörfer 1958. Friedel 1978 will den Necknamen auf die damaligen Zöllner zurückführen.
[13] Bronner 1911.
[14] Hebel 1917.
[15] PfWb. 1,1066.
[16] (1) "Desweiteren steht der Neckname im Zusammenhang mit Schneidern, die einst in Bocksgestalt auftraten. Auch von **Boxberg**, **Glogau**, **Karlstein**, **Kaufbeuern**, **Ladenburg**, **Neubrandenburg**, **Neustadt an der Aisch**, **Nürnberg** und **Ulm** wird die Wandersage mit den in Bockshäuten gekleideten Schneidern jeweils in ähnlicher Form erzählt.
Der Schneider-Geißspott entstand um die Wende des 14. und 15. Jahrhunderts in Süddeutschland und enthielt ursprünglich eine anzügliche Anspielung. Anfangs beschränkte sich die Verspottung auf eine Beziehung des Schneiders zur Geiß. Erst später wurde der Schneiderspott erweitert, indem im 16. Jahrhundert der Bock mit seinen zu Schimpfwörtern gewordenen Eigenschaften, scheinbar nur wegen seiner nahen Verwandtschaft zur Geiß, in den Schneiderspott hineingezogen wurde. Ebenfalls im 16. Jahrhundert läßt sich eine langsame Weiterverbreitung feststellen, welche sich allerdings noch auf das südlichere Deutschland beschränkt. Erst im 17. Jahrhundert wurde der Schneider-Geißspott allgemein in ganz Deutschland bekannt." Seebach 1987, S. 54.

Einmal wurde die Stadt lange belagert und der Feind hatte beschlossen sie auszuhungern. Da kleideten sich die Schneider **Annweilers** in Bocks-häute und sprangen auf den Mauern umher. Darüber war der feindliche Hauptmann so überrascht, daß er mit den Worten abzog:

"Dieses Nest ist ja ein wahrer Bockstall!"[17]

An die Belagerungen von **Landau** sollen der Schimpfname *Kühdieb* und die Redensart: "Die Kieh uf de Schbeicher, die Landacher kumme!" erinnern. Beides hat seinen Ursprung in der Franzosenzeit. Damals wurden die Bewohner der umliegenden Dörfer ausgeplündert, die vergeblich versuchten ihr Vieh zu verstecken. Der "kleine Robespierre", ROUGEMAÎTRE, zwang die Landbevölkerung ihr Vieh selber in die Festung zu treiben.[18] Denselben Necknamen haben auch die Bürger aus **Contwig**, dem aber vermutlich eine lustige Begebenheit zugrunde liegt.[19]

Das "Fest des Weiberbratens" zu **Berghausen** soll auf eine historische Brandlöschung des Jahres 1706 im Gutleuthaus zu **Speyer** zurückgehen. In Ermangelung von Wasser hätten die **Berghauser** Milchfrauen, als sie gerade des Wegs daher kamen, mit ihrer Milch den Brand gelöscht. Aus Dankbarkeit stiftete das Hospital in **Speyer** den Frauen alljährlich ein Festmahl mit elfeinhalb Pfund Rind- und ebensoviel Dürrfleisch, dazu Reis und dürre Zwetschgen. Die französische Revolution unterbrach vorrübergehend die jährliche Feier.[20]

1981 wurde am 3. Maisonntag das Fest zur 275. Jahreswiederkehr begangen mit einem großen Essen, an dem selbstverständlich auch Milch

---

[17] Hebel 1917.

[18] Becker 1925.

[19] PfWb.

[20] "'Die Zahl der Frauen hatte sich nachträglich aber vermehrt, und das Spital in **Speier** hat nun jährliche 4 fl. 45 kr. zu liefern; aus der aus mehreren Jahren admassirten Summe wird nun die Musik bestritten, welche den 'Weiberbraten' verherrlicht. Jede Theilhaberin hat das Essen selbst zu bezahlen. Das Fest war sonst am Tage nach den heil. 3 König, heute erfolgt es auf freie Uebereinkunft. Jedenfalls aber geht es lustig dabei und hoch her, 60 - 70 Frauen; außer Bürgermeister und Gemeinderäthen des Ortes und einigen Ehrengästen ist allen Männern der Zutritt verwehrt. Erst nach aufgehobener Tafel werden diese von ihren Frauen zum Tanze geholt. Aber auch dann darf niemand Lediges herbei. Daß sich die Frauen am Tanze entschädigen wollen ob der langen Entbehrung? Das Fest währt bis zum Anbruch des Tages.'
Nach Ansicht von ALBERT BECKER zeigt sich bei dem Fest des Weiberbratens ein abgelöster, teilweise entarteter Rest eines umfassenderen Frühlingsfestes, das ursprünglich auf die Entschädigung für ein Weiderecht auf **Berghauser** Gemarkung zurückgeht." Seebach Pfälzer Bauer 1991, S. 67 f.

gereicht wurde. Die **Berghauser** sind heute noch stolz auf ihre *Milchweiwer* und feiern alle fünf Jahre ihr traditionelles Fest, das im Mai 1991 zum letzten Male veranstaltet wurde.

Ebenfalls auf eine Entschädigung für benutzte Weiderechte geht der Name *Fischbuwe* für **Otterstadt** zurück. Die Gemeinde besaß vor der Regulierung des Rheins weder Weide noch Wiesen. Da erhielt sie solche Rechte in der **Schifferstadter** Gemarkung. Und damit sie dieses Weiderecht nicht verlor, mußte alljährlich der jüngste Bürger von **Otterstadt** den schwersten im Rhein gefangenen Karpfen an einem bestimmten Tag nach **Schifferstadt** bringen.[21] Aus diesem alten Rechtsbrauch hat sich das **Otterstadter** Heimat- und Karpfenfest entwickelt und zugleich die Sitte, daß alljährlich am Dienstag danach die zehn ältesten Einwohner von **Schifferstadt** von der Stadtverwaltung zu einem Karpfenfestessen eingeladen werden.

Im Jahre 1819 wurde der jahrhundertealte Gemeinschaftswald am unteren Speyerbach, die sogenannte Kleine Ganerb, aufgeteilt. **Hanhofen**, **Hart-hausen** und **Gommersheim** erhielten die größten Anteile. **Gommersheim** hat den Necknamen *Ganerb* davongetragen.[22]

In **Neustadt** glaubte man einmal Knochen vom Urmenschen gefunden zu haben, es stellte sich dann aber ernüchternd heraus, daß es *Ochseknoche* waren.[23]

Die Eisenbahnlinie **Speyer-Ludwigshafen** sollte ursprünglich nicht durch **Otterstadt** gehen. Die Otterstadter halfen aber etwas nach, indem sie nachts heimlich die Strecke mit zugespitzen Pfählen, *Stickel* genannt, so markier-ten, daß ihr Ort nun doch an der Eisenbahnlinie lag und sie einen eigenen Bahnhof bekamen.[24] Diesen Necknamen und den Necknamen *Stickelspitzer* teilen sie sich mit den Bürgern aus **Berghausen**.[25]

Bei dieser Neckerzählung handelt es sich um einen nachträglichen volks-tümlichen Erklärungsversuch. Der namensgebende historische Sachverhalt

---

[21] Pfälzisches Museum/Pfälzische Heimatkunde 1922, Heft 11/12, S. 299.
[22] Mitteilung von WILLI KRIPP; das PfWb. 3,22 gibt das Wort als Ortsneckname von **Germersheim** aus, wobei wohl eine Verwechslung mit **Gommersheim** vorliegt.
[23] PfWb.
[24] Eigene Erhebung.
[25] Bertram 1938.

hängt in Wirklichkeit mit der Lage beider Orte am Rhein zusammen. Im Zuge der Rheinbefestigungsmaßnahmen im 19. Jahrhundert wurden von den Gemeinden Arbeiten vergeben, die auch das Herstellen von tausenden von Holzstickeln beinhalteten.

Bei einer Überschwemmung soll die Brücke der **Eschenauer** Mühle weggerissen und fortgeschwemmt worden sein. Drei Orte glanaufwärts dagegen (und nicht abwärts), war andererseits eine Brücke angeschwemmmt worden. Die **Eschenauer** behaupteten steif und fest, daß dies ihre Brücke sei. Das war das **Eschenauer** *Wunner*!

Die *Schinderhanesse* und das *Schinderhanessekor* sind in **Lettweiler** zu Hause, weil der legendäre Räuberhauptmann Schinderhannes hier angeblich Helfershelfer gehabt haben soll.[26] Der im nassauischen **Miehlen** geborene JOHANNES BÜCKLER wurde 20jährig 1803 bei **Mainz** guillotiniert.

In dem stillen Walddorf **Münchweiler** (PS) war es im Frühjahr 1835 recht lebendig geworden. Eine Anzahl Herren war in der KEHRWALDSCHEN Wirtschaft, dort wo heute das Wohnhaus von HANS MATHEIS steht. Sie sollten den Bau der neuen Straße Kaltenbach - **Pirmasens** planen. Alle Dorfbewohner und auch der Wirt waren der Meinung, daß diese durch das Waschtal und **Münchweiler** nach **Pirmasens** führen müßte. Die Ingenieure widersprachen nicht und so entwickelte sich bald ein gutes Verhältnis zur Dorfgemeinschaft, insbesondere aber zum Dorfwirt. Voller Stolz lud dieser seine Gäste öfter zur Jagd ein.

Nun, so erzählt die Geschichte, die in all den 120 Jahren von Generation zu Generation weitergegeben wurde, ergab es sich, daß eines Tages zwischen dem Gastgeber und dem leitenden Ingenieur ein Streit um einen Hasen entstand, den beide gleichzeitig erlegt haben wollten. Im Verlaufe der erbittert geführten Fehde soll der Ingenieur gedroht haben, daß nunmehr die neue Straße nicht zum Hause seines Gastgebers, sondern über die Walmersbach führen würde. Die Herren quartierten sich um. Der erboste Wirt soll ihnen aber nachgerufen haben, sein Haus stünde auf jeden Fall an der neuen Straße. Tatsächlich riß er nach der Fertigstellung der neuen Straße sein Haus ab und baute es dorthin, wo heute die Landstraße 496 in die B 10 mündet.

---

[26] PfWb. 5,981.

Die Leute nennen nun den Hof, da er seine Entstehung allein dem Streit um einen Hasenpelz verdankt, den *Pelzhof*, auch hört man häufig den Namen "Kehrwaldshof". Auf der Karte ist das Gebäude aber nur unter dem Namen **Münchweilerhof** zu finden.[27]

Jede Landschaft kennt ihre Schildbürger. Als das westpfälzische Schilda gilt das Dorf **Albersbach.** Man sagt dem Ort nach, daß er von der Zivilisation vergessen wurde und seine Bewohner gelten als rückständig. Als der erste Regenschirm in den Ort kam, haben die Angehörigen bei der Ankunft des Neulings das Scheunentor geöffnet. Denn man wußte bis dahin nicht, daß man den Regenschirm zumachen konnte.

Einst kannte man auch das Papier noch nicht in **Albersbach.** Als der herbeigerufene Arzt ein Rezept schreiben wollte, war große Not. Aber man wußte sich zu helfen. Dem Arzt wurde ein Stück Kreide ausgehändigt, womit er das Rezept an die Türe schrieb. Der Mann soll dann mit der Türe auf dem Rücken nach **Wolfstein** in die Apotheke gegangen sein.[28]

---

[27] 800 Jahre Münchweiler an der Rodalb, S. 38.
[28] PfWb.

7. Lage, Landschaft und Boden

Die Spottlust der Pfälzer kennt keine Grenzen. Die Lage des Ortes, ob auf dem Berg oder im Tal, seine ortstypische Bauweise, die Größe der Gemarkung oder auch die besonderen örtlichen Bodenverhältnisse können zum Anlaß des Spottes genommen werden.

Der Volksmund zeigt sich zuweilen gnadenlos in der Zuweisung, wo die Orte liegen. So ist **Pörrbach** dort zu finden, "wo die Welt mit Brettern zugenagelt ist!", die **Gonbacher** sind "hinter dem Mond zu Hause!" und die armen **Albersbacher** "sin e Stunn hinnerm Mund (d.h. Mond) deheem!" Um ironisch die vermeintliche Bedeutung des Ortes hervorzuheben, sagen die **Neuhemsbacher**: "Ich geh' nach **Gonbach** über den Rhein!"[1]

Die hoch über dem Alsenztal thronenden **Stahlberger** am Rand des gleichnamigen Berges heißen wegen ihrer himmelnahen Wohnstätte *Herrgotte,*[2] und der Ort **Hohenöllen** gilt als *Herreberg.*[3]

Ebenfalls auf die Höhenlage des Ortes beziehen sich die Necknamen *Bergknüppel* oder *Bergleut* für **Oberalben** und **Dennweiler,**[4] *Hehknorre* oder *Hehstorre* für **Hermersberg,**[5] *Hehstorre* für **Weselberg-Zeselberg,**[6] *Hehknewwel* (**Battweiler**),[7] *Hehknewwel*[8] oder *Hehstiwwel* für **Weselberg.**[9]

Möglicherweise sind hierzu auch die *Hewwel* in **Bechhofen**[10] und **Salzwoog** zu zählen, falls nicht eine Charakterisierung der Bewohner vorliegt.

Auf die Hügellage des Ortes beziehen sich *Hiwwelritscher,* (**Hengsberg,** **Windsberg**) *Hiwwel* (**Hengsberg**)[11] *oder Hewwel,* (**Rodalben,**[12] **Winds-**

---

[1] PfWb.
[2] Hebel 1917.
[3] PfWb.
[4] Bronner 1911.
[5] PfWb.
[6] Becker 1925.
[7] PfWb.
[8] Schmitt 1980.
[9] PfWb.
[10] Schmitt 1980.
[11] PfWb.
[12] Bronner 1911.

berg)[13] sowie *Truckehewweler* für den Ort **Moorlautern**.[14] Die *Walddeiwel* (**Hardenburg**) genießen ihre Lage im Wald.[15]

Manchmal macht man sich auf seinen Heimatort einen eigenen Vers:

"Deimberg uf de Heh, leit wunnerschee,
Eisenbach im Loch hat Hals un Bein gebroch!"[16]

"Kärwere (**Körborn**) leit uff em Berg,
do is alles üwerzwerch!"

"Blaubach/Liebsthal leit im Loch,
hat Hals un Been gebroch!"[17]

"Katzenbach (ROK) liegt unnig de Bach,
druff geschisse und zugemacht!"[18]

"**Nußbach** unnerm Dach,
druff geschiß un zugebabbt!"

"Krumm un schäbb un üwerzwerch
geht de Weg uff Linneberg (**Lindenberg**)!"

"Tiefenthal is de Weg so schmal,
is Not un Elend überall!"[19]

"Eschtel (**Esthal**) licht im Käschtel!"[20]

Obwohl sie im flachen Land einer Altrheinschlinge wohnen, verspottet man die **Mechtersheimer** als *Lochhewwel*.[21]

Andere Dörfer dagegen werden verlacht, weil sie im tiefen Tal liegen. So nennt man die **Oberndorfer** *Keßler*,[22] die **Speyerbrunner** *Daalböck*,[23] d.h.

---

[13] PfWb.
[14] Hebel 1917.
[15] Bertram 1962. Nach Wilde 1923, S. 295 nennt so der Kindermund große oder kleine Holzsucher.
[16] Menke 1957.
[17] PfWb.
[18] Bronner 1911.
[19] PfWb.
[20] Bertram 1962.
[21] Bertram 1938.
[22] Heeger 1952. Nach anderer Deutung, weil sie wie Kesselflicker öfters uneins sind, PfWb. 4,186.
[23] Christmann 1951.

Talböcke, **Dernbach** und **Ramberg** zusammen *Talnarren*,[24] die **Frankel-bacher** *Groolöcher*,[25] d.h. Graulöcher, die **Heimkircher** *Rußlöcher*[26] und die **Obernheimer** *Speckdäler*.[27]

> "**Ramberg** un **Dernbach**,
> des licht im Loch,
> **Ramberg** esch Narrezeich,
> **Dernbach** ach!"[28]

Fragt ein durchreisender Fremder, wo ein bestimmter Ort liege, so wird ihm nicht nur genau Auskunft erteilt, sondern häufig gleich eine Charakterisierung der Bewohner, zumeist von der Dorfjugend, mitgeliefert:

> "Wissen ehr ach, wo **Simte(n)** leit?
> Simte leit im Grawe.
> Hot de Deiwel de Deckel g'holt,
> holt er ach de Hawe!"[29]

> "**Wiesbach** - Schießbach leit im Grawe,
> wo die schene Mädcher sin,
> die stinke wie die Rawe/
> wo die schene Mädle sin
> mit rabeschwarze Haare!"[30]

> "Weschde net, wo **Blaubach/Pörrbach** leit?
> Blabach leit im Grawe,
> wo die schene Mädcher sin,
> die stinke wie die Rawe/Buwe wie die Rawe,
> Mädcher wie die Rosenstöck',
> Buben wie die Zottelbeck/Zasselbeck!"[31]

---

[24] Mitteilung von ROLF HOHMANN.
[25] Christmann 1951.
[26] PfWb.
[27] Becker 19125.
[28] PfWb.
[29] Brenner'sche Sammlung.
[30] Schmitt 1980.
[31] PfWb.

Denselben Vers gibt es auf den Ort **Grumbach**, nur geht hier der Reim am Schluß auf das Wort "Heckeböck".[32]

"Jerem, o jerem,
Buschber (**Bosweiler**) leit bei Querem (**Quirnheim**),
Querem leit voll Schta(n),
Buschber leit ella(n),
Euertsem (**Ebertsheim**) leit im Loch,
Querem sieht mer noch!"[33]

"0 Jerem, Jerem, Jerem,
Buschber leit bei Querem
Querem leit em Loch,
Buschber sieht mer doch!" (auch: "Buschber wackelt noch!")

"Wascht de net, wo Buschber leit?
Buschber leit bei Querem,
Querem leit am Stau,
Buschber leit elan (allein)!"[34]

"Jerem, jerem, jerem!
Buschber leit bei Querem,
Mertesem (**Mertesheim**) leit noh debei,
sin Lumbeneschter alle drei!"[35]

Von **Kalkofen** heißt es: "Kalkowe dreizehn Heiser, 14 Backowe!"[36]

Fischbach a.d. Nahe, Frankenstein, Grethen,[37] **Haardt** und **Kandel**[38] wird nachgesagt, daß dort die Pfannkuchen nur auf einer Seite gebacken werden. Der Sinn dieser Neckredensart klärt sich auf, wenn man die Siedlungsform dieser Ortschaften betrachtet. Es sind nämlich alle Tal- oder

---

[32] Menke 1957.
[33] Hebel 1917.
[34] Bronner 1911.
[35] Heeger 1923.
[36] PfWb.
[37] Küstner 1908.
[38] Bronner 1911.

Straßendörfer, in denen einst nur eine Straßenseite mit Häusern bebaut war. Deshalb wurden die Pfannkuchen nur auf einer (Straßen-)Seite gebacken.[39]

Weil die Häuser ziemlich ungeordnet nebeneinander errichtet wurden, heißt es: "In **Hördt** isch alles verschärrt!"[40]

In **Siegelbach** waren die Häuser so eng aneinandergebaut, daß jedermann eine Brandversicherung abschloß. Eine Reihe von Bränden in einer einzigen Nacht, bei der auch die Bewohner selbst vielleicht etwas nachgeholfen haben mögen, hat ihnen den Necknamen *Feiermeis*, d.h. Feuermäuse, eingebracht.[41] Ebenfalls häufige Brände sollen der Anlaß für die Necknamen *Kater* oder

16. Der Umzug der jüngsten **Olsbrücker** auf ihrem "Katerfest" anno 1958.

---

[39] Siehe Seebach, Pfälzer Bauer 1991, S 84 f. Auch anderen deutschen Dörfern und Städten sagt man nach, daß dort Pfannkuchen nur auf einer Seite gebacken würden. Ebd. S. 187.
[40] Bertram 1938.
[41] Hebel 1917, Heckel 1952. Die angebliche Hitzigkeit der **Siegelbacher** wird ebenfalls als Begründung ins Felde geführt.

Brandkater der **Olsbrücker,**[42] *Brandweiler* für **Kirrweiler,**[43] *Branden-burg, Brandenburger* oder *Neubrandenburger* für **Oggersheim** sein.[44]

Um 1950 wurde von den Ortsvereinen in **Olsbrücken** das "Katerfest" ins Leben gerufen und für einige Jahre mit Umzug und Festschmaus regelmäßig gefeiert. Es fand Mitte Juli im Freien auf dem "Katerplatz", dem ehemaligen Turnplatz, statt.[45]

Die **Falkensteiner** *Hinnehoh* sollen so heißen, weil im Ort die Häuser am steilen Berghang hinten hoch sind.[46]

In der Nähe eines Baches liegen die **Minderslacher** *Zoll-*[47] oder *Zottel-bacher,*[48] die **Rülzheimer** *Bachknewwel,* die **Großfischlinger** *Bachhenker* und die **Obrigheimer** *Bachnasen.*

Wer weiß, warum die **Hauensteiner** *Wassersäck* und und die **Niederlustadter** *Krambacher* heißen?[49]

Die **Maxauer** sind *Brückehoddel*[50] und die **Oberhauser** (ROK) allem Anschein nach *Brückehogger.*

"**Stockborn** am Puhllochsee" liegt in einem sumpfigen Gelände an der Lauter. Der aus Mistgruben auslaufende Pfuhl soll Stauungen am Ort verursacht haben.[51] Dies ist nicht verwunderlich, denn der städtische Meßtrupp hat festgestellt, daß Stockborn der niedrigste Punkt im Stadtgebiet von **Kaiserslautern** ist mit 218,988 Meter über dem Meeresspiegel.[52]

Da die **Steinwender** jenseits des Landstuhler Bruches wohnen, heißt man sie *Iwwerbricher,*[53] die **Landstuhler** *Torfritscher.*[54] Ferner kennzeichnen

---

[42] PfWb.
[43] Friedel 1978.
[44] PfWb. 1,1153, 5,123. Der Name ist heute kaum noch gebräuchlich.
[45] PfWb. 4,112.
[46] Mitteilung von LISELOTTE KAISER. An anderer Stelle wurde in diesem Zusammenhang auf die Gangart der **Falkensteiner** hingewiesen.
[47] Eigene Erhebung.
[48] Bertram 1938.
[49] PfWb.
[50] Stehle 1982.
[51] PfWb.
[52] Mitteilung von PETER BACHMANN.
[53] Heeger 1952.
[54] Bronner 1911.

141

17. In **Waldgrehweiler** waren Dorfbrunnen als überdachte Häuschen gebaut, die das Wasser für die Bewohner der umliegenden Häuser lieferten. Zugleich hatten sie eine soziale Funktion als Treffpunkt und Nachrichtenbörse des Ortes.

die Bruchbewohner: *Bruchkatze,* (**Ramstein**)[55] *Bruchschneppe,* (**Kindsbach, Bruchmühlbach**)[56] *Bruchküh*[57] und *Moorvögel*[58] (**Landstuhl**).

Auf den bekannten Flurnamen Kalkofen nimmt *Kalkowefüchs* für **Maikammer-Alsterweiler** bezug,[59] ebenso wie der Narrenberg für die **Berghauser** *Narrenberger* Pate gestanden hat.[60]

Das Wirtschaften auf Böden mit geringer Bonitätsklasse wird mit dem Bild des *Sandhasen* verspottet:Gleich ob es sich um Schwemmsande infolge der Rheinablagerungen oder um Verwitterungsböden des Buntsandsteins handelt:

Barbelroth, Berg,[61] **Breunigweiler,**[62] **Burgalben, Büchelberg,**[63] **Dannstadt,**[64] **Dietrichingen,**[65] **Dudenhofen,**[66] **Eisenberg,**[67] **Ellerstadt,**[68] **Elschbach,**[69] **Erlenbach** (**KL**),[70] **Erlenbach** (**GER**), **Germersheim,**[71] **Gleisweiler,**[72] **Gommersheim,**[73] **Hanhofen,**[74] **Heltersberg, Hettenhausen,**[75] **Hochdorf,**[76] **Horbach,**[77] **Ingenheim,**[78] **Kleinkarlbach,**[79] **Körborn,**[80] **Lachen,**[81] **Lingenfeld,**[82] **Maxdorf,**[83] **Meckenheim,**[84] **Miesau,**[85] **Minfeld,**[86]

---

[55] Westricher Anzeiger 1972.
[56] PfWb.
[57] Braun 1991.
[58] Bertram 1939.
[59] PfWb. 4,23.
[60] PfWb. 5,69.
[61] PfWb.
[62] Mitteilung von GUSTEL WIEMER.
[63] PfWb.
[64] Becker 1925.
[65] Eigene Erhebung.
[66] Bertram 1938.
[67] Bertram 1936.
[68] Keiper 1925.
[69] PfWb. So heißt auch der örtliche Campingverein.
[70] Hebel 1917.
[71] Bertram 1938.
[72] Hagen 1937.
[73] Eigene Erhebung.
[74] Bertram 1938.
[75] Schmitt 1980
[76] Hebel 1917.
[77] Schmitt 1980.
[78] Eigene Erhebung.
[79] PfWb.
[80] Hebel 1917.
[81] Christmann 1951.

Mühlbach,[87] **Niederotterbach,**[88] **Oberauerbach,**[89] **Quirnheim,**[90] **Rheinzabern,**[91] **Ruppertsweiler, Schönenberg, Schrollbach,**[92] **Schwedelbach,**[93] **Schweighofen,**[94] **Speyerdorf,**[95] **Trulben,**[96] **Weilerbach, Weisenheim a.S.**[97] **Wiesbach**[98] **und Winterbach.**[99]

Auf die unterschiedlichen Bodenverhältnisse verweisen *Sandhewel,* (**Erlenbach**-GER)[100] *Lehmehase,* (**Lachen-Speyerdorf**)[101] *Lehmeritscher,* (**Kapsweyer**) *Lehmestamper,* (**Bottenbach,**[102] **Vinningen**)[103] *Lehmestampel,* (**Kröppen**)[104] *Rührbäbbel,* (**Appenhofen**) *Kiesbolle* (**Heßheim**).[105] Die **Berghauser**[106] und **Heiligensteiner**[107] sind *Scholleklopper,* die **Lautersheimer** *Erdklötze.*[108]

Der Besitz einer kleinen Gemarkung wird verspottet mit:

"**Diemerstein** hat nur anderthalb Morgen Himmel!"

Auch **Würzweiler** wird nachgesagt, daß es aus demselben Grund "nur einen halben Himmel!" habe.[109]

---

82 Hebel 1917.
83 PfWb.
84 Becker 1925.
85 Hebel 1917.
86 Bertram 1938.
87 Bertram 1939.
88 Becker 1925.
89 Hebel 1917.
90 PfWb.
91 Eigene Erhebung.
92 PfWb.
93 Christmann 1951.
94 Eigene Erhebung.
95 Bertram 1962.
96 Becker 1925.
97 Hebel 1917.
98 Schick 1972.
99 PfWb.
100 Bertram 1938.
101 PfWb. 4,919.
102 PfWb.
103 Becker 1925.
104 PfWb.
105 Eigene Erhebung.
106 Bertram 1938.
107 Bertram 1936.
108 Mitteilung von WOLFGANG ZAUN.
109 Brenner'sche Sammlung.

8. Gewächse des Pfälzer Landes

"Was Deutschland an Obst und Gartenfrucht Köstliches bietet, das findet sich hier. Schon die Ortsnamen sprechen für das Alter dieser Kultur. Da finden wir ein **Nußdorf**, einen Birnbach und Äpfelbach, eine Kästen-(Kastanien-)burg, selbst Waldreviere, die ihren Namen vom Weinbau herleiten, einen Ritter Schnittlauch von der Kästenburg, einen Ritter von Knoblauch und einen von Holzapfel. Als die Pfälzer unter FRIEDRICH dem Siegreichen zur Schlacht bei **Seckenheim** anrückten, hatten sie ihre Helme mit Nußlaub geschmückt, einem echten Wahrzeichen des Landes.

Seit unvordenklicher Zeit ziehen Kähne und Schiffe mit pfälzischen Nüssen und Kastanien befrachtet den Rhein hinab nach Holland; in unseren Tagen aber führt das Dampfschiff selbst frische Kirschen von der Haardt nach **London**. Von dem köstlichen Weinwuchs brauche ich nicht wiederholt zu reden. Die neuere Zeit hat den pfälzischen Wein wieder zu seinen mittelalterlichen Ehren gebracht ..."[1]

Sauerkraut war ein wichtiges Gemüse auf dem pfälzischen Tisch, vor allem im Winter, wenn kein frisches Gemüse zur Verfügung stand. Nicht zuletzt den nach Pennsylvania ausgewanderten Pfälzern, ihrer Liebe zum Sauerkraut und der Spottlust der Amerikaner haben die Deutschen ihren Schimpfnamern *Krauts* zu verdanken. Kein pfälzisches Dorf, in dem nicht Kraut angebaut wurde. Manche Dörfer traten geradezu wegen ihrer intensiven Krautkultur hervor und erhielten Necknamen wie *Krautstorze,* (**Böhl,**[2] **Freckenfeld, Freimersheim,**[3] **Geinsheim,**[4] **Kandel,**[5] **Kuhardt,**[6] **Oberhausen-SÜW,**[7] **Ruppertsecken,**[8] **Zeiskam**)[9] *Krautköpp,* (**Frecken-feld, Geinsheim,**[10] **Herxheimweyher,**[11] **Kandel,**[12] **Schifferstadt,**[13]

---

[1] Riehl 1973, S. 39.
[2] PfWb.
[3] Bronner 1911.
[4] Keiper 1925.
[5] Bertram 1938.
[6] Hebel 1917.
[7] Becker 1925.
[8] Brenner'sche Sammlung.
[9] Hebel 1917.
[10] Keiper 1925.
[11] PfWb.
[12] Hebel 1917.

Studernheim)[14] *Krauthengscht,* **(Geinsheim)**[15] *Krautbascho,* **(Geinsheim)**[16] *Krauttorschen,* d.h. das Innere des Krautkopfes, **(Rodenbach-KIB)**[17] *Krauttoppser,* **(Schifferstadt)**[18] oder *Kappesplätscher,* d.h. Weißkrautplätscher **(Odernheim).**[19]

Neben Sauerkraut waren Kartoffeln ein weiteres Hauptnahrungsmittel, das von Mensch und Tier gleichermaßen verzehrt wurde. In **Rheingönheim** kennt man *Klotzgrumbeere,* in **Lingenfeld** die *Grumbeerekrutze.*[20]

Wo Rüben zur Zuckergewinnung oder als Viehfutter angebaut werden, nennt man die Dörfer *Riewe,* **(Biedesheim,**[21] **Friedelhausen,**[22] **Horbach,**[23] **Queidersbach)**[24] *Rieweschwänz,* **(Bobenthal,**[25] **Haßloch,**[26] **Horbach,,**[27] **Langenbach,**[28] **Ottersheim,**[29] **Queidersbach)**[30] *Rieweschnickel,* **(Haßloch, Meckenheim)** *Riewesäck,***(Haßloch)** *Riewekaut,* **(Friedelhausen,**[31] **Langenbach)**[32] *Riewekraut* **(Friedelhausen)**[33] oder *Rieweloch,* **(Friedelhausen)**[34] *Riewediebe,***(Horbach)**[35] *Riewestier,***(Ottersheim-GER)** *Weißriewehengscht* **(Studernheim).**[36]

Ein Vierzeiler über das *Dickwurzelkraut* **(Friedelhausen)**[37] lautet:

---

13 PfWb.
14 Eigene Erhebung.
15 Hebel 1917.
16 Eigene Erhebung.
17 Bronner 1911.
18 PfWb. 4,570.
19 Keiper 1925.
20 Bertram 1938.
21 Becker 1925.
22 PfWb.
23 Schmitt 1980.
24 Bronner 1911.
25 Schmitt 1980.
26 Hebel 1917.
27 Keiper 1925.
28 PfWb.
29 PfWb. 5,624.
30 Bertram 1939.
31 PfWb.
32 Bronner 1911.
33 Heeger 1922.
34 PfWb.
35 Schmitt 1980.
36 PfWb.
37 Bronner 1911.

18. Eine riesige Dickrübe, 32 Pfund schwer, zeigt stolz der Bauer, der sie von seinem Acker auf der **Böbinger** Gemarkung erntete, um 1925.

"Riewe, Riewe krutze,
zum Kellerloch enei!
Die **Eise(n)berger** Buwe,
die trinke gern Wei!"[38]

"**Friedelhauser** Riewekaut,
enin geschiß un zugebaut!"[39]

Als Gartengemüse für den heimischen Küchentisch werden die Gelbrüben angebaut: *Geel(e)riewe*, (**Breitenbach,**[40] **Burrweiler,**[41] **Kriegsfeld,**[42] **Linden**)[43] *Geel(e)rieweschwänz* (**Gleishorbach,**[44] **Gleiszellen,**[45] **Mühlbach,**[46] **Mühlhofen,**[47] **Steinweiler,**[48] **Linden**).[49] Die **Burrweiler** feiern ihre "Geelriewekerwe", wenn es die ersten Gelbrüben mit Erbsen gibt, die dann auf dem Festtagstisch auch nicht fehlen.

Die Necknamen für Gemeinden, in denen vorrangig Zwiebeln kultiviert werden, sind: *Zwiwwle*, (**Lustadt, Zeiskam**)[50] *Zwiwwelhengscht*, (**Hayna,**[51] **Lustadt,**[52] **Zeiskam**)[53] *Zwiwwelböck*, (**Flomersheim,**[54] **Lambsheim,**[55] **Maxdorf**)[56] *Zwiwwelgsichter*, (**Zeiskam**) *Schlotte* oder *Zwiwwelschlotte*, (**Schifferstadt,**[57] **Zeiskam**)[58] *Schlottebach* (**Schifferstadt**).[59]

---

[38] Heeger 1922.
[39] PfWb.
[40] Becker 1925.
[41] Eigene Erhebung.
[42] Brenner'sche Sammlung.
[43] Becker 1925.
[44] PfWb.
[45] PfWb. 3,165.
[46] Heeger 1951.
[47] Hagen 1935.
[48] Bertram 1938.
[49] Becker 1925.
[50] Bertram 1938.
[51] Becker 1925.
[52] Heeger 1951.
[53] Zink 1921.
[54] Hebel 1917.
[55] Heeger 1952.
[56] Hebel 1917.
[57] Bertram 1938.
[58] PfWb.
[59] Bronner 1911.

In der ganzen Pfalz und darüber hinaus waren früher die Samen- und Gemüsehändler aus **Zeiskam** bekannt. Das "Zwiwwelfescht" wird seit 1980 gefeiert. Allgemein bekannt sind die Verse:

"O Zäskäm, o Zäskäm,
die liegscht so noh am Wald,
die Zwiwwle sin verfrore,
fer de Knowloch isch's se kalt!"[60]

Derselbe Vers wird auch von **Seebach** und **Speyerdorf** gesungen.[61]

Als abgewandelter Spottvers klingt das so:

"O Zäskäm, o Zäskäm,
du wunderschöner Ort,
darinne gebt's viel Zwiwwle,
de Knowloch stinkt ach dort.!"[62]

19. Gemütlich ging es früher bei der Zwiebelernte zu, als noch alles Handarbeit war. Dabei konnte die gemeinsame Arbeit im Sitzen erledigt werden.

---

[60] Hebel 1917.
[61] Bronner 1911. Nach der Melodie "O Straßburg, o Straßburg".
[62] Deutsches Volksliedarchiv.

Aus diesem Grund heißen die **Zeiskamer** auch *Knowlochhengscht*.[63] Über den *Knowloch* (**Leistadt**)[64] kennt man noch folgenden Spruch, der auf **Dennweiler** gemünzt ist:

> "Berg, zwerg, iwerzwerg,
> De ganze Berg no Knuweloch stinkt!"[65]

An die früheren Zeiten, als noch die Zichorie in der Vorderpfalz kultiviert wurde, aus der man einen Kaffeersatz gewann, erinnert der Neckname *Zichorienhengschd* für **Lambsheim**.[66]

Erbse heißt man die Bewohner von **Heiligenmoschel, Medard, Mörzheim**,[67] und **Quirnheim**.[68] Für **Heiligenmoschel** gilt noch *Erbsebores* oder *Erbsebeutel*, für **Medard** *Erbseköpp*,[69] für **Mörzheim** *Erbsesäck* und *Erbsestöck*, wegen ihrer einst schönen Erbsenfelder.

Daran knüpft sich auch die alte Sage von den Jagdhunden des fränkischen Königs DAGOBERT. Diese fielen eines schönen Tages in die Erbsenfelder der **Mörzheimer** ein und verwüsteten sie vollständig. Die erzürnten Bauern waren nicht faul und schlugen die Hunde tot. Daraufhin soll sie der gestrenge König von den Berechtigungen der Haingeraiden ausgeschlossen haben.[70]

Als *Linsebuwe* kennt man die **Kaulbacher,** als *Bohnefäde* die **Niederschlettenbacher,** *Bahnehengscht* die **Alsheimer,** *Bohnestecke* gilt für **Essingen,**[71] *Bohnestange* für **Lauterecken**[72] und **Rosenkopf**.[73]

In **Göcklingen** heißen die Gurken *Gagummere*,[74] aus frz. "concombre". *Gummere* baut man in **Bobenheim a.B.,** in **Dörnbach** und in **Zell**[75] an. Hier

---

63 PfWb.
64 Keiper 1925.
65 Bronner 1911.
66 Mitteilung von HELLA STOLL.
67 PfWb.
68 Mitteilung von WOLFGANG ZAUN.
69 PfWb.
70 Heeger 1929.
71 PfWb.
72 Braun 1991.
73 N.N. 1951.
74 Hebel 1917.
75 PfWb.

sind auch die *Gummereplotzer*[76] zu Hause. Aus **Sondernheim** heißt es:

"Wer schmeißt dann do mit Gummere.
mit Gi-, Ga- Gummere,
e aldi Fraa vun Sunnere!"[77]

Die **Berghauser** sind *Erdbeerpflanzer, Rettich* ernten die **Schiffer-stadter**.[78] Am ersten Juniwochenende wird das "Rettichfest" gefeiert.

Tabak wurde erst nach dem Dreißigjährigen Krieg durch einwandernde Flamen und Wallonen in der Pfalz heimisch, das heute eines der größten Tabakanbaugebiete Deutschlands ist. Von der erfolgreichen Kultur dieses Nachtschattengewächses zeugen die Necknamen *Duwaksbauere*, **(Hetten-leidelheim)**[79] *Duwaksbrüder*, **(Haßloch)**[80] *Duwaksblärrer*, **(Hatzenbühl)** *Duwaksstumpe*, **(Hatzenbühl,**[81] **Hayna)**[82] *Duwakstorze* oder *Duwakstorze-*

20. Im Gäu um **Gommersheim, Geinsheim** und **Freisbach** war das Pfefferminzland. Hier wurde das Heilkraut auf Äckern angebaut und mit der Sichel geerntet.

---

[76] Bronner 1911.
[77] PfWb.
[78] Bertram 1938.
[79] Becker 1925.
[80] Hebel 1917.
[81] Bertram 1938.
[82] Hebel 1917.

reirer, (**Hatzenbühl**). Von den beiden größten Tabakanbaugemeinden in Deutschland, **Hatzenbühl** und **Hayna**,[83] und auch vom Ort **Herxheim** kennt man den Neckvers:

> "Hatzebeeler/Hääner/Herxemer Duwakstumbe,
> kinnen noch kää(n) Wasser bumbe!"

Geinsheim und **Gommersheim** sind bekannt als *Pfefferminzler* bzw. *Pfefferminzbauere,*[84] **Hanhofen** als *Spargelbauere*[85] und **Dudenhofen** als *Spargelkepp,*[86] **Bobenheim**[87] und **Roxheim**[88] als *Selleriekepp.*

Bis ins 19. Jahrhundert hinein belegen die Zehnt- und Güterzinsverzeichnisse, daß Spelz (d.i. Dinkel) das wichtigste Brotgetreide in der Pfalz war. An den Getreideanbau früherer Zeiten erinnern *Spelz* für **Zeiskam**[89] und *Hawerflichel* oder *Hawerflechel*, d.h. Haferspreu, für **Gossersweiler**. Beim Kerweumzug wird hier entsprechend als Ortssymbol eine Spreumühle mitgetragen.[90]

Die auf **Zeiskam** bezogene Neckfrage : "Was gilt Spelz?" ist durch ein geschichtliches Ereignis entstanden. Im Jahre 1779 hatte die Gemeinde Erbbestandsstreitigkeiten mit dem Kloster Heimbach bezüglich des Binsenackers, in dessen Folge 1 141 Haufen Spelz verdarben. Nach Beiziehung von 18 Husaren aus dem benachbarten **Germersheim** konnten sie dann unter dem Gespott der Nachbarschaft die halbverfaulte Frucht heimholen.[91]

Weil man versuchte wilde Obstbäume, die man am Rhein holte, zu veredeln, heißt man **Westheim** *Wiloubs.*[92] *Wildobst* gilt auch für **Hördt**,[93] das sich ebenso wie **Patersbach**,[94] **Völkersweiler**[95] und **Buborn**[96] noch

---

[83] Bertram 1938.
[84] PfWb.
[85] Eigene Erhebung.
[86] Bertram 1938.
[87] Mitteilung von BRIGITTE LINZ.
[88] PfWb.
[89] Zink 1921.
[90] Eigene Erhebung.
[91] 500 Jahre Fuchsloch oder Gnadenwasser, (Zeiskam 1928). S. 12.
[92] PfWb.
[93] Eigene Erhebung.
[94] Walter 1905.
[95] Eigene Erhebung.
[96] Menke 1957.

Holzäbbel, d.h. Holzäpfel, nachsagen lassen muß. Die *Schoutäbbel* kennt man in **Bellheim**[97] In **Hayna** nennt man eine Birnensorte *Petze*[98] oder *Bämpetze*, d.h. Baumpfetze. In **Orbis** ißt man die *Quetsche*,[99] dort wird die "Quetsche-Kerwe" gefeiert und eine "Quetsche-Königin" gewählt. Doch nur in **Bellheim** residiert der *Quetscheadel*.[100] Und Vorsicht, wer nach **Bann** kommt:

> "Die Bännjer muß mer ehre,
> sunscht schmeißen se mit Beere!"[101]

Weite Kirschbaumpflanzungen im **Dernbacher** Tal und vor allem der Verkauf von schwarzen Kirschen und dem daraus einst hergestellten Obstwasser brachte dem gleichnamigen Ort den Necknamen *Kärschhooge*, d.h. Kirschhaken ein.[102] Schon zu Lebzeiten AUGUST BECKERs waren die **Dernbacher** Kirschwasserhändler eine bekannte Erscheinung.[103]

In **Friedelsheim**[104] und **Meckenheim**[105] wachsen vor allem *Niss*, d.h. Nüsse, in **Erlenbach** (PS) *Hasselniss*. Dort feiern die *Hasselnißschale* [106] auch ihre "Haselnußkerwe". Die Römer brachten außer dem Wein und anderen lukullischen Genüssen auch die Kastanie in die Pfalz. **Dannenfels** besitzt herrliche Kastanienwälder aus uralter Zeit und der Handel mit den eßbaren Kastanien bildete für die Bevölkerung ehedem eine nicht unbedeutende Einnahmequelle, woher auch folgender Neckvers kommt:

> "Danne(n)felser Keschdeköpp", (d.h. Kastanienköpfe)
> sinn lauter ledig rote;
> 's is ke Deiwel in der Welt,
> der kann se ach net hole!"[107]

---

[97] Bertram 1938.
[98] Becker 1925.
[99] PfWb.
[100] Bertram 1938.
[101] PfWb.
[102] Eigene Erhebung.
[103] Siehe Seebach, Wandergewerbe 1990, S. 42 - 44.
[104] Eigene Erhebung.
[105] Christmann 1951.
[106] PfWb.
[107] Brenner'sche Sammlung. Am Haupttag der Kerwe gibt es in den meisten Häusern als Mittagsmahlzeit Kastaniengemüse und Rosenkohl. Neuerdings wird jedes Jahr ein "Keschdekopp" gewählt.

Wegen der Heidelbeeren in den nahen Waldungen werden die Bewohner von **St. Martin** *Hedelbeerschnitz(l)e(r),*[108] die von **Gleiszellen**[109] und **Klingenmünster** *Helbeerschnitze(r),*[110] und die **Hertlingshauser** *Helbeerbuwe* gerufen.[111] In anderen Orten heißt der Heidelbeerstock *Weelepetsch, Weelestorze* **(Föckelberg),**[112] in der Verkleinerungsform *Weelepetschelcher,* **(Föckelberg,**[113] **Neunkirchen)**[114] oder auch *Schwarzbeere* **(Queidersbach).**[115] Die *Blaubeere* wächst in **Göllheim.**[116]

21. Die Heidelbeerernte terminierte mancherorts die Schulferien, weil die Kinder die Hauptlast der Ernte trugen, im Wald bei **St. Martin** in den 20er Jahren.

---

[108] Heeger 1952.

[109] PfWb.

[110] AUGUST BECKER schreibt über diesen Spottnamen seines Heimatortes in seiner Erzählung "Zigeunerstoffele": "Heißt man doch wegen der Leidenschaftlichkeit, mit welcher sie in die Heidelbeeren ziehen, die Münsterer in der ganzen Gegend nur die *Heidelbeerschnitzer*!" "Die gedörrten Heidelbeeren erhalten am Gebirge den Namen *Heedelberschnitze*." Hebel 1912, S. 82.

[111] PfWb. 3,755.

[112] Bronner 1911.

[113] Heeger 1952.

[114] PfWb.

[115] Keiper 1925.

[116] Mitteilung von WOLFGANG ZAUN.

Alljährlich feiert die Gemeinde **Rinnthal** ihre traditionelle "*Hädsturre-Kerwe*".[117] *Häädstorre* (**Eppenbrunn,**[118] **Wachenheim**)[119] bezeichnet die Wurzel des Heidekrautes, der Erikastaude also. In **Birkenhördt,**[120] **Eppenbrunn,**[121] **Höningen,**[122] **Langmühle,**[123] **Lemberg,**[124] **Lug,**[125] **Merzalben**[126] und **Spirkelbach** wird sie auch *Häädstorze* genannt. Wegen des vorwiegenden Heidekrautcharakters der Gemarkung nennt man die **Trippstadter** *Häädebauere*.[127] Auch die **Eppenbrunner, Rinnthaler**[128] und **Wachenheimer** *Häädböck,*[129] die **Rodenbacher** *Häädritscher,*[130] die **Birkenhördter** *Häädstutzer*[131] und die **Lemberger** *Häädstripper* haben früher das Heidekraut als Streusel für das Vieh verwendet. Die **Krickenbacher** *Hääderutscher* sollen im Sommer, wenn es recht warm war, in den Wald gegangen und sich auf die Heide zum Schlafen hingelegt haben.

Die **Godramsteiner** verkauften dereinst den Vorderwald ihrer Haingeraidewaldungen. Deshalb hängte man ihnen den Uznamen *Hinnerwaldsprichel* an.[132]

Walddeifel, d.h. Waldteufel, für **Eppenbrunn,**[133] *Hochwälder,* (**Hengstbach**) *Höhbuche* (**Sippersfeld**)[134] und *Holzklötz* für **Iggelbach**[135] verweisen ebenfalls auf Waldbesitz. *Geelschwämm* wachsen in **Arzheim**.[136]

---

[117] Becker 1925.
[118] Schmitt 1980.
[119] Mitteilung von ELSE KLEIN.
[120] Eigene Erhebung.
[121] Becker 1925.
[122] PfWb.
[123] Schmitt 1980.
[124] PfWb.
[125] Schmitt 1980.
[126] PfWb. Die **Merzalber** sollen den **Clausern** die Heide auf dem Kufenberg entwendet haben, indem sie die **Clauser** Gemeinderäte besoffen machten.
[127] PfWb.
[128] PfWb. 3,754.
[129] Heeger 1952.
[130] Bronner 1911. "Die Heide" heißt auch der Westteil des Ortes gegen **Weilerbach** hin. Vgl. Christmann 1951, S. 1.
[131] PfWb.
[132] Bronner 1911.
[133] Becker 1925.
[134] PfWb.
[135] Christmann 1951.
[136] PfWb.

Das häufige Auftreten von Brombeeren führte zum Necknamen *Dornbeereschtripper* für **Krickenbach,**[137] das von Ginster zum Spottnamen *Bremmestorze* für **Rutsweiler a.d. Gl.**[138]

Graspitsch nennt man in **Rodalben** das Grasbüschel.[139] Von **Heiligenstein** weiß man: "In Helscheschdä blüht de Raps so schää!"[140]

In **Großbundenbach** blühen *Blümche,*[141] **Harsberg** ist das *Rosendörfchen.* *Queckekepp* gibt es in **Königsbach,**[142] *Queckeschüttler* in **Hatzenbühl.**[143]

22. Qualitätsweinbau anno dazumal: In die zweigeteilten Herbstkübel wurden die reifen und die weniger reifen Trauben getrennt gesammelt. Lese des Weinguts ESSWEIN, **Bad Dürkheim,** in der Lage Schloßgarten um 1925.

---

[137] Christmann 1951.
[138] Becker 1925.
[139] Bronner 1911.
[140] Eigene Erhebung.
[141] Schmitt 1980
[142] PfWb.
[143] Eigene Erhebung.

9. Wein und Weinbau

Kaum ein anderer deutscher Volksstamm ist in seinem Leben so sehr durch den Wein geprägt wie die Pfälzer. Sie leben von ihm, mit ihm und durch ihn. Dem pfälzer Wein, den fleißigen heimischen Winzern und Weintrinkern ein eigenes Kapitel zu widmen, gehört zu einem Pfalzbuch wie die Öxle zum Wein.

Schon immer zählten Winzersöhne, erst recht aus der Sicht westricher Bauerntöchter, als "gute Partie", was in folgendem Vierzeiler zum Ausdruck kommt:

"**Birkweiler** is e schener Ort,
ringsum mit Rewe,
wer e Schatz in Birkweiler hot,
der hot es luschdig Lewe!"[1]

Der Winzer muß bei seiner Arbeit im Wingert sogenannte Stickel oder Stiefel in den Boden stecken, an denen die Rebstöcke dann festgebunden werden. Diese Tätigkeit wird man bei *Stickelhupfer,* bzw. *Stickelhupser* und *Stiewelhupfer* (**Altdorf**) zugrunde legen können.[2]

Da die **Ranschbacher** häufig in ihren steilen Weinbergen arbeiten müssen, heißen sie *Häcker.*[3] So nannte man im 19. Jahrhundert auch allgemein die Tagelöhner, die in den Weinbergen arbeiteten.

Im Frühjahr werden die Reben geschnitten und das abgeschnittene Rebholz zu *Rewehäsel* (**Gimmeldingen**)[4] oder *Rewehäselcher,* (**Mußbach**)[5] d.h. Rebholzbündel, geschnürt.

Nicht immer und überall in der Pfalz ist ein *Reweschnitter* jemand, der die Reben schneidet. So auch nicht im Dorf **Blaubach** im Westrich, das im Besitz eines schönen und ausgedehnten Waldes ist.

Eines Tages kam aus der herzoglichen Kanzlei der Auftrag, an den Hof des Fürsten zu **Zweibrücken** einen Rehbock zu liefern. Die **Blaubacher** faßten dies als große Ehre und Auszeichnung auf. Fanden sie auf diese Weise doch auch Gelegenheit, zugleich ihren Dank zum Ausdruck zu

---

[1] Deutsches Volksliedarchiv.
[2] Bronner 1911.
[3] Bertram 1936.
[4] Heeger 1952.
[5] Christmann 1951.

bringen "für die allergnädigste Erlaubnis zum Halten einer eigenen Kirchweih". Allsogleich zogen die getreuen Untertanen insgesamt in den Wald hinaus, einen lebenden Bock zu fangen. Die braven Waldbewohner verstanden in ihrer Weidmannssprache unter einem Rehbock aber einen gefräßigen Hirschkäfer, der in der Mundart des Westrichs nämlich allgemein *Reweschnitter* oder *Rebbock* heißt, weil er nach der Volksmeinung die Reben beschädigt.

Alt und jung spürten also mehrere Tage den Wald aus, bis sie endlich einen mächtigen Hirschkäfer oder Rebbock fanden. Stolz auf das erbeutete Prachtstück, bestimmten sie eine Deputation, dasselbe persönlich dem Landesherrn zu überreichen. Wie es dem Herzog und seinen Räten das Gesicht verzog, als sie den Rebbock im Schächtelchen sahen und wie der hohe Herr äußerst gnädig gelaunt fragte, ob sie nicht Hörner in ihr Siegel und Wappen aufnehmen wollten, darüber ist in Gemeindeurkunden nichts zu lesen. Heute noch heißt die **Blaubacher** Kirchweih *Reweschnitterkerwe*.[6]

Ebenfalls ein Insekt steht im Mittelpunkt des folgenden Neckverses:

"De **Gimmeldinger** Nodelbock,
der hängt sich an de Trauwestock.
Trauwestock der bricht,
Nodelbock, der licht (liegt)!"

Die wichtigste Zeit des Jahres für den Winzer ist der Herbst. So heißt auch allgemein die Weinlese bei uns. Früher wurden mit dem *Sesel*, (**Leistadt**)[7] einem krummklingigen Messer, die Trauben geschnitten, in einen Kübel (*Kiwwelritscher* - **Haardt**) geworfen und mit der *Lotte* (**Haardt**)[8] nach Hause gefahren.

War in **St. Martin** die Traubenernte gut, dann sagten die Dorfbewohner voller Stolz, sie seien von St. Martin. Fiel jedoch der Herbst schlecht aus, dann waren sie von Maade.[9]

---

[6] Bronner 1911.
[7] PfWb.
[8] Bertram 1962
[9] PfWb.

Die **Bellheimer** haben bei ihrer Weinlese schon öfters schlechte Erfahrungen gemacht, daher auch der Spruch:

"Das geht aus wie der Bellemer Herbst!"
oder:
"Futsch wie der Bellemer Herbst!"[10]

Im Jahre 1809 soll ein Bellheimer Winzer die ganze Weinernte in einer einzigen Hotte nach Hause zu tragen versucht haben. Dabei stolperte er, die Trauben kullerten davon und erbost rief er.

"So, Bellemer Herbscht, jetzt bischt im Arsch!"

Läuft etwas ganz und gar schief und ist nichts mehr zu retten, sagt man in der Südpfalz:

"Des isch im Arsch, wie der Bellemer Herbscht!"

In **Neustadt** soll früher eine Rebsorte mit dem Namen *Gänsfüßer* gezogen worden sein.[11] Auch folgender Spruch nimmt Bezug auf diese süffige Rotweinsorte: "Die Bürger von **Speyer** taumeln auf dem Gänsefuß!"

Nicht zuletzt haben die Trinkgewohnheiten der Pfälzer nachweislich Spuren hinterlassen. "More palatino bibere!", d.h. wie ein Pfälzer rein austrinken, soll eine um die Mitte des 19. Jahrhunderts ausgestorbene Redensart gewesen sein, die schon im 15. Jahrhundert bekannt war.[12] Der tönerne *Schlodderkrug* (**Mörlheim**)[13] war traditionell das Gefäß, in dem der Winzer seinen (Haus-)Trunk mit hinaus in den Weinberg und auf das Feld nahm.

Was es mit dem *Zwieschoppe* auf sich hat, wissen wohl nur die **Böllenborner**.[14] Wie aber die Bewohner von **Ruppertsberg** zum Spitznamen *Trumänner* oder *Dreimänner* gelangt sind, können wir genau erklären:

Es gab dort einen Wein, zu dessen Genuß immer mindestens drei Männer nötig waren; zwei, welche den zum Trinken Verurteilten festhielten, damit er nicht ausreißt oder umfällt, und einer, der ihn dem Opfer eingoß. Den Namen

[10] Bronner 1911.
[11] PfWb. 3,30.
[12] Bronner 1911.
[13] PfWb. 5,1113.
[14] Kamm 1978.

der Traubensorte *Traminer* (**Ruppertsberg**)[15] wollte man auf diese Weise volkstümlich erklären.[16]

Nach jeweils ihrer weltbekannten Weinlage nennt man die Bürger **Forster** *Ungeheuer,*[17] die **Deidesheimer** *Herrgottsacker.*[18] Nicht überall sind die Pfälzer so leidenschaftliche *Wei(n)siffler* (**Ruppertsberg**)[19] oder *Wei(n)-zäpplich* (**Pleisweiler**)[20] wie jener Dieb, der vor etlichen Jahren aus dem Gefängnis ausbrach und sich auf der Flucht glücklich in einem Keller zu **Schwegenheim** versteckte. Dort fand er aber einen Zweiundfünfziger, den er sich so gut schmecken ließ, daß er zuletzt samt der Leiter, womit er eingestiegen war, umfiel und durch sein Schnarchen sich den Verfolgern verriet, die ihn sonst schwerlich gefunden hätten. Als er wieder nüchtern wurde, fand er sich just in demselben Loch, aus welchem er vor zwölf Stunden ausgebrochen war.[21]

Nach dem Weinheiligen CYRIAK haben die **Lindenberger** ihren Necknamen *Cyriakuszäppler* bekommen. Dieser Name soll aber nicht mit dem Verzapfen von Wein zusammenhängen, vielmehr hätten sie eine hölzerne Heiligenfigur, in der sich viele Wurmlöcher befanden, mit vielen kleinen Holzzäpfchen verstopft.[22]

Die Verwendung des Sesel als Waffe hat eine lange Tradition in der Pfalz. Die Bewohner von **Burrweiler/Gleisweiler** auf der einen und die von **Roschbach/Flemlingen** auf der anderen Seite haben mit diesem altertümlichen Arbeitsgerät der Winzer einst einen Streit um einen gemeinsamen Weideplatz in einer regelrechten Seselschlacht, die vor dem Jahre 1468 stattgefunden haben soll, blutig ausgetragen, wovon noch heute eine Walstatt mit Steinkreuzen und Bildstock bei **Gleisweiler** kündet.[23]

---

[15] PfWb. 2,409.
[16] Christmann 1951.
[17] Heeger 1952.
[18] Bertram 1962.
[19] Heeger 1952.
[20] PfWb.
[21] Riehl 1973, S. 203.
[22] Wilde 1923, S. 262.
[23] Siehe Seebach, Haardt 1991, S. 151 f.

23. Das Sesel als **Hainfelder** Ortssymbol bei der Jubiläumsfeier 1981.

24. Das "Forster Ungeheuer" im Festzug des Weingut BUHL, **Deidesheim** 1924.

Ebenfalls eine blutige Schlacht mit Winzermessern hat den **Hainfeldern** den Necknamen *Seselmörder* eingebracht. In dem Haus gegenüber dem einstigen Schulhaus in **Hainfeld** war das Bürgermeisteramt untergebracht. Im hinteren Teil des Hauses befand sich die Wirtschaft "Zum Löwen". Hier sollen sich die Bewohner der Weinbaugemeinde ihren Spitznamen geholt haben. Das war so:

Zur Zeit der französischen Raubkriege, als die Pfalz in Flammen aufging und die Bevölkerung in verständlicher Unruhe dem kommenden Tag entgegensah, bekam das Dorf Einquartierung. Im Saal der Wirtschaft war Tanzmusik, und die Franzosen benahmen sich dabei nicht gerade vorbildlich. Es kam zu Streitereien, die zu Schlägereien ausarteten. Die jungen Burschen des Dorfes blieben Sieger. Sie stießen die Fremden aus dem Gasthaus und töteten dabei zwei Offiziere mit dem Seselmesser. *Seselmörder* nennt man seitdem die Hainfelder. Zur Strafe für diese Tat mußten drei Männer aus dem Dorf an der Friedenslinde ihr Leben lassen.

Nachdem diese Geschichte nicht mehr bekannt war, oder man sie nicht mehr kennen wollte, hat man den Necknamen zum harmloseren *Seselmesser* abgemildert, gemeint ist das krummklingige Messer, das der Winzer früher zum Schneiden der Trauben und Reben gebrauchte.[24]

Heute gibt es nicht nur in **Leistadt** keine *Seselschneider*[25] und keine *Seselbuwe*[26] mehr, vielmehr sind heute allgemein die Zeiten der aufwendigen Handarbeit im Weinberg längst vorbei.

---

[24] Carl 1977, Band 1/2, S. 69.
[25] Bertram 1962.
[26] PfWb. 5,686.

10. Der große pfälzische Tiergarten

Die Deutung der Tiernamen, welche sich die Einwohner benachbarter Ortschaften einander anhängen, ist besonders erschwert dadurch, daß auch der Volksmund diese Bezeichnungen vielfach nicht mehr erklären kann oder nur schwankende Deutungen zu geben weiß. So ist es gerade bei den Necknamen, die der Namenwelt des Tierreiches entlehnt sind, oft schwer zu sagen, ob sie nur auf das häufige Vorkommen bestimmter Tiere hinweisen, auf gewisse Eigenschaften und Merkmale anspielen wollen, oder ob sie auf irgendein Vorkommnis zurückgehen.

Vögel

Der Kuckuck spielt in der Mythologie unter anderem eine Rolle als Orakel, Wetter- und Frühlingsbote, ja in **Roschbach** gilt er sogar als Teufelsvogel, als ein Stellvertreter des Satans, wie die im Kap. 5 mitgeteilten Neckverse über den Teufel zeigen. Sowohl das Fehlen des Waldes in der Gemarkung, als auch reicher Waldbesitz hat bei einigen Orten zu dem Necknamen *Kuckuck* oder *Gugug* geführt, doch nicht in allen Fällen kann das jeweilige Motiv der Bezeichnung angegeben werden:

Appenhofen,[1] **Bebelsheim,**[2] **Bruchweiler,**[3] **Diedelkopf,**[4] **Elmstein,**[5] **Enkenbach,**[6] **Fronhofen, Gaugrehweiler,**[7] **Hausweiler,**[8] **Hayna,**[9] **Hilst,**[10] **Höhfröschen, Höhmühlbach,**[11] **Lambsborn, Nerzweiler,**[12] **Rammelsbach,**[13] **Rathsweiler,**[14] **Roschbach,**[15] **St. Alban,**[16] **Schauerberg,**[17]

---

[1] Heeger 1951.
[2] Hebel 1917.
[3] PfWb.
[4] Bronner 1911.
[5] Bertram 1962.
[6] Heeger 1911. "Kuckucksnest" heißt ein Gasthaus in **Enkenbach**.
[7] PfWb.
[8] Menke 1957.
[9] Hebel 1917.
[10] Becker 195.
[11] Schmitt 1980
[12] Hebel 1917.
[13] Bronner 1911. "Die **Rammelsbacher** haben keinen Wald, also kann sich dort auch kein Kuckuck aufhalten ..." Ebd. S. 152.
[14] PfWb.
[15] Hebel 1917.

Sondernheim,[18] **Sulzbach,**[19] **Trahweiler,**[20] **Ulmet,**[21] **Wattenheim,**[22] **Wernersberg.**[23]

Die Bürger von **St. Alban** fragt man: "Brüht de Delwar Kuckuck noch?"[24] Hier, in **Enkenbach,**[25] **Diedelkopf, Roschbach** und **Wernersberg** feiert man die "Kuckuckskerwe". In **Elmstein** wird aus dem Speicher des Gasthauses, in dem der Kerwetanz abgehalten wird, ein gebackener "Kuckuck" geworfen. Der Bursche, der ihn auffängt, erhält drei Stein Bier. In **Wernersberg** tragen die Burschen in ihrem Kerwestrauß einen aus Holz gefertigten Kuckuck.[26]

Einmal ging über die Gemeinden **Ober-** und **Untersulzbach** ein heftiges Gewitter nieder. Mit dem Wolkenbruch kam auch ein Vogel geschwommen, den die Leute nicht kannten. Sie stritten hin und her, was es sein könnte. Endlich kam ein alter, erfahrener Bauer, der ein solches Tier schon gesehen hatte. Er wußte Rat und erklärte zum allgemeinen Erstaunen, es sei ein Kuckuck. Seither nennt man die **Untersulzbacher** die *Kuckuckcher*.[27]

Wird man als **Roschbacher**, als jemand aus dem *Kuckucksland*[28] erkannt, so ruft es sogleich von allen Seiten: "Kuckuck, Kuckuck!", oder man bekommt folgende Verse zu hören:

"Kuckuck, Kuckuck, wu bescht geweßt?
In Roschbach, in dem kläne/dreckige Nescht!"

Eine Form von Spott und Gegenspott haben wir bei folgendem Beispiel:

---

[16] Bronner 1911.
[17] Schmitt 1980.
[18] Hebel 1917.
[19] Zink 1921.
[20] Bronner 1911. **Trahweiler** hat keinen Wald, also auch keinen Kuckuck." Ebd. S. 154.
[21] Mitteilung von KLARA HABERMANN.
[22] Eigene Erhebung.
[23] Becker 1925.
[24] Hebel 1917.
[25] Beim Kerweumzug wird neben dem Kerwebaum auch ein aus Holz geschnitzter Kuckuck als Wahrzeichen des Ortes mitgeführt. Ferner wurde ein Kuckuckslied gedichtet; vgl. Heeger 1963, S. 1.
[26] PfWb. 4, 663.
[27] Bronner 1911.
[28] Brenner'sche Sammlung.

Wenn die **Eulenbisser** den **Sulzbachern** *Kuckuck* zuriefen, so antworteten diese: "Ihr habt euern verkauft für Seegrumbeere!"[29]

Vor allem der Ort **Enkenbach** ist mit dem Kuckucksbrauch verbunden. Wenn auf Johannis der Kuckuck sein Rufen einstellt und sein Verschwinden dem Volk auffällt, heißt es im Westrich:

"Auf der Enkenbacher Kerb (Sonntag nach Johannis) wird der Kuckuck geschlachtet!" (Gleiches soll auf der **Wattenheimer** Kerwe geschehen).[30]
Es heißt auch: "Die Enkenbacher tun den Kuckuck braten!"

Begegnete man einem, der anscheinend auf die **Enkenbacher** Kirchweih ging, so rief man ihm zu:

"Na, gehst Du auch den Kuckucksbraten versuchen?"[31]

Zur "Kuckuckskerwe" laden die **Enkenbacher** ihre Nachbarn mit dem "Kuckuckslied" ein:

"In Enkebach is Kuckuckskerbe,
kä Mensch soll sich den Spaß verderbe,
mol luschdig un fiedel zu sei(n)
bei me Glas echte Pälzer Wei(n)!"[32]

Auch zur **Sondernheimer** Kerwe (Ende August) hört der Kuckuck auf zu schreien und der Volksmund sagt: "Jetzt hod mer'n gemetzelt!"[33]
Ob dann die **Lambsheimer** *Kuckucksbauern* den neuen Kuckuck für das nächste Jahr ziehen?

Einem Schreiben von LISELOTTE von der Pfalz entnehmen wir einen heute verschollenen Uznamen für die Pfälzer:

"Mich däucht, daß die Krametsvögel (Schnepfen) in der ganzen Pfalz gut sein, darumb heißt man alle Pfälzer auch *Krametsvögel*, wie man die Sachsen (Thüringer) *Heringsnasen* und die Schwaben *Frösch* heißt!"[34]

---

[29] Bronner 1911.
[30] PfWb.
[31] Kleeberger 1908.
[32] Heeger 1954.
[33] Eigene Erhebung.
[34] Bronner 1911.

Die Kiebitze heißen in der Pfälzer Mundart *Kiewitze,* (Oberhochstadt, **Maudach**)[35] *Wuthähne* (**Kapsweyer**) oder *Kothähne,* (**Brenschelbach,**[36] **Nünschweiler**)[37] letzteres, weil er nach dem Glauben der Leute die Nester mit Unrat verdichtet werden und daraus auch ihre Nahrung besteht.[38] Lautmalend nach seinem Ruf nennt man den Kiebitz auch *Giwick* (**Erpolzheim,**[39] **Oggersheim**)[40] oder *Wuddwudd* (**Kapsweyer**):

"Wuddwuddseckel,
henk dich an dei(n) Rewesteckel
loß dich dreimal stutze
kriesch e neie Mutze!"[41]

Die Raben heißen in **Ehweiler, Gönnheim, Fußgönheim, Höningen,**[42] **Kirchheim,**[43] **Martinshöhe, Miesau,**[44] **St. Martin**[45] und in **Wachen-heim**[46] *Krabbe,* in **Hengstbach,**[47] **Pörrbach** und **Schellweiler** *Rawe,*[48] in **Breitenthal** *Rämb;*[49] der Kolkrabe in **Becherbach** *Kulch(e)rawe.*[50] In **Rutsweiler a.d. Gl.** gibt es den *Quä(e)ckraben.*[51]

Über die **Kirchheimer** und ebenso über die **Höninger** ist noch folgender bitterböse Spruch im Umlauf:

---

[35] PfWb.
[36] Becker 1925.
[37] Heeger 1954.
[38] "Nach einer Volksüberlieferung hat ein Zollbeamter in **Hornbach** (also vor 1871) einmal in **Brenschelbach** einen solchen Kothahn gesehen und zu den Leuten daselbst gesagt: 'Das ist euer Namensgenosse!'" Keiper 1925.
[39] Bronner 1911. "Die Eier derselben wurden früher vielfach von den Bewohnern gesucht." Ebd. S. 145.
[40] PfWb.
[41] Heeger 1954.
[42] PfWb.
[43] Heeger 1954.
[44] PfWb.
[45] Eigene Erhebung.
[46] PfWb.
[47] Schmitt 1980.
[48] PfWb.
[49] Heeger 1954.
[50] Hebel 1917.
[51] PfWb. 5,294, 5,312.

"Kerchemer Krabbe, in Ohlig gebacke,
in Essig gesengt, ins Scheißhaus gehängt,
enunner geriß un drufgeschiß!"[52]

"Ehr Höninger Krabbe,
mit Olig gebacke,
mit Essig geschwenkt,
ins Scheißhaus gehängt!"[53]

Die *Wasserhinkle* schwimmen alle auf dem Rhein: **Altrip**,[54] **Edigheim**,[55] **Leimersheim**,[56] **Mörsch**,[57] **Neuhofen, Roxheim**.[58]

Die **Friesenheimer** werden in der ganzen Pfalz *Eule*,[59] auch *Eulenbach* und *Eulenschenkel*[60] genannt, vielleicht weil sie sich für besonders klug und weise halten. Man hat ihnen folgende Schwankerzählung angehängt:

Vor Zeiten kam ein **Friesenheimer** Bürger auf dem Heimweg von einem etwas verlängerten Dämmerschoppen am Kirchturm vorbei. Beim Hinaufschauen sieht er im finsteren Turmfenster zwei feurige Funken aufblitzen. "Herrjesses", denkt er, "wo Funken sind, ist auch Feuer." Laut gellt sein Ruf 'Feurio! Feurio!" durch die nächtlichen Gassen und findet überall Echo. Rasch rückt die Feuerwehr an und der Strahl der Spritze steigt zum Turmloch, wo zwei feurige Kugeln zu rollen anfangen und auf einmal davonfliegen. "Eul! Eul!", rufen schimpfend die Feuerwehrleute und rücken ab.[61]

Die Gemeinde **Bissersheim** trägt ebenfalls den Necknamen *Eulen*.[62]

"Bissersheimer Eile,
danze uf de Seile,
danzen uf de Stiwwelstecke,
kennen uns am Arschloch lecke!"[63]

---

52 Mitteilung von WILLY WEBER.
53 PfWb.
54 Christmann 1951.
55 Hebel 1917.
56 Bertram 1938.
57 Hebel 1917.
58 PfWb.
59 Bertram 1936.
60 Zink 1921.
61 Heeger 1954.
62 Bronner 1911.

Die **Bad Bergzaberner** *Hamecker*[64] verdanken ihren Necknamen der Hainbuche, die die bekannten Bucheckern als Früchte bringt und den Bergfinken (Fringilla montifringilla) als Nahrung dient. Diese geflügelten Wintergäste waren in der Südpfalz als *Böhämmer* (**Bergzabern,**[65] **Billigheim**)[66] bekannt und zugleich Gegenstand eines leidenschaftlichen Jagdfiebers. Schon seit über 700 Jahren geht man in der Südpfalz im Winter mit Blasrohr und Leuchtpfannen auf die nächtliche Böhämmerjagd, wie sie am schönsten in AUGUST BECKERS Wasgauroman "Hedwig" geschildert wird. Selbst in der pfälzischen Küche wurden sie als Delikatesse goutiert.[67] Der "Böhämmerjagdclub" richtet alljährlich am zweiten Juliwochenende das "Böhämmerfest" aus und erinnert damit seit 1948 an den alten Volksbrauch.

Der Eichelhäher heißt *Hächer* (**Unterhambach,**[68] **Ranschbach**)[69] oder *Hächert,* (**Lug**)[70] die **Burrweiler** sind die *Hächerschwänz.* Die Elstern werden *Atzle* (**Klingen**) oder *Atzele* (**Bledesbach**) genannt. In Abwandlung eines bekannten Verses über die Ratze (d.h. Ratten) heißt es von **Herxheim**:

> "Herxemer Atzle, reiten uf de Katze,
> reiden uf de Kucheblecher,
> alle Tag wern se frecher!"

Spatze fliegen in **Wattweiler,** *Goldämmer* in **Münchweiler** (SÜW), *Määse* in **Eppenbrunn,** *Rotschwänzlich* in **Venningen,**[71] *Schwarzamseln* in **Gerbach.**[72] Die *Amsle* (**Knöringen**) feiern auch ihre "Amselkerwe". Und die *Bachstelze* singt bekanntermaßen in **Queichhambach** ihr Lied von der Heimat. Auch in **Rülzheim** baut sie ihr Nest.

Als *Hahn*[73] oder gar *Hanauische Hahn*[74] sind die Bewohner von

---

63 PfWb.
64 Bronner 1911.
65 Heeger 1951.
66 Eigene Erhebung.
67 Siehe Seebach, Pfälzer Bauer 1991, S. 149 f.
68 Bertram 1962.
69 PfWb.
70 Eigene Erhebung.
71 PfWb.
72 Becker 1925. " ... deutet auf dunkle Haut- und Haarfarbe hin ..." Heeger 1954, S. 2.
73 PfWb.
74 Schmitt 1980.

Vinningen, als *Hahne* die von **Diedelkopf,**[75] **Reichenbach,**[76] **Reusch-bach**[77] und **Theisbergstegen,**[78] als *Göckel* die von **Mundenheim,**[79] als *Gockelhähn* die **Nünschweiler**[80] bekannt. Die *Hinkel* (**Bennhausen,**[81] **Rutsweiler a.d. Gl.**)[82] machen *Gick-gack* (**Thaleischweiler-Fröschen**).[83] *Biab!*[84] rufen die Hühner in ihrem *Genischt*[85] in **Rutsweiler a.d. Gl. Born-heim** soll ein ganzes *Hühnernest* sein[86] und die **Bettenhauser** sind *Neschthocker.*[87] *Raachhinkel* heißen **Ellerstadt** und **Rödersheim.**[88]

Früher mußte noch von jedem Haushalt, oder wie die alten Weistümer sich ausdrücken, von jedem Rauch im Dorf zu gewissen Terminen im Jahr neben dem Zehnten ein Huhn an die Herrschaft abgeliefert werden.[89] Nach einer anderen Auslegung sollen die **Ellerstadter** auf ihren Feldern Feuer ange-zündet haben, um durch den Rauch den Nebel zu vertreiben.[90]

Die **Reuschbacher** Burschen sollen, so erzählt es der Volksmund, an der Kerwe einmal einen Hahn an einem Strick durch das Dorf geführt haben. Deswegen sei gegen sie Anzeige erstattet worden und der Ort soll den Necknamen *Hahnebach* bekommen haben.[91]

Rebhinkel halten sich in **Haardt**[92] und in **Rödersheim** auf. In **Frank-weiler** leben die *Welschhahne.* [93] In **Gries** gibt es *Enten.*[94]

---

75 PfWb.
76 PfWb. 3,583.
77 Bertram 1939.
78 Braun 1991.
79 Eigene Erhebung.
80 PfWb.
81 An Fastnacht heißt eine Bar "Hinkelsnest".
82 N.N. 1962.
83 Schmitt 1980.
84 PfWb.
85 Nach einer Erklärung soll damit ganz kleines Holz gemeint sein, das man mit den Händen zusammenraffen kann. Mitteilung von KAROLINA KNAPP.
86 Eigene Erhebung.
87 Bertram 1939.
88 PfWb.
89 Christmann 1951.
90 Bertram 1962.
91 Bertram 1939.
92 Beck 1980.
93 PfWb.
94 Braun 1991.

Gäns wurden in **Stein**[95] und **Winden**[96] gezüchtet, wo die *Ginsbärzel*, die Gänsebürzel, zuhause sind. Die **Impflinger** sind die *Gänskirrel*, die Gänsekittel.[97] *Hätsche* (**Hettenleidelheim, Mittelbach**) ist ein anderes Wort für Gans.[98]

> "Steener Gäns, mit de lange Schwänz!"

Der *Storch* hat sich in **Althornbach** niedergelassen, und der *Kranich* hat sich nach **Falkenstein** und etwas im Geschmack verirrt:

> "Falkeschdaner Kranich,
> saufe all de Hanig (d.h. Honig),
> saufe all de rore Wei,
> de Deiwel soll eier Herrgott sei!"[99]

25. Der Gänsehirt von **Contwig** mit seiner Herde von 415 Stück, um 1925.

[95] Eigene Erhebung.
[96] Bertram 1938.
[97] PfWb.
[98] In einer zweiten Bedeutung auch für das männliche Schwein, den Eber. PfWb. 3,692.
[99] PfWb. Offensichtlich ist damit auch eine Form des Sprachspotts verbunden.

Nützliche Haustiere

In früheren Zeiten wurde vor allem an der Haardt mit ihren steilen Hängen und im gebirgigen Pfälzerwald der Esel als Lasttier gehalten, worauf auch die vielen Flurnamen wie "Eselspfad" u.ä. hinweisen. Der Mangel an Futter und Streumitteln erlaubte nur das genügsamste aller Haustiere zum Lasten- und Warentransport. In einigen Orten scheint die Haltung und Zucht der *Esel*, auch *Essel* genannt, besonders bedeutend gewesen zu sein, so daß sie gegenüber den Nachbarn auffielen, wie in **Albersweiler,**[100] **Bundenthal,**[101] **Dahn,**[102] **Deidesheim, Dörrenbach, Eschbach,**[103] **Forst,**[104] **Gauersheim,**[105] **Obersimten,**[106] **Schauernheimer,**[107] **Waldhambach,**[108] **Wieslautern.**[109] Wohl erst in zweiter Hinsicht wollte man mit dem Ortsnecknamen die tierischen Tugenden des Esels auf die Bewohner übertragen.

Von den **Sausenheimer** *Esseln* erzählt man folgende, den Uznamen erklärende Schwankgeschichte:

Einst traf der Feldhüter einmal den Esel eines Zinngießers in einem Kleeacker ausgiebig grasen. Sofort ergriff der pflichteifrige Diener den vierbeinigen Graurock beim Halsband und führte ihn zum Dorfschulzen. Der erkannte voller Entrüstung die Schuld des Esels. Sein Herr, meinte der Schulze, sei zweifellos unschuldig und könne deshalb nicht bestraft werden. Der Alleinschuldige aber müsse verdienterweise für sein Vergehen büßen. Da der Esel kein Wort zu seiner Verteidigung fand, mußte er einen Tag im Kitchen abbrummen. In **Sausenheim**, wie auch in **Forst**, soll man es heute noch nicht wagen dürfen, durch den Ort zu gehen und dabei den Zipfel eines Taschentuches wie ein Eselsohr aus der Tasche hängen zu lassen.[110] Nach

---

[100] Bertram 1938.
[101] Schmitt 1980.
[102] "Dieser Ort liegt in einer getreidearmen Gegend, hat jedoch gute Viehzucht, besonders werden viele Esel gezogen.", heißt es bei JACOBI, G. E. Neue Systematische und allgemeine Erdbeschreibung für alle Stände. Nürnberg 1819, Bd. 7.
[103] Hebel 1917.
[104] Bertram 1936.
[105] PfWb.
[106] Schmitt 1980.
[107] PfWb.
[108] Becker 1925.
[109] Schmitt 1980.
[110] Hebel 1917.

dem Uzmittel des Eselsohrs heißen die **Sausenheimer** ferner *Sacktuch-zippler,*[111] die **Deidesheimer** *Eselsohre.*[112]

Die **Albersweiler** sind die *Eselsbuben,*[113] die *Eselstupper,*[114] d.h. Esel-stoßer, und die *Steinesel*, letzteres gilt ebenfalls für die **Godramsteiner**[115] und **Steinalber**. *Felse(n)esel* finden wir in **Dahn,**[116] *Eselstrompeter* in **Deidesheim**.[117] *Dorfesel* gibt es in **Wilgartswiesen,** *Hofesel* in **Hofstätten** und auf dem **Hermersbergerhof,**[118] *Maulesel* leben in **Obersimten**[119] und *Strahl-esel* in **Erlenbach** (KL).[120]

Einmal fand ein **Schauernheimer** einen Kürbis im Feld. So etwas hatte er noch nie in seinem Leben gesehen. Er eilte ins Dorf um dem Bürgermeister von seiner Entdeckung zu berichten. Bald zogen alle Leute hinaus ins Feld.

Der Bürgermeister meinte, als er den Kürbis sah: "Das ist sicher ein Ei! Was für ein Tier mag da herauskommen? Wir müssen es ausbrüten, dann wissen wir es: Als euer Bürgermeister werde ich mit gutem Beispiel vorangehen und mit dem Brüten anfangen!"

Gesagt, getan. Würdevoll setzte er sich auf den Kürbis, um ihn zu erwärmen. Während seines anstrengenden Brutgeschäftes schlief der Bürger-meister schließlich ein.

Aber wie erschrak er, als er plötzlich hinter seinem Rücken ein lautes "I-ah! I-ah! erschallte. Ein Esel stand hinter ihm. Der Bürgermeister purzelte vor Schreck von seinem Riesenei und rannte ins Dorf, die frohe Kunde mitzuteilen: "Ich habe einen Esel ausgebrütet! Herbei!"

Im Nu waren die Schauernheimer staunend um den vermeintlich aus dem Ei geschlüpften Esel versammelt, der gerade ein Stück vom Kürbis abknap-

---

[111] Bronner 1911.
[112] PfWb. "Um die **Deidesheimer** in Wut zu bringen, brauche man ihren Necknamen noch gar nicht zu nennen, es genüge, wenn man den Zipfel seines Taschentuchs als 'Eselsohr' aus der Rocktasche hängen läßt." Bertram 1962.
[113] Becker 1925.
[114] Keiper 1925.
[115] Becker 1925.
[116] Schmitt 1980.
[117] PfWb. 2,971.
[118] PfWb.
[119] Angeblich wegen der lahmen Art der Bewohner.
[120] Christmann 1951.

perte. Aber da kam von der nahen Mühle der Müller angelaufen und schimpfte: "Hab ich dich endlich, du Mistvieh. Marsch, zurück an die Arbeit, du Faultier!"

Da machten die **Schauernheimer** Gesichter, als ob sie Essig getrunken hätten. Warum man sie seither *Esel* heißt, ist nun nicht mehr verwunderlich.[121]

Das Vieh und darunter insbesondere das Milchvieh war die Lebens- und Wirtschaftsgrundlage der Menschen in der Vergangenheit. Großer Viehreichtum bedeutete Sicherheit vor Not und zugleich hohes Sozialprestige. *Aus'm große Stall* (**Mutterstadt**)[122] kommen:

's Veh, (**Katzweiler,**[123] **Oberhausen-ROK**)[124] *Veh,* (**Potzbach**) *Vehzeig,* d.h. Viehzeug, (**Rothselberg**) *Hornvieh,* (**Baalborn, Iggelbach, Nußbach,**[125] **Ramsen,**[126] **Stauf**) *Ochse,* (**Baalborn,**[127] **Böhl, Dannstadt, Gundersweiler, Rüssingen,**[128] **Stauf,**[129] **Teschenmoschel,**[130] **Tiefenthal,**[131] **Waldrohrbach**) *Hornochsen,* (**Groß-/Kleinsteinhausen,**[132] **Iggelbach**)[133] *Jochochsen,* (**Stauf**)[134] *Blechochse,* (**Ramsen**) *Hofochse,* (**Kerzweilerhof, Rosenthalerhof**) *Ochsehörner,* (**Rüssingen**)[135] *Horn,*[136] *Hörnche* oder *Hornbach,*[137] (**Baalborn**) *Stier,* (**Baalborn**)[138] *Fassel,* (**Mehlingen**)[139] *Farnsbeil,* Farrenbeutel meint den Hodensack des Zuchtstieres, (**Gundersweiler, Imsweiler**)[140] *Küh,* (**Bosenbach**) *Kuhschwänz,* (**Siebel-**

---

[121] Mitteilung von HEINRICH SCHMITT.
[122] PfWb.
[123] Bronner 1911.
[124] Mitteilung von HEDWIG BUSAM.
[125] PfWb.
[126] Becker 1925.
[127] Bronner 1911.
[128] PfWb.
[129] Heeger 1954.
[130] PfWb.
[131] Mitteilung von BRIGITTE LINTZ.
[132] Becker 1925.
[133] PfWb.
[134] Bronner 1911.
[135] PfWb.
[136] Bronner 1911.
[137] PfWb.
[138] Heeger 1964.
[139] PfWb.
[140] PfWb. 2,1045.

dingen)[141] *Kuhschisser,* (**Neidenfels**)[142] *Muhkalb* (**Rothselberg**)[143] und
Kälwer, (**Frankelbach,**[144] **Mauschbach,,**[145] **Oberalben,**[146] **Steinbach-
KUS**).[147]

Spottlustige sagen auch: "Stehen uff wie die **Bosenbacher** Kühe!"[148]

Die **Bosenbacher** heißen ferner *Busere,* was aus der Sprache der jüdischen Viehhändler stammt und eine Bezeichnung für die Tuberkulose des
Rindes ist.[149] Im Ort soll es früher einmal jemand gegeben haben, der Kühe
pflanzen wollte, indem er Hörner abschnitt und in den Boden steckte.[150]

26. Lange Zeit beruhte die Existenz der Menschen auf der Viehwirtschaft.

[141] PfWb.
[142] Bertram 1962.
[143] PfWb.
[144] Mitteilung von HEINRICH SCHMITT.
[145] Becker 1925.
[146] PfWb.
[147] N.N. 1962.
[148] Zink 1921.
[149] N.N. 1962; PfWb. 1, 1386.
[150] Rheinpfalz 1961.

Nach einer Maskenfigur, die an der gleichnamigen Kerwe auftritt, heißen die **Bruchweiler** *Bless*.[151]

Als einmal auf der **Baalborner** Kerwe während dem Tanz ein Kuhhorn in den Saal geworfen wurde, sei es zu einer allgemeinen Keilerei gekommen.

Angeblich liefen einst die **Mauschbacher** mit dem Rucksack in die Klimsbacher Klamm, um das von einer trächtigen Kuh erwartete Kalb zu suchen, von dem sie glaubten, es sei geflohen, während es die Kuh noch bei sich trug.[152]

In **Baalborn** unterhielten sich um die Jahrhundertwende einige Bürger angeregt in der Wirtschaft über die Dorfpolitik. Als sich die Gemüter erhitzten, sei der Satz gefallen:
"Die Hälfte der Baalborner Gemeinderäte sind Ochsen!"
Diese ließen sich das nicht gefallen und brachten den alten Sprenger, so soll der Mann mit dem losen Mundwerk geheißen haben, vor Gericht. Er sollte seine Worte beweisen, oder als unwahr zurücknehmen. Das erstere konnte er nicht, aber das letztere tat er mit den Worten:
"Die Hälfte der Baalborner Gemeinderäte sind keine Ochsen!"[153]

"Do hammer uns was Scheenes angericht!", saht en Ochs aus **Großstein-hausen** zum annere, wie se ehre ei(g)ene Mischd han misse die Heigass nuffdrigge!"[154]

Nach einer unverbürgten mündlichen Überlieferung soll der **Dannstadter** Neckname *Ochse* im Zusammenhang mit dem Bau der Ludwigsbahn zwischen der Rheinschanze und **Neustadt** im Jahre 1845 aufgekommen sein.

Damals hätten sich die Bauern derart vehement zur Wehr gesetzt, daß der Plan aufgegeben und die Bahn in einem Knie über **Schifferstadt** geleitet werden mußte.

Es soll unter anderem von ihnen vorgebracht worden sein, daß die Kühe durch die schrillen Pfiffe der Lokomotive erschreckt und vorzeitig tote Kälber zur Welt bringen würden. Außerdem würden die Fahrochsen durch

---

[151] Schmitt 1980.
[152] N.N. 1991.
[153] Ruby 1979.
[154] N.N. 1961.

das vorüberfauchende eiserne Ungetüm scheu und wild gemacht. Diese Einwände haben sich später als lächerlich herausgestellt - geblieben ist der Spott.[155]

Dünner gesät als die zahlosen armen Kuhbauern waren in der Pfalz die reichen Gaulsbauern:

Gaul, (**Schwegenheim**)[156] *Schimmel,* (**Marnheim**)[157] *Rappe,* (**Oberhausen-SÜW**)[158] *Hengscht,* (**Lambsheim**)[159] *Dorfhengschte,* (**Billigheim**).[160] *Torfhengste* ist scherzhaft an letzterem angelehnt und fußt auf der Tatsache, daß die Bewohner von **Billigheim** und **Mühlhofen** einst Torf brannten. [161]

> "Auerbach (**Niederauerbach**) leit im Loch,
> sie hen de Gaul gestoch,
> sie han 'nem net recht troff,
> sie han 'nem die Brieh aus 'em Arsch gesoff!"[162]

> **Röderthal** im Loch, henn en v(er)reckte Gaul schtoch.
> Sie henn gemäänt, es wär en Fisch,
> derweil wars de **Iggelbacher** ehr Arschwisch!"[163]

Die **Kindsbacher** *Puhlhengschte* sollen durch folgende Begebenheit zu ihrem Namen gekommen sein:

Die Kindsbacher Bauern sollen früher bis nach **Kaiserslautern** gefahren sein, um die für die Düngung der Felder notwendige Jauche zu holen. Da sie mitunter in Kolonnen fuhren, soll es vorgekommen sein, daß bei der Heimfahrt mit der "edlen Fracht" ein schlitzohriger Bauer seinem Kollegen im Geleitzug, der eingeschlafen war, heimlich den Strahlenregler des Jauchefasses gezogen hatte, so daß die Kaiserstraße kilometerweise "besprengt" wurde und man den "Kaiserslauterer Duft" weithin verspüren konnte.[164]

---

[155] Mitteilung von HEINRICH SCHMITT.
[156] PfWb. 3,66.
[157] Heeger 1954.
[158] PfWb.
[159] Hier soll früher eine Beschälstation gewesen sein.
[160] Becker 1925.
[161] PfWb. 2,347
[162] PfWb.
[163] Bertram 1962.
[164] Westricher Anzeiger 1972.

In ärmeren Gemeinden dominierte die Schaf- oder Ziegenzucht. Man hielt *Scheef* **(Mehlbach)**[165] oder *Schoof* **(Niederalben,**[166] **Katzweiler***)*[167] im *Schoofstall,* **(Wolfstein)**[168] sowie *Hämmel* **(Alsheim,**[169] **Krähenberg,**[170] **Niederhausen,**[171] **Wörsbach).**[172] In **Rodenbach** (KIB) gibt es *Pottenhämmel.*[173]

Die **Wolfsteiner** frägt man neckisch: "Waren ehr im Schoofstall?"[174]

27. Das Pferchen der Schafe war für die zumeist ärmeren Bauern eine bequeme und hilfreiche Methode zur Düngung der Felder.

---

[165] PfWb.
[166] "Die Bewohner galten als in ihren Anschauungen zurückgeblieben; sie trugen länger als andere Bewohner der Gegend eigene, schafwollene Kleider, die sie selber gesponnen und gewebt hatten." Bronner 1911, S. 150.
[167] Heeger 1922.
[168] Bronner 1911.
[169] PfWb.
[170] Becker 1925. Wegen dem Herdentrieb, der die **Krähenberger** einem Leithammel folgen läßt und sie sich schließlich gegenseitig in allem nacheifern und nachahmen. N.N. 1951.
[171] PfWb.
[172] Es war nicht ratsam auf der **Wörsbacher** Kerwe einen Hammelbraten zu bestellen. N.N. 1962.
[173] Mitteilung von WOLFGANG ZAUN.
[174] Bronner 1911.

Einmal weidete im Winter ein Schäfer seine Herde bei **Waldsee**. Die Schafe und Hämmel gerieten durch Zufall an einen Sack Salz. Sie bekamen nach dem Salzgenuß so großen Durst, daß sie in der Nacht die Hürden durchbrachen und auf das dünne Eis des Altrheines zogen. Die Decke brach ein und die Tiere ertranken. Der Schäfer erhängte sich wegen dem Unglück, das sich im Jahre 1855 tatsächlich ereignet haben soll. Die Waldseer fischten aber am nächsten Tage die toten Hämmel aus dem Rhein und verzehrten sie. Seitdem heißen sie *Hämmel* und feiern ihre "Hämmelkerwe".[175]

Die Geißbockversteigerung zu **Deidesheim** am Dienstag nach Pfingsten ist seit dem Jahre 1404 nachweisbar, jedoch älter. Ihr liegt die Ablieferung eines Geißbocks durch **Lambrecht** unter bestimmten festgelegten und streng beachteten Bräuchen zugrunde. Mit diesem Servitut sichert sich heute noch die Gemeinde das Recht auf Waldweide in bestimmten Bereichen des **Deidesheimer** Waldes. Der von einem jungen Paar oder dem jüngsten **Lambrechter** Bürger über den Berg nach **Deidesheim** geführte Bock wird öffentlich meistbietend versteigert.[176]

Den Necknamen *Gäßbeck* teilt sich **Lambrecht** mit **Duttweiler**,[177] **Freisbach**,[178] **Friedelsheim, Geinsheim, Gimmeldingen, Haardt**,[179] **Imsbach**,[180] **Lachen**,[181] **Neuleiningen**,[182] **Niederkirchen (NW)**, **Röders-heim**[183] und **Schmitshausen**.[184] Wegen der Ziegenzucht heißen **Gönn-heim**,[185] **Liebsthal, Mertesheim**,[186] **Riedelberg**,[187] **St. Martin** und **Quirnbach**[188] *Beck*, **Röderthal** die *Hofbeck*.[189]

---

[175] Bertram 1938. Weniger dramatisch ohne Selbstmord wird die Hammel-Katastrophe als geschichtliches Ereignis des Jahres 1885 in der Ortschronik geschildert.
[176] Vgl. Riehl 1973, S. 249; siehe Seebach, Pfälzer Bauer 1991, S. 184.
[177] Bertram 1962.
[178] Eigene Erhebung.
[179] Bertram 1962.
[180] Mitteilung von GUSTEL WIEMER.
[181] Bertram 1962.
[182] PfWb.
[183] Bertram 1962.
[184] Schick 1970.
[185] Bronner 1911.
[186] PfWb.
[187] Schmitt 1980.
[188] PfWb.

"In Maade (**St. Martin**) hockt de Bock im Gaade!"

Odernheim ist ein wahrer *Bockstall*[190] voller *Bocksbeutel.*[191] *Gäße* werden in **Geiselberg** gemolken,[192] aber nur die **Kuhardter** *Gäßemelker* werden von den Kindern aus **Leimersheim** verspottet:

"Alle Kuhrdter Jäiger, alle Kuhrdter Jäiger,
    sin jo doch blos Gäßemelker!"[193]

Inzwischen bekennen sich die **Kuhardter** dazu und singen diese Verse an Fasching. Als *Gäßestrüpper* sind die **Freisbacher** bekannt,[194] als *Gäßeknie* die Bürger von **Berg**[195] und als *Gäßebuwe* die von **Kandel**. *Hawergäße* werden in **Hüffler** gefüttert.[196]

Die **Stelzenberger** haben länger als sonstwo eine große Schweineherde in die ausgedehnten Waldungen getrieben, weshalb sie den Necknamen *Saunäwel*, d.h. Saunäbel,[197] wie **Hochspeyer**[198] haben. Nach dem Dialektwort für das männliche Schwein, den Eber, haben die **Mittelbacher** ihren Namen: *Hedsche.*[199] Die **Gersbacher** halten *Fi(e)rkel.*[200] Aber wie sind die **Thaleischweiler** zu ihren *Winterferkel* gekommen?[201]

Häusliche Mitbewohner

Unangenehme Mitbewohner sind die Ratten. Wahrscheinlich hängen die zahlreichen Neckbezeichnungen mit dem häufigen Auftreten dieser Schädlinge, vielleicht auch mit vergessenen Schwankgeschichten von mißglückten Rattenjagden zusammen.

Die *Ratze*, wie im Pfälzischen die Ratten heißen, leben in **Alten-**

---

189 PfWb. 3,1127.
190 PfWb.
191 PfWb. 1,1063.
192 Schmitt 1980.
193 Bertram 1938.
194 Keiper 1925.
195 Eigene Erhebung.
196 PfWb.
197 Zink 1921.
198 PfWb.
199 N.N. 1951.
200 PfWb.
201 Schmitt 1980.

kirchen,[202] Berghausen,[203] Brücken, Dunzweiler,[204] Edenkoben, Edesheim, Fischbach (PS),[205] Fockenberg,[206] Frohnhofen, Hornbach,[207] Hördt,[208] Impflingen,[209] Ingenheim,[210] Insheim, Kübelberg,[211] Limbach,[212] Mölschbach,[213] Mörlheim,[214] Oberschlettenbach,[215] Ohmbach,[216] Offenbach a.d. Queich,[217] Rhodt,[218] Rimschweiler,[219] Ruppertsweiler,[220] Rülzheim,[221] Schönau, Spirkelbach.[222]

Über die *Ritzeratzer*, (Drusweiler,[223] Oberhausen-SÜW)[224] wie sie auch genannt werden, kennt man eine Vielzahl von Neckversen, die in immer neuen Varianten überliefert sind:

Von den **Insheimer**,[225] **Hornbacher, Rimschweiler**[226] und **Schönauer** *Ratze* heißt es in einem einheitlichen Eingangsvers, daß sie auf den Katzen reiten. Dieses Bild soll womöglich die furchtlose Frechheit der Bewohner des Ortes zum Ausdruck bringen. Der "Rattenvers" ist als Paarreim sehr produktiv. Er entwickelt sich im weiteren zum Vierzeiler und wird mit immer neuen Reit- und Verkleidungsgegenständen ausgeschmückt, wobei im letzten Vers zumeist noch der Teufel in einer Verwünschungsformel angerufen wird:

---

[202] PfWb.
[203] Bertram 1938.
[204] PfWb.
[205] Schmitt 1980.
[206] Bertram 1939.
[207] PfWb.
[208] Heeger 1954.
[209] PfWb.
[210] Heeger 1954.
[211] PfWb.
[212] Leibrock 1923.
[213] PfWb.
[214] Heeger 1954.
[215] PfWb.
[216] Braun 1991.
[217] Eigene Erhebung.
[218] Heeger 1954.
[219] Schmitt 1980.
[220] PfWb.
[221] Bronner 1911.
[222] Schmitt 1980.
[223] PfWb.
[224] Eigene Erhebung.
[225] PfWb.
[226] Schmitt 1980.

"Alse(n)borner Ratze,
reire uf de Katze,
saufe gere Branntewei(n),
de Deiwel soll ehr Herrgott sei(n)!"[227]

"**Flemlinger** Ratze,
reiren uf de Katze,
reiren uf de Kucheblech,
oh wie sin die Flemlinger frech!"[228]

"Eirekower/Äisemer (**Edenkobener/Edesheimer**) Ratze,
fahren/reiren uf de Katze,
fahren/reiren uf die Helzeschuh, (d.h. Holzschuhe)
reiren all em Deiwel zu!"

"**Spesbacher** Ratze,
reire uf de Katze,
reire uf de Sohle,
de Deiwel soll eich hole!"

"**Fischbacher** (PS) Ratze,
reiren uf de Katze,
reiren uf de Buhnestecke,
de Deiwel soll eich 's Gnick breche!"[229]

"**Hanhöfer** Ratze,
reiren uf de Katze,
reiren uf de Bohnestecke,
können die **Dude(n)höfer** am Arschloch lecke!"[230]

"Allekercher (**Altenkircher/Kübelberger**) Ratze
reire uf de Katze,
han die große/dicke Mäntel a,
hocke die dicke Wandleis/Leis un Flöh dra!"

---

[227] PfWb.
[228] Eigene Erhebung.
[229] PfWb.
[230] Mitteilung von WILLI KRIPP.

"Minschwiller (**Münchweiler**-PS) Ratze,
reire uf de Katze,
han die bloe (blaue) Mäntel a,
hinne hänge Leis dra!"[231]

"Impflinger/Merlemer/Rubeschwiller Ratze,
reiren uf de Katze,
hän bloe Mäntel a,
(**Impflingen**): hängen siewe Leis dra!"[232]

(**Mörlheim**): hängd e Simmere (ein Getreidemaß) Leis dra!"[233]

(**Ruppertsweiler**): hinne un vorre Kuddele dra!"[234]

Nur in wenigen Beispielen fällt der Reim auf "Katze" weg und wird durch ein beliebiges anderes Wort ersetzt:

"**Ohmbacher** Ratze,
reire uf de Spatze,
reire uf de Dohle,
de Deiwel soll se hole!"[235]

"**Mölschbacher** Ratze,
scheißen in die Batze,
scheißen in das Butterfaß,
uijuijui was rappelt das!"[236]

"Hälschestäner (**Heiligenstein**) Ratteschisser,
scheißen in die Holzschuh,
gucken alle Weibsleit zu!"[237]

---

[231] PfWb.
[232] Mitteilung von E. SCHAURER.
[233] Deutsches Volksliedarchiv
[234] PfWb.
[235] Braun 1991.
[236] PfWb.
[237] Mitteilung von OTTO HAAF.

Die **Kleinkarlbacher** sind als *Wassermäus*[238] oder *Wasserratte*[239] bekannt, die **Ebertsheimer** als *Bachratten*.[240]

In **Offenbach a.d. Queich**[241] und **Gimmeldingen**[242] treibt der *Dachmardel* sein Unwesen, in **Rumbach** der *Dachmallert*,[243] in **Haardt** die *Giebelfüchs*.[244]

Die *Wildkatze* streift durch die Wälder von **Iggelbach**[245] und **Niederotterbach**.[246] In **Knittelsheim**,[247] **Mörlheim** und **Niederstaufenbach** geht die *Katze* auf die Jagd, in **Haschbach** das *Kätzche*.[248]

Die *Hund* bellen in **Hornbach**.[249] Ein schlimmes Schimpfwort ist *Hundsfotze*, das man den Bürgern von **Westheim** nachruft.

Es war vor mehr als hundert Jahren, da hatte ein Jäger aus **Glanmünchweiler** die **Haschbacher** Jagd gepachtet. Nicht immer war ihm die Jagdgöttin hold, aber eines Tages, nachdem er sich in der Wirtschaft mit Zielwasser gestärkt hatte, winkte ihm das Glück schon gleich am Ortsausgang. Da saß in einem Strauch ein Hase und unser Weidmann überlegte nicht lange, riß die Flinte hoch und - paff - der Mümmelmann lag im Grase. Man kann sich aber so richtig das verdutzte Gesicht des Schützen vorstellen, als er an den Strauch heranging und der vermeintliche Hase eine Katze war, die ihm, verendend, noch mit ihren Krallen durch das Gesicht fuhr, als er sich nach ihr bückte. Mit Schweigegeldern versuchte er seine Blamage einzudämmen, aber es half nichts, die Geschichte kam heraus und der Jäger mußte mit guten Goldstücken Schadenersatz leisten. Die **Haschbacher** aber hatten ihren Spottnamen und hießen seit der Zeit *Katze(n)*.[250]

---

238 Bronner 1911.
239 Eigene Erhebung.
240 Mitteilung von WOLFGANG ZAUN.
241 Bertram 1936.
242 Beck 1980.
243 PfWb.
244 Beck 1980.
245 Christmann 1951.
246 Heeger 1929.
247 Eigene Erhebung.
248 PfWb.
249 Keiper 1925.
250 Nierhaus 1980.

Tiere in Feld und Wald

Der *Stallhase* lebt in **Arzheim**[251] und **Rathskirchen,**[252] der *Heuhase* in **(Hochspeyer).**[253]

In **Rutsweiler a.d. Gl.** finden wir die *Hamster,*[254] in **Trulben** die *Ichle,* d.h. Igel, und in **Hofstätten** die *Waldichel.*

Die *Rehböck* äsen in **Hachenbach, Helmbach,**[255] **Münchweiler** (PS)[256] und **Ramsen,** wobei es heißt:

"Alle Rehböck stoße, nor die **Hachenbacher** net!"[257]

Von **Hochspeyer** sagt man:

"Hochspeyerer in dem Loch,
hän e alte Bock gestoch';
hän gemänt, es wär' e Fuchs,
hän sem als ins Loch geguckt!"[258]

Die *Füchse* schleichen in **Heuchelheim,**[259] **Kirchheim,**[260] **Klingen,**[261] **Staffelhof**[262] und **Vollmersweiler** nachts herum.

Ein Vollmerscher Fuchs soll einmal wegen seiner Rauflust auf der **Freckenfelder** Kerwe bös verdroschen worden sein. Als er ziemlich rasch auf die Straße befördert worden war, soll er gesagt haben: "Was das for e Gepressier esch!"[263]

Die *Wildsäu,*[264] wofür noch das Wort *Rußkatze* gilt,[265] suhlen sich außer

---

[251] Bertram 1936.
[252] PfWb.
[253] Bronner 1911.
[254] Heeger 1954.
[255] PfWb.
[256] Mitteilung von FRITZ BECKER.
[257] PfWb.
[258] Bronner 1911.
[259] Heeger 1954.
[260] PfWb.
[261] Heeger 1922.
[262] PfWb.
[263] Bertram 1938.
[264] PfWb.
[265] Mitteilung von ROLF HOHMANN.

in **Gräfenhausen** auch in **Leistadt**,[266] **Miesau**,[267] **Ramsen**.[268] Der *Ewer* grunzt in **Roschbach**,[269] der *Keiler* in **Ramsen**.[270]

An der **Ramser** Kerwe am dritten Sonntag im September führen die Kerweburschen eine Fahne mit, auf denen eine Wildsau aufgemalt ist. Auch sonst wird die Wildsau bei allen Kerwefeierlichkeiten gezeigt.[271]

In **Trippstadt** klettern die *Oichhörncher*,[272] in **Höringen** die *Äächhärncher*, in **Rumbach** die *Äächhase*[273] oder *Äächkatze*.[274]

Hechte schwimmen in **Kaiserslautern**,[275] *blaue Hechte* in **Contwig**[276] und **Stambach**.[277] Der Hecht ist das Wappentier von **Kaiserslautern**. Seit dem Jahr 1374 führte die Stadt den Karpfen als Wappentier, das sich erst um 1798 in einen Hecht verwandelte.

Kriechtiere und Insekten

In wasserreichen Gegenden mit Seen und feuchten Wiesen laichen die *Frösch* (**Beindersheim**,[278] **Bobenheim**,[279] **Jockgrim**,[280] **Obersülzen**,[281] **Offenbach a.d. Queich**,[282] **Queichheim**,[283] **Speyerdorf**,[284] **Steinfeld**,[285] **Wörth**)[286] oder *Wasserfrösch* (**Leimersheim**).[287] Aus dem Laich bilden

---

[266] Bertram 1962.
[267] PfWb.
[268] Christmann 1951.
[269] Eigene Erhebung.
[270] Mitteilung von WOLFGANG ZAUN.
[271] Mitteilung von GEORG SPIESS.
[272] Christmann 1951.
[273] PfWb.
[274] Schmitt 1980.
[275] Westricher Anzeiger 1972.
[276] Heeger 1922.
[277] N.N. 1951. In **Stambach** gab es früher die Wirtschaft "Zum blauen Hecht", deren Inhaber "Järfilb" (Georg-Philipp) zugleich auch Jagdpächter war.
[278] PfWb.
[279] Bronner 1911.
[280] Bertram 1938.
[281] PfWb.
[282] Heeger 1951.
[283] Bertram 1938.
[284] Bertram 1936.
[285] Heeger 1951.
[286] Eigene Erhebung.
[287] Hebel 1917.

sich die Kaulquappen, auch *Grawegrunnele*, d.h. Grabengrundel, (**Edigheim**)[288] oder *Molleköpp* (**Rheinzabern**,[289] **Schönborn**)[290] genannt. Dem Ruf der Frösche entsprechend neckt man die **Oberhauser** (SÜW) *Quackert*.[291] Grüne *Lääbfrösch* gibt es in **Heßheim** und **Wilgartswiesen**.[292] Die **Steinfelder** sind die *Fröschkepp*.[293]

"Singen in einem Weiher im Frühjahr und Sommer die Frösche, dann heißt's 'de Quächemer Singverein singt.' In **Queichheim** unterscheidet man drei Sorten von Fröschen. Die jungen Frösche rufen immerzu 'Ludder, Ludder' (Luther, Luther), eine andere Partie quakt 'Labscht, Labscht', die alten Frösche 'laden uff die Kerwe', so wird in hiesiger Umgebung erzählt. Unter den Fröschen sind Protestanten, Katholiken und Juden, allerdings nur in Queichheim."[294]

Krotte kriechen in **Stambach**, *Gartekrotte* in **Nothweiler**. Die **Stambacher** werden von ihren Nachbarn gefragt:

"Han ehr die Krott ball fett?"[295]

In **Kerzenheim** kriechen die *Ädechse*[296] des wegs, in **Burrweiler**,[297] **Niederkirchen** (NW),[298] **Silz**,[299] **Schweigen**[300] und **Winden**[301] die *Schnecke*, in **Eßweiler** die *Schneckelcher*.[302]

Typische Ortsnecknamen des Pfälzerwaldes sind solche, die ein gefährliches Bauminsekt bezeichnen. Man kennt dafür die folgenden Namen: *Holzböck*, (**Dansenberg**,[303] **Ehweiler**,[304] **Esthal**,[305] **Heltersberg**,[306]

---

[288] PfWb.
[289] Bertram 1938.
[290] PfWb.
[291] Heeger 1951.
[292] Schmitt 1980.
[293] Kamm 1978.
[294] PfWb. Fragebogen aus **Roschbach**.
[295] Die Kröten sollen früher gesammelt und als Froschschenkel nach Frankreich exportiert worden sein; Schmitt 1980.
[296] Bronner 1911.
[297] PfWb.
[298] Bertram 1962.
[299] PfWb.
[300] Kamm 1978.
[301] Bertram 1938.
[302] PfWb.
[303] Bronner 1911.

Hochspeyer,[307] Leimen,[308] **Mölschbach, Rumbach,**[309] **Schmalen-**
berg)[310] *Waldböck,* **(Bennhausen, Dannenfels,**[311] **Hardenburg,**[312] **Hön-**
ingen, Leistadt, Waldleiningen)[313] *Nodelböck,* **(Gimmeldingen)**[314]
Heckeböck, **(Clausen,**[315] **Cronenberg, Elmstein, Hofstätten,**[316] **Vinnin-**
gen)[317] *Welleböck* **(Mutterstadt)**[318] und *Zasselböck* **(Leistadt).**[319] In
Mölschbach sind die *Holzwürm* drin.[320]

Im Gegensatz dazu ist die Schnake das typische Tier der wasserreichen
Rheinebene. Die *Schnooke* fliegen in **Fußgönheim,**[321] **Hemshof,**[322] **Ingen-**
heim,[323] **Speyerdorf**[324] und **Wörth,** die *Rhei(n)schnooke* in **Ludwigs-**
hafen,[325] **Rheingönheim,**[326] **Lingenfeld**[327] und **Wörth.**[328] **Germersheim**
ist ein richtiges *Schnookenescht* oder *Schnookeloch.*[329]

Die *Horneßle* stechen in **Essingen**[330] und in **Insheim:**

"Freund, ich bin vun Isem.
Geh' mer weg, ich stech!.

---

304 PfWb.
305 Bertram 1962.
306 Schmitt 1980.
307 Bronner 1911.
308 Schmitt 1980.
309 PfWb.
310 Heeger 1952.
311 PfWb.
312 Eigene Erhebung.
313 PfWb.
314 Heeger 1952.
315 Hebel 1917.
316 PfWb.
317 Braun 1991.
318 PfWb.
319 Brenner'sche Sammlung. Sekundäre Erklärungen sind: 1."holen viel
Nadeln aus dem Wald als Streu, da sie kein Feld haben;" PfWb.
2."weil sie gerne Holz stehlen sollen"; Heeger 1922.
320 Bronner 1911.
321 PfWb.
322 Brenner'sche Sammlung.
323 PfWb.
324 Reuter 1949.
325 Becker 1925.
326 PfWb.
327 Bronner 1911.
328 PfWb.
329 PfWb. 5,1222.
330 PfWb.

> Wann ich net fun Isem wär,
> wär ich net so frech!"[331]

Der *Heuhupser* springt in **Göllheim** und in **Lautersheim**. Der *Maikäwer* fliegt in **Hergersweiler**.[332] Der *Dreckkäwer* (**Iggelbach**) ist eigentlich der Mist- oder Roßkäfer. Die Iggelbacher feiern ihre "Dreckkäwerskerwe".[333]

Flöh springen in **Harsberg**,[334] *Flehpetzer* sind die **Weltersbacher**.[335] Der Volksmund sagt, daß auf der **Harsberger** Kirchweih der Floh geschlachtet wird, deshalb fragt man vorher: "lst der Floh bald fett?"

Bisterschied hat *e klee Laus* im Pelz. Zu **Steinwenden** sagt man auch *Lausbach* oder *Lausegnigger*. In **Hainzenthal** ist der *Erdfloh* zu Hause.

Flöhe, Läuse und Wanzen finden auch in Neckversen ihren Platz:

> "**Moorlautere** uff de Höh,
> hot nix wie Leis un Flöh!"[336]

> "De Hannes vun **Hördt**,
> hot sei Haisl verschärrt,
> hot Lumbe drumkängt,
> hot sei Haisl verbrennt!"

Danach hat er sich nebendran gesetzt und mit der Ziehharmonika gespielt:

> "Wenn das nit gut fer d'Wanze is,
> dann wäß ich nit, was besser is!"[337]

Einen variablen Eingangsvers hat folgender Vierzeiler über **Jettenbach**:

> "Mädchen von Geckebach[338]/Das Jettche vun Geckebach[339]
> hot so viel Flöh,
> wann se se fange will,
> hupse se in die Höh!"

[331] Mitteilung von E. SCHAURER.
[332] PfWb.
[333] Bertram 1962.
[334] Becker 1925.
[335] Heckel 1925.
[336] PfWb.
[337] Eigene Erhebung.
[338] Deutsches Volksliedarchiv.
[339] Brenner'sche Sammlung.

Auch das Gretel von **Bundenbach** plagt sich mit diesem Problem. [340]

"Otterschemer (**Ottersheim**-KIB) Schuft,
flieh in die Luft,
flieh net so hoch,
beißt dich a keen Floh,
flieh net so nerrer,
schun hoscht de's Gewerrer!"

"Rirreschemer (**Rittersheim**) Schuft,
flieh in die Luft,
flieh net so hoog,
beißt dich a kä Schnook!"

"**Alsenbrücker** Schuft,
flieh in die Luft,
flieh net so hoch,
sonscht beißt dich e Schnook!"

Als Variante kann es in den Schlußzeilen auch heißen:

"flieh net so nirrer,
sonst riert sich's Gewirrer!"

Eine Vermischung mit dem schon bekannten Spruchgut, bei dem die "Ratze" im Mittelpunkt steht, liegt folgendem "Schnookespruch" zugrunde:

"Ingehämer (**Ingenheimer**) Schnooke,
reiten uf de Hooke,
reiten uf de Bounestäcke,
kannsch mich am Arschloch lecke!"[341]

Exotische Tiere

Zu den exotischen Tieren in der Pfalz ist die Elwetritsche zu zählen, ein vogelähnliches Fabeltier, das sich die Pfälzer aus unerfindlichen Gründen zu ihrem "nationalen Wappentier" auserkoren haben. Was und wie die Elwetritsche zum Ruhme der Pfalz beitragen soll, bleibt bei nüchterner (sic!)

---

[340] Heeger 1922.
[341] PfWb.

Betrachtung in der Tat fraglich. Weil sich die **Neustadter** besonders um die Pflege dieser Kultfigur angenommen haben, sie haben einen Elwetritsche-brunnen gebaut, nennt man sie *Elwetritsche*.[342]

Rasselböck, das sind nicht näher bestimmbare Fabelwesen wie die Elwetritsche, heißen die Bewohner vom **Kahlheckerhof** und von **Eppstein**. Die *Bollhämmel* (**Ruchheim**) gehören zu den heimlichen Tiergestalten, die nur in der Weihnachtszeit auftreten.[343] Doch was für ein geheimnisvolles Wesen ist der *Flammhase* (**Steinalben**)?[344]

Ein paar wirklich exotische Tiere haben sich in die Pfalz verirrt. So die *Affe* nach **Ilbesheim** (SÜW)[345] und **Schauerberg**,[346] die *Löwen* nach **Mörsch**[347] und die *Bäre* nach **Ottersheim** (GER).[348] Früher war ein Bärenkopf auf dem Etikett von Sprudelflaschen, die hier abgefüllt wurden. Heute lockt man mit dem Spruch "Der Bär ist los!" zu örtlichen Faschingsveranstaltungen.

Die *Wölf* streifen durch **Hagenbach**[349] und **Rhodt**.[350]

Ein Gespräch zwischen Vater und Sohn wurde so festgehalten:

"Wo geh'n wir hin?" -
"Nach **Büchelberg**, Salz hole - hot so viel Wölf!"[351]

Als in **Bechhofen** ein Wolf aufgespürt wurde, veranstaltete man eine Treibjagd. Der Bürgermeister kam zum Schuß und brannte dem Wolf die ganze Schrotladung auf das Fell. "Bauf! Mer han ne!" schrie er froh und die ganze Bürgerschaft jubelte. Doch alle machten lange Gesichter als sich der Wolf als ein Pflug erwies, den ein Bauer im Feld hatte stehen gelassen.[352]

---

[342] Eigene Erhebung. In **Landau** wurde 1982 ein Elwetrittche-Verein gegründet, der sich um die Pflege des heimatlichen Brauchtums bemüht.
[343] PfWb. Siehe Seebach, Weihnachten 1990, S. 52.
[344] Schmitt 1980.
[345] Bertram 1936.
[346] Schmitt 1980.
[347] Bronner 1911.
[348] Bertram 1938.
[349] 1752 haben die Jäger aus **Hagenbach** und der Waldknecht aus **Hatzenbühl** für acht abgelieferte Jungwölfe eine gleiche Prämie von 5 Gulden erhalten.
[350] Bertram 1936.
[351] Eigene Erhebung.
[352] Leibrock 1933.

11. Ortsnamen

Während sich Sprachwissenschaftler in mühseliger Kleinarbeit um eine korrekte Deutung der Ortsnamen bemühen, hat der Volksmund keine Schwierigkeiten ihnen einen eigenen Sinngehalt zu geben. Skrupel kommen dabei keine auf. Einfach, natürlich und unbefangen wird an das Problem herangegangen und oft auf originelle Art gelöst.

Einige Ortsnecknamen berühren bereits das Gebiet der Volksdichtung. Sie entstehen durch den spielerischen Umgang mit der Sprache. Der Ortsname wird witzig um- und weitergebildet, lautmalerisch gedeutet, sogar Reimspiele werden geschaffen. Selten haben diese Ortsnecknamen einen sachlichen Bezug.

Ein Neckvers beschäftigt sich mit der Schreibweise des Ortsnamens:

"0 du armes **Weilerbach**!
Vorre 'W' und hinne 'ach'!"[1]

Die Ortsnamen der Nachbardörfer **Kuhardt** und **Neupotz** werden miteinander vermischt: *Kuhpotz - Neuhardt.*[2]

Kuhardt heißt in Rheinzabern *Kuhinge.*[3]

In Anspielung auf das Lumpenkorps, das Gesindel, ruft man "**Horbach - Korbach!**"[4] Die mundartliche Aussprache des eigenen Ortsnamens **Pirmasens** wird in in folgende Episode gekleidet:

Ein Bauer arbeitete im Sommer auf dem Feld. Er war dabei das Getreide mit der Sense zu schneiden und machte gerade eine Pause. Da tauchte plötzlich ein Bär vor ihm im Kornfeld auf. Er wollte sich gegen das Tier zur Wehr setzen und rief aus: "Bär! - Mei Sens!"[5]

Ortsnamen werden volkstümlich gedeutet oder kunstvoll umgebildet:

---

[1] PfWb.
[2] Eigene Erhebung.
[3] Bertram 1938.
[4] PfWb.
[5] Eigene Erhebung.

Schallodenbach als *Schellumbebach*, **Meckenheim** als *Meckerer*,[6] **Mai-ammer** als *Maikäwer*,[7] **Dimbach** als *Dummbach*,[8] **Ludwigshafen** als *Lumpenhafen*[9] und **Ludwigswinkel** als *Lumpenwinkel*,[10] die Bewohner vom **Kreuzhof** werden als *Kreizlumbe* bezeichnet.[11]

Auf das Grund- oder Bestimmungswort des Ortsnamens spielen an: *Narrenberg* für **Berghausen**,[12] *Rindsstall* oder *Saustall* für **Sarnstall**,[13] *Ratzenbach* für **Matzenbach**,[14] *Sandhöfer* für **Dudenhofen**,[15] *Arschheimer* für die **Arzheimer**,[16] *Karchwägen* für **Wahnwegen**,[17] *Bruchhütscher* für **Hütschenhausen**,[18] *Gläserner Berg* für **Riedelberg**,[19] *Lautringen* für **Kaiserslautern**.[20]

Eine Ortneckpriamel auf sieben Dörfer im südlichen Wasgau reimt jeweils auf den Ortsnamen:

"**Ludwigswinkel** - struppiches Hinkel.
Fischbach - Krottelach, huckt de Deiwel unner'm Dach.
Petersbächel - Krottelechel, huckt de Deiwel unner'm Dächel.
Gebüg - Stick Viech.
Schönau - Drecksau.
Herschel (**Hirschthal**) isch e kleenes Bärschel (d.h. Bürschchen).
Rumbach - Dummbach!"[21]

Von einem Dummkopf sagt man:"Er ist net vun Merxem!" (**Merxheim**)[22]

---

[6] PfWb.
[7] Heeger 1954.
[8] PfWb.
[9] PfWb. 4,1063.
[10] PfWb. 4,1065.
[11] PfWb.
[12] Bertram 1938.
[13] Bronner 1911.
[14] Bertram 1939.
[15] Bertram 1938.
[16] PfWb. 1,339.
[17] Bronner 1911.
[18] Bertram 1939.
[19] PfWb.
[20] Becker 1925.
[21] PfWb. 2, 604.
[22] Bronner 1911.

Wicke-wacke für **Großsteinhausen**[23] ist ebenso eine Anspielung auf den Ortsnamen, wie *Steenpicker* für **Steinalben**, *Möps* oder *Mopser* für **Hundheim**, *Hengschd* für **Hengsberg**, *Rosekneppcher* für **Rosenkopf.**[24]

Die **Kleinsteinhauser** sagen im Winter auf Befragen sie seien von *Kläästäähause*, im Sommer dagegen aus *Klästähause.*[25]

Ein Wortspiel mit "schmal" und "dürr" über einen mageren Hund lautet:

"Er ist vorn von **Schmalenberg**, hinten von **Dörrenbach**!"[26]

Der Volksmund macht sich auf den Ortsnamen seinen eigenen Reim:

"In Nerrerkerch (**Niederkirchen** - NW) is alles iwwerzwerch!"[27]

"Kuhert (**Kuhardt**) esch verhurt!"

"**Neupotz** lauter Stolzfotz!"[28]

"In **Lug** is alles Trug!"[29]

"In Linne (**Linden**) is nix se gewinne!"

"Die Weyermer (**Herxheimweyer**) hocken uf de Eier!"[30]

Folgender Spruch erinnert an einen Kinderabzählvers:

"**Alsenzer,** 13 **Knittelsheimer,** 14 weg!"[31]

Ein Zungenbrecher ist:

"**Heinze(n)hauser** hänge hunnert Himde hauße,
hunnert Himde hänge hauße in Heinzehause!"

Lautmalerisch und märchenhaft wird der Ortsname von **Langwieden** gedeutet: Der Hahn in der Langwieder Mühle kräht: "Alleweil kummt Kore!"

---

[23] Schmitt 1980.
[24] PfWb.
[25] Walter 1905. Mit der gedehnten Aussprache wird die für die Menschen bedrückende Lebenslage im Winter zum Ausdruck gebracht.
[26] Bronner 1911.
[27] Bertram 1962.
[28] PfWb.
[29] Schmitt 1980.
[30] PfWb.
[31] Bronner 1911.

(d.h. Korn). Der Hund fragt dazu: "Wu? Wu?" Und das Mühlrad antwortet: "Vun La-ng-ger-de, vun La-ng-ger-de!"[32]

Zum Sprachspott und Wortspiel mit Ortsnamen hat auch die ehemals in der Pfalz lebende jüdische Bevölkerung beigetragen:

Schneckeschnorum ist eine Verballhornung der hebräischen Bezeichnung für 'zwei Brücken', was der Stadt **Zweibrücken** den Namen gegeben hat.[33]

Die vielen jüdischen Vieh- und Kramhändler aus der Gegend haben wohl den Ort **Grünstadt** mit dem Namen *Parachmogum* bedacht. Die Bezeichnung geht auf das Hebräische zurück, wobei das Grundwort soviel bedeutet wie "Ort, Stadt", das Bestimmungswort "grünen, ausschlagen, Grind, Ausschlag". Deshalb lag es wohl für die Juden nahe, bei einem so doppeldeutigen Wort den Witz Grünstadt - Grindstadt zu machen.[34]

28. Die Kartoffelernte auf den Verwitterungsböden des Buntsandsteins fiel im Westrich immer bescheiden aus, Bild aus dem Jahr 1905.

---

[32] PfWb.
[33] Becker 1925.
[34] Leininger Geschichtsblätter 1911, Nr. 3.

12. Das verrufene Viertel, Stadt- und Ortsteile

In der bisherigen Darstellung erschienen die Ortsnecknamen als ein sozialpsychologisches Raster, das sich die Dörfer und Städte gegenseitig anlegen. Trennendes und Verbindendes sollen mit ihnen und ihrem Gebrauch zum Ausdruck gebracht werden, bezogen auf die betreffende Siedlungsgemeinschaft als Ganzes. In diesem Kapitel müssen wir die bisherige Vorstellung dahingehend relativieren, daß selbst kleine Siedlungsgemeinschaften keineswegs homogen waren. Die soziale Binnendifferenzierung z.B. in einem Dorf macht sich auch hier sprachlich bemerkbar. Das vorliegende Material läßt den Schluß zu, daß man sich "des (sozial) anderen" im eigenen Dorf bewußt war und man einen adäquaten Ausdruck für ihn schuf. Die sprachliche Stigmatisierung des einzelnen hat keinen Erfolg, es muß die Gruppe treffen, um sich und die eigene Gruppe zu etablieren. Und die sozial unterstehende Gruppe erfaßt man (auch sprachlich) da am besten, wo sie sichtbar und gehäuft als Siedlungsgemeinschaft auftritt: in ihrer Gasse, ihrem Wohnbezirk, in ihrem Viertel.

Schon LUDWIG SCHANDEIN war dieses Phänomen in der Mitte des 19. Jahrhundert bekannt: "Fast jede Gemeinde hat ihr verrufenes Quartier, gewöhnlich das Ende, 'der Schwanz' der Ortschaft; so gibt es in einer Stadt einen 'Matzenberg oder barfüßiges Viertel, eine Lavendée usw.'"[1]

Dank des gesammelten Necknamenmaterials können wir nun zum ersten Male in der pfälzischen Volkskunde diese verruchten Viertel und verrufenen Gassen auch konkret benennen. Darunter gibt es bestimmte Leitformen, die häufig auftreten. In der Pfalz sind dies vor allem die zuvor erwähnten "Lavandee" und der "Matzenberg".

Die *Lavandee* oder kurz *Levand* ist jeweils eine Gasse oder ein Ortsteil in **Kusel, Mackenbach, Rothselberg, Schifferstadt, Wollmesheim** und **Zweibrücken**.[2] In **Kaiserslautern** war es der Spottname für die heutige Mühlstraße, als hier die ersten ärmlichen Häuser entstanden.[3] Auch in **Maikammer** wohnten einst *Lavandische*.[4]

---

[1] Schandein 1867, S. 394.
[2] Keiper 1903; PfWb. 4,842.
[3] Christmann/Friedel 1970, S. 535.
[4] PfWb. 4,842.

Der Name kommt aus frz. lavande, und meint den Wasch- und Bleich-
platz. Auf solchen öffentlichen Plätzen erledigten häufig Waschfrauen die
Wäsche anderer gegen Lohn. Die Voraussetzung für ein stigmatisierendes
Bild der Armut war damit gegeben.

In dem durch seine Webereien bekannten **Lambrecht** heißt ein Stadtteil
die Powerdee, (aus frz. pauvreté = dt. Armut), wo die ärmeren und wenig
angesehenen Leute wohnten. Die Industrie Lambrechts geht auf die Einwanderung protestantischer und französisch sprechender Wallonen zurück,
die im letzten Viertel des 16. Jahrhunderts in den damals kurpfälzischen Ort
eingewandert sind und sich größtenteils als Tuchmacher niederließen.[5]

29. Frauen erledigen die mühevolle Arbeit des Wäschewaschens am **Schönauer** Königs-
weiher im Jahre 1905.

[5] Eine Herleitung aus den historischen Ereignissen 1793/96 in der
Vendeé und die Übertragung des Namens auf die Verhältnisse in der Pfalz
durch die französischen Revolutionstruppen ergibt keinen erkennbaren
Sinn, wie dies Keiper 1903 versucht.

Der *Kotten* war ein ausschließlich von Industriearbeitern bewohnter Stadtteil in **Kaiserslautern**, dazu sagt das Volk *der Korre* und nennt die Bewohner *die Korre(r)*. Der Stadtteil liegt im Bezirk der ehemaligen Kottengewann, wo im 17. Jahrhundert das Koden- oder Aussätzigenhaus gestanden hat. Die Bedeutung, welche das vom Anfang des 17. bis gegen das Ende des 18. Jahrhunderts im Gebiet der heutigen Pfalz in Schrift und Sprache nachweisbare Wort hatte, nämlich Siechenhaus und spezieller Feldsiechen-, d.h. Aussätzigenhaus, erscheint als eine Sonderbedeutung der aus dem Norddeutschen stammenden Grundbedeutung kleines, armes Haus = Kate.[6]

Das Dorf **Carlsberg** nimmt in geographischer, ethnographischer, historischer, sozialer und wirtschaftlicher Beziehung eine einmalige Sonderstellung in der Pfalz ein. Ein Indiz dafür sind die dort herrschenden sprachlichen Verhältnisse. Lehrer H. SCHMIDT schreibt am 25. August 1927 an die Pfälzische Wörterbuchkanzlei in **Kaiserslautern** und erwähnt dabei, daß im Ortsteil *Kleinfrankreich* eine andere Mundart zu hören sei:

"Ich finde z.B. im Schultagebuch einen Eintrag, wonach in der Steingasse und in Kleinfrankreich eine andere Mundart gesprochen wurde als im übrigen **Carlsberg**."[7]

Der ehemalige Händlerort Carlsberg heißt volkstümlich auch *Matzenberg*. Die früheren sozialen und wirtschaftlichen Zustände dort haben diesen Namen zu einem weitverbreiteten Schimpfnamen werden lassen. Infolgedessen treten viele verschiedene *Matzenberg* auf, entweder als Name für einen ganzen Ort, oder aber nur für einen Ortsteil.

In einer Zuschrift an den Verein für bayerische Volkskunde und Mundartforschung (heute: Brenner'sche Sammlung in **Würzburg**) heißt es, "daß in unseren Plätzen der Pfalz Ortsteile den Namen 'Matzenberg' führen. Gewöhnlich wohnen ärmere Leute dort, und im Volke selbst hat der Name den Beigeschmack von etwas Verächtlichem. ... Hier haben sich, als die

---

[6] Keiper 1903.
[7] PfWb. Die unterschiedliche sprachliche Prägung ist in der mehrfachen Besiedlung durch verschiedene Bevölkerungsgruppen in dieser einzigen pfälzischen Streusiedlung begründet; siehe Seebach, Wandergewerbe 1990, S. 56 - 67.

Straßen offiziell getauft wurden, die Anwohner gegen den ihrer Straße beigelegten Namen 'Matzenberg' beschwert, worauf die Straße in 'Homburger Straße' umgetauft wurde. Die Begründung war: den Namen brauchen die sich nicht gefallen zu lassen. In **Pirmasens** existiert der gleiche Name."[8]

Desweiteren wird als *Matzenberg* jeweils ein abgelegener, von ärmlicher Bevölkerung bewohnter Stadt- oder Ortsteil in **Eisenberg, Erlenbach (KL), Höheinöd, Hütschenhausen, Kaiserslautern, Kusel, Potzbach, Sippersfeld** und **Ulmet** bezeichnet.[9]

In **Edesheim** dagegen soll es ein ehemals von wohlhabenden Juden bewohnter Ortsteil mit Synagoge und Schule gewesen sein.[10]

Die **Oberlustadter** gelten als *Matzenberger*, ebenso wie die **Zeller**[11] und die Bewohner von **Berg.**[12] Und wenn die **Nußdorfer** einst nach **Walsheim** gingen, sagten sie, sie gingen *uf Matzeberg.*[13]

Die Böchingerstraße, die ehemalige Judengasse in **Godramstein,** ist heute noch bekannt als *Matzenberg.*[14]

Paris galt im 18. und 19. Jahrhundert als Inbegriff der Vornehmheit und Eleganz, aber auch einer gewissen Verkommenheit und Sittenfreiheit. *Klee(n) Paris* wurde in **Bisterschied,**[15] **Gerbach,**[16] **Hirschhorn, Oberweiler im Tal,**[17] **Queichhambach,**[18] **Waldfischbach-Burgalben,**[19] und **Wallhalben**[20] nachgeahmt. Sogar ein einzelner Hof wie der in der Nähe **Rambergs** konnte diese Bezeichnung erhalten:

---

[8] Brenner'sche Sammlung. Die Zuschrift ist nicht zu datieren und zu lokalisieren.
[9] PfWb. 4,1220.
[10] "... daher möglicherweise zu (oder Einfluß von) Matzen ('Gebildbrot der Nichtjuden in der Weihnachts- und Fastenzeit')." PfWb. 4,1220.
[11] PfWb.
[12] PfWb. 4,1220.
[13] Pfälzisches Museum/Pfälzische Heimatkunde 1922, Heft 7/8. Das Wort soll oft Veranlassung zu Keilereien gegeben haben.
[14] Mitteilung von GERD RUNCK.
[15] PfWb.
[16] "Weil es durch seinen übermäßigen Luxus der bäuerlichen Bevölkerung allgemein in der Westpfalz bekannt ist." Brenner'sche Sammlung.
[17] PfWb.
[18] Mündliche Mitteilung von WILLY MATZ.
[19] Schmitt 1980.
[20] PfWb.

"Der Hof *Klein-Paris* am alten Marktwege nach **Gleisweiler** und **Landau** hat seinen Spottnamen vom Kontraste mit der stolzen Hauptstadt Frankreichs. Das kleine, hinfällige Holzhaus am Bergabhange gehörte einst armen Bürstenbindern, die nie stolz waren auf Komfort und auf ganze Fensterscheiben. Im Sommer schätzten sie die gesunde Bergluft und im Winter verstopften sie die Ritzen mit Lumpen und Schindeln."[21]

Die **Herschweiler** heißen nach einem berüchtigten Stadtteil *Wellhecker*.[22] Die von Mittelhambach ein Stück abliegenden **Unterhambacher** sind die *Annergasser*.[23]

Schmittweiler heißt nach einem Ortsteil *Gogsbach* oder *Gogsweiler*.[24] *Viermorger* heißen in **Kriegsfeld** die in der Kirchheimbolanderstraße Wohnenden.[25]

Ganz nach Art der schon bekannten Ortsneckpriameln werden die Straßen und die Ortsteile in **Berg** durchgehechelt:

"Wer durch die Reisiggaß geht un sieht kä Kind,
wer durch de Bruchberg geht un spert kä Wind,
wer durchs Unnerdorf geht un erläbt kä Spott,
der hat Gnad vum liebe Gott!"

Dabei sind die **Bruchberger** die *Brockefresser* und die **Reisiggässer** die *Brühsuggler*.[26]

Über die besonderen örtlichen Gebäude und Gassen von **Geiselberg** informiert folgende Priamel:

"Gehscht am alte Keller vorbei un sperscht ken Wind,
gehscht am Schulhaus vorbei und hörscht ken Kind,
gehscht die Hohl enuff und hörscht ken alti Fraa klahe,
drum kannscht ganz gewiß vum große Glück sahe!"[27]

---

[21] Grünenwald 1925, S. 19.
[22] PfWb.
[23] Bertram 1962.
[24] PfWb.
[25] PfWb. 2,1374.
[26] Stehle 1982.
[27] PfWb.

Wie gelegentlich auch bei den Pfälzern im Banat,[28] so wird die Priamel mit dem "Wind" und dem "Kind" auch in der Pfalz in Bezug auf die kleinste soziale Einheit, die Familie und deren Haus, durchgespielt, wie das folgende Beispiel aus **Alsenborn** zeigt:

"Wer an's DAUBE vorbeigeht und spürt ken Wind,
wer am Dreckplatz vorbeikimmt und sieht ken Kind,
und am SPRENGERT JOSEPH ohne Spott,
der hot e Gnad vun Gott!"[29]

Godramstein hatte einst vier verschiedene Ortsteile, deren Namen heute noch bekannt sind: Neben dem schon erwähnten *Matzenberg* (Böchinger-straße) gab es *das Räuschel* (Kirchgasse, Spitalgasse, der alte Teil der Bauerngasse), *die Au* (Hauptstraße in westlicher Richtung, etwa ab früherer Kunstmühle KINCK) und *im Leewe* (Löwe), das war die Hauptstraße von der Schule bis zur Einmündung Bahnhofstraße.[30]

Zumeist gab es eine deutliche Trennungslinie zwischen Oberdorf und Unterdorf, die auch eine Armutsgrenze darstellte. Arm und Reich lebten jeweils unter sich in getrennten Vierteln.

"In **Ilbesheim** (KIB) uff'm Gleiche,
do wohnen lauter Reiche,
hen se was an Wi(e)sse un Holz
wär'n se nochemol so stolz!"[31]

Ecker heißen allgèmein die Bewohner eines entlegenen Ortsteiles.[32] Und nicht immer ging der Streit zwischen zwei Ortsteilen so friedlich ab, wie in **Iggelbach**. Hier wird der Ort durch den Bachlauf in das *Owedorf* (Oberdorf) und das *Korzeeck* (Kurzeneck) getrennt. Im Jahre 1900 wurde im Owedorf ein Glockenturm erstellt, der heute noch steht und als Wahrzeichen des Ortes gilt. Die Korzeecker wollten damals den Turm auf ihrer Seite haben und so kam es immer wieder zu Reibereien zwischen den beiden Ortsteilen. Um die Korzeecker zu ärgern dichteten dann die Owedorfer folgende Verse:

[28] Wie z.B in **Bulkes**, vgl. Petri 1969, S. 11.
[29] PfWb.
[30] Mitteilung von GERD RUNCK.
[31] PfWb.
[32] PfWb. 2,719.

"Uf em Turm de Gockelhah'
zeigt er uns des Wetter a,
wie de Wind so dreht er sich,
un die Korzeecker ärgern sich!"[33]

30. Das sogenannte Streusel war eine Mischung aus Laub, Nadeln, Gras und Kraut und diente den Bauern in den Dörfern des Pfälzerwaldes als Strohersatz zum Einstreu für das Stallvieh. Streuselholen war eine Arbeit für die ganze Familie, bei der auch die Kinder mit ihren kleinen Rechen mithelfen mußten, aus den 20er Jahren.

---

[33] Mitteilung von WENDELIN SCHNEIDER.

13. Pfälzische Städte

"Wo der innere Gegensatz von Dorf und Stadt in dem allgemeinen Begriff der Gemeinde aufgelöst ist, und höchstens ganz äußerliche Unterschiede bleiben, wie etwa, daß die Stadt Oktroi (d.h. Steuer auf eingeführte Lebensmittel) erheben, bei Kirmes später Feierabend machen, den Wert der Pfarrwohnung höher anschlagen und dergleichen mehr, da muß natürlich auch das auszeichnende soziale Kolorit der Städte allmählich verblassen. Man kann eine ethnographische Darstellung von **Augsburg** und **Nürnberg** schreiben, aber nicht von den pfälzischen Städten. Jede Stadt hat auch hier natürlich allerlei kleine und zufällige Besonderheiten; das Wesentliche aber fällt mit der Charakteristik des ganzen Volkes zusammen."[1]

Den pfälzischen Städten wird hiermit ein eigenes Kapitel gewidmet. Vielfach sind die städtischen Necknamen aus dem sozialen Gegensatz zwischen Stadt und Land, wie er vor allem in früheren Jahrhunderten spürbar war, zu verstehen.

Die Landbevölkerung nennt die Bewohner der nächstgrößeren Stadt sehr häufig *Stadtschisser*, so z.B. die in **Annweiler, Bad Bergzabern, Bad Dürkheim, Germersheim, Kaiserslautern, Landau, Neustadt, Pirmasens, Speyer, Zweibrücken.**[2]

Städtisches Gehabe wurde zuweilen auch auf dem Dorf nachgeahmt. Wenn die **Kleinsteinhauser** nach **Großsteinhausen** gingen, sagten sie:

"Wir gehen in die Stadt!"[3]

Die Bewohner **Neustadts** neckte man noch im 18. und 19. Jahrhundert damit, der Stadt sicherstes Wahrzeichen sei, daß der Kot zu all ihren Toren hereinfließe. Trotzdem kennt man heute **Neustadt** als *die Perle der Pfalz*.[4]

Filax war zum einen ein häufiger Hundename, ist aber zum anderen auch der Name für die Blume Aurikel. Was war das tertium comparationis, der Vergleichspunkt, die **Bad Dürkheimer** so zu nennen?[5]

---

[1] Riehl 1973, S. 247 f.
[2] Bertram 1938, PfWb.
[3] N.N. 1951.
[4] Keiper 1907.
[5] PfWb. 2,1382.

Aus dem Gegensatz Stadt - Land speisen sich viele volkskundlich interessante Erscheinungen. Doch nicht zu jeder Zeit herrschte Vornehmheit und städtische Pracht, wie wir aus der Beschreibung von **Ludwigshafen** aus dem 19. Jahrhundert entnehmen können:

"Wenn uns der Pfälzer selbst erzählt, daß es in seinem Land eine neue Stadt gebe, so jung, daß sie noch keinen Gottesacker habe, doch aber schon zeitweilig ein Tivolitheater; eine Stadt, die früher ein Kasino besessen als eine Kirche; eine Stadt, die als Gemeinde beiläufig vierzehn, als Stadt nicht volle vier Jahre alt sei, und doch fühlten sich daselbst die Bürger, welche schon etwa fünf Jahre am Platze, in einer patrizischen Stellung als 'Altdahiesige' gegenüber den vielleicht erst seit drei Jahren angesessenen 'Dahiesigen' und gar angesichts der erst seit Jahresfrist 'Hergelaufenen'; eine Stadt, die Pflastergeld erhebe, obgleich sie noch gar kein Pflaster aufzuweisen habe, und deren Marktplatz vor wenigen Jahren noch dergestalt von Wasserlöchern durchfurcht gewesen sei, daß man sprichwörtlich sagte, ein Pferd könne auf dem Markt ersaufen: - wenn uns in solchen und noch viel derberen Zügen ein Pfälzer das echt amerikanische Bild der Stadt **Ludwigshafen** schildert, wie sie mit einer im Inneren Deutschlands unerhörten Schnelligkeit binnen zehn Jahren aus dem Boden gewachsen ist, dann kann man wahrhaftig doch nichts Besseres tun, als diese Worte voll Witz und Wahrheit buchstäblich niederschreiben.

Man muß freilich auch noch die positiven Züge hinzufügen: die merkwürdige Konzentrierung des Verkehrs an diesem vordem bedeutungslosen Punkte, die Regsamkeit der Einwohner, den hohen Häuserwert trotz der vielen Neubauten, die enormen Mietpreise, die Rentabilität manches rasch vollendeten Hauses zu zwölf bis fünfzehn Prozent, die Bevölkerungszunahme, das äußere Gepräge einer rechten Handelsstadt, welches die wenigen ungepflasterten Straßen von **Ludwigshafen** mehr auszeichnet, als die Straßen irgendeiner anderen Stadt in der Pfalz. So wird das originelle und anziehende Bild dieses Fragments einer Großstadt leibhaftig, die dem Verkehr des Landes neue Bahnen gezeichnet hat, und doch, menschlich gedacht, erst gerade alt genug wäre, um konfirmiert zu werden."[6]

---

[6] Riehl 1973, S. 236 f.

Der Name *Hemshöfer* für die Bewohner des ehemals ärmlichsten Stadtteils wird in Erinnerung an die hier trefflich geschilderten Zustände auf andere Stadtteile als *Hemshöfer II.* (**Limburgerhof**) und schließlich auf die ganze Stadt **Ludwigshafen** ausgedehnt.[7] Gelegentlich kann also der Neckname eines besonderen Stadtteils auf die ganze Stadt übertragen werden, wie es z. B. bei **Ludwigshafen, Pirmasens** und **Speyer** der Fall ist:

Nach dem Stadtteil Horeb, wo ebenfalls die ärmste Bevölkerung wohnte, nennt man die **Pirmasenser** *Horeber,*[8] nach dem bekannten Stadtteil Hasenpfuhl, wo einst die Fischer wohnten, die **Speyerer** *Hasebühler.*[9]

Das Zusammenwachsen der Städte aus älteren und neueren Teilen, das Entstehen von besonderen Arbeitervierteln und Handwerkerstraßen, die Einverleibung ganzer Dörfer in die wachsende Stadt, können zu einer Betonung der verlorenen, bisherigen Eigenart führen, die in der nachbarschaftlichen oder zunftmäßigen Organisation einer Art Sondergemeinde auch im neuen Gesamtorganismus oft bis heute nachwirkt.[10]

Eine Ortsneckpriamel in Bezug auf die pfälzischen Rheinstädte **Ludwigshafen, Speyer** und **Germersheim** lautet:

"Wen de liewe Gott will strafe,
den schickt er no Ludwigshafe,
wen 'r ganz vergesse hat,
schickt 'r in die Kreishauptstadt.
Schickt 'r 'n gar nach Germersheim,
geh er liewer in de Rhein!"[11]

Ob sich in diesen Versen die Erfahrungen der bayerischen Verwaltungsbeamten widerspiegeln, die im 19. Jahrhundert in die pfälzische Provinz geschickt wurden?

---

[7] PfWb.
[8] Der Name entstand in Anlehnung an den biblischen Horeb-Berg. Er hat erst ab 1792 nach und nach den ursprünglichen Namen "Gebirge" verdrängt; PfWb. 3.1177.
[9] Bertram 1938.
[10] Pfälzisches Museum/Pfälzische Heimatkunde 1921, Heft 5/6, S. 78.
[11] Christmann 1939.

14. Fremde Länder, Völker und Städte

Eine Eigenart, die sich auch anderweitig bei Ortsnamen feststellen läßt, ist die Benennung einzelner Orte mit irgendwelchen anderen geographischen Namen. Bei dieser Namensgebung handelt es sich nur zum kleineren Teil um unmittelbare Vergleiche. Zeitgeschichtliche Einflüsse, die von außen kommen, werden hauptsächlich dafür verantwortlich sein.[1]

Bestimmte Stadtteile oder auch nur Straßen und einzelne Gebäude werden mit exotischen Namen versehen. Fremde Länder, Völker und Städte werden fast selbstverständlich in die Pfalz verlegt und eingebürgert. So ist *Ägypten* ein Stadtteil von **Neustadt**,[2] und das schon seit dem Spätmittelalter nicht ohne Grund. Denn in seiner Stadtchronik verzeichnet FRIEDRICH JACOB DOCHNAHL für das Jahr 1440: "Die ersten Zigeuner, 'die Leute aus Aegypten', erscheinen in unserer Gegend."[3]

Kamerun heißt ein Stadtteil in **Speyer**.[4] Dabei liegt vermutlich eine volksetymologische Umbildung aus *Kämmerer* vor.

Die *Krimm* gibt es zweimal in der Pfalz, einmal ist es ein südlich gelegener Stadtteil in **Ludwigshafen** und ein andermal einer mit kleinen Häusern an der Straße nach Hochspeyer in **Kaiserslautern.**[5]

Die Bezeichnung für die Krimbewohner kam zu der Zeit auf, als der Krimkrieg (1853- 1856) geführt wurde, oder auch bald danach. Der Stadtteil in **Ludwigshafen**, dessen Bewohner ausschließlich der Arbeiterschaft zugehörten, heißt so, seitdem die Häuser dort gebaut wurden.[6]

Als *Schipkapass* kennt man eine Überführung in **Speyer**[7] und als Bezeichnung für das enge Ende der Wassergasse in **Annweiler am Trifels**. Es weiß eigentlich niemand, wie jener Balkanpaß, der 1877/78 im russisch-türkischen Krieg heftig umkämpft war, zu der Ehre kommt, nach Annweiler versetzt zu

---

[1] Bertram 1936, S. 135.
[2] Keiper 1925.
[3] Dochnahl 1867, S. 70.
[4] Keiper 1925.
[5] Keiper 1903. "Derselbe Stadtteil heißt auch *Neu-Mölschbach*, nach dem südlich mitten im Wald gelegenen gleichnamigen Dorf." Ebd. S. 60.
[6] Keiper 1903.
[7] Keiper 1925.

werden. Der Volksmund aber erzählt, in einem Häuschen habe der "alte Welsch" gewohnt, ein Veteran, der sich entweder an eigenen oder fremden Kriegstaten begeisterte und sehr wahrscheinlich ein phantasievoller Erzähler gewesen ist. Vielleicht war er es, der den schmalen Durchschlupf mit jenem hochgelegenen Balkanpaß (1273 Meter) verglichen, vielleicht sogar die gegenseitigen Feindhandlungen bildhaft an dieser Stelle der Stadt dargestellt hat.[8]

Die *Insel Cuba*, ein anderer Stadtteil östlich der Friesenheimer Straße, und die *Insel Kreta*, ein Teil des früheren Dorfes **Friesenheim**, finden wir in **Ludwigshafen**.[9]

Korea ist die Bezeichnung für den Lindenweg und *Türkei* für die Kastanienstraße in **Wörth**.

Die *Russe* sind noch immer mitten unter uns, (auch nach dem Abzug des letzten russischen Soldaten aus der ehemaligen DDR), zumindest glaubt dies der pfälzische Volksmund. Sie leben in **Edesheim**,[10] **Frankenstein**,[11] **Herschweiler, Königsbach, Laumersheim, Lettweiler, Petersberg**[12] und in **Walshausen**.[13] Und jedem geographisch noch so Versierten sei es gesagt: auch *Rußland* liegt in der Pfalz. Wenn er sich nur in **Königsbach**,[14] **Laumersheim**[15] und in **Walshausen**[16] ein wenig umtun wolle, dort wird er es entdecken.

Zwei Neckverse sind in diesem Zusammenhang überliefert;

"Frankensteener (**Frankensteiner**) Russe,
danze uf de Schnusse!"[17]

---

[8] Mitteilung von WILLY ACHTERMANN.
[9] Keiper 1903.
[10] PfWb.
[11] Bronner 1911.
[12] PfWb. Schmitt 1980 brintgt den Namen mit der russischen Stadt **St. Petersburg** in Verbindung.
Nach Braun 1991 sollen sie sich wie die Russen im Winter mit Pelzjacken und Russenmützen gekleidet haben.
[13] PfWb.
[14] Bertram 1938.
[15] Bronner 1911.
[16] Keiper 1925.
[17] PfWb.

"**Walshauser** Russe,
met de krumme Strusse,
met de krumme Sohle,
de Deiwel soll se hole!"[18]

Wahrscheinlich stammen die Necknamen aus der Zeit der Befreiungskriege, als die Russen tatsächlich in der Pfalz waren. Manche Erinnerungen an sie sind in unsern Dörfern noch lebendig.

"Aus **Minfeld** (...) wird berichtet, daß der Zar ALEXANDER mit vier Mauleseln am Feldtor selbst gehalten habe. Die Russen hielten strenge Kriegszucht, aber mit dem angebotenen Brot und Wein wollten sie sich nicht begnügen, sie verlangten Schnaps und Eierkuchen. Da man aber nicht genug Eier für letztere zur Verfügung hatte, schickte man nach **Kandel** in die Apotheke, ließ Ingwer holen, um den Teig schön gelb zu färben."[19]

Vermutlich weil die Gegend so abgelegen und unwirtlich erscheint, heißt ein Stadtteil in **Kaiserslautern** in der Nähe der Barbarossastraße *Neu-Rußland.*[20]

Bei der Erbauung des Frankenthaler Kanals unter dem Kurfürst KARL THEODOR in den Jahren 1773 bis 1777 war eine Menge italienischer und slowenischer Arbeiter beschäftigt, die bei **Edigheim** in Nothütten untergebracht waren. Einige davon sollen sich später, was aber geschichtlich nicht nachzuweisen ist, nach Fertigstellung des Baues dort niedergelassen haben. Deshalb nennen die Nachbarorte die Edigheimer *Schlowake,* und die bösen Buben der Nachbardörfer sangen:

"Die E'heimer Schlowake
in Olig gebacke,
in Essig getränkt,
morge wern'se ufg'hängt!"[21]

---

18 PfWb.
19 Bertram, Kriegsnot 1939, S. 42.
20 Keiper 1903.
21 Hebel 1917.

Die **Edigheimer** sollen auch *Kroate* sein. Wahrscheinlich handelt es sich dabei um eine Umdeutung des ähnlich klingenden "Schlowacke".[22]

Auch den **Freinsheimern**,[23] **Eppsteinern**[24] und **Hettenleidelheimern**[25] wird *Schlowacke* nachgerufen.

Die rund 4000 bis 5000 polnischen Soldaten und Offiziere, die nach ihren schweren Niederlagen im Freiheitskrieg gegen die russischen Truppen sich 1831/32 auf den Marsch ins Asyl bei den befreundeten Franzosen begeben wollten, wurden auf dem Weg durch die rheinbayerischen (pfälzischen) Städte von der gesamten Bevölkerung mit außergewöhnlich großer Anteilnahme und überschwenglicher Begeisterung empfangen.

In vielen Städten wurden Polen-Vereine gegründet, die mit Geld, Medikamenten, Nahrungsmitteln und Kleiderspenden ihre Solidarität mit der Sache Polens und dem Kampf für die polnische Einheit und Freiheit demonstrieren wollten. Diese Vereine sind langsam auch zu wichtigen Zentren für eine weitergehende politische Tätigkeit geworden und sie verstanden sich immer mehr als Plattform einer neuen liberalen Opposition gegen die Herrschaft der deutschen Fürsten. Kein Wunder, daß das Hambacher Fest 1832 auch einen ausgesprochen deutlichen polnischen Akzent erhielt. Die Ortsnecknamen *Pole,* (**Erfweiler**)[26] *Polacke,* (**Oggersheim,**[27] **Rheingönheim**)[28] und *Krakauer* (**Minderslachen,**[29] **Otterberg,**[30] **Waldleinigen**)[31] in Erinnerung an

---

[22] Bertram, Kriegsnot 1939, S. 27. Das Wort diente in der Folge noch als Bezeichnung für Wandergewerbetreibende: "Wenn nicht verschwunden, so doch stark gelichtet sein wird die bunte Schar der Dudelsackpfeifer, Bärentreiber, Seiltänzer, Mausfallenhändler usw. - fahrendes Volk, das man nicht sehr liebevoll mit der Gesamtbezeichnung Schlawacke bedachte." Esslinger 1922, S. 16.

[23] Bronner 1911.

[24] "Ich wohnte in einem Nachbardorf und es gab postwendend Hin- und Hergeschimpfe nebst Steinwürfen von beiden Seiten, wenn die Kinder der verschiedenen Dörfer einander zu Gesicht bekamen. Dabei schrie man auf unserer Seite immer: 'Eppstäner Schlowacke, scheißen in die Baracke!'" Mitteilung von HELLA STOLL.

[25] Bertram, Kriegsnot 1939.

[26] Heeger 1921.

[27] PfWb.

[28] Becker 1925.

[29] Eigene Erhebung.

[30] Keiper 1925.

[31] PfWb.

die damalige polnische Hauptstadt, haben sich bis heute erhalten. Das negativ besetzte Wort "Polacke" kommt auch in dem Vierzeiler vor:

"**Oggersheimer** Polacke,
in Ohlig gebacke,
in Essig getränkt,
werde bei Zeite gehenkt!"

An die für Land und Leute schlimme Zeit des Dreißigjährigen Krieges erinnern die Namen der in der Pfalz kämpfenden fremden Truppen: *Spaniole* (**Erlenbach-KL, Eulenbis, Kottweiler-Schwanden**) oder *Spanier,* (**Eulenbis, Kottweiler-Schwanden, Lohnweiler, Waldgrehweiler**)[32] *Schwedische,* (**Bruchmühlbach**)[33] *Franzose* (**Aschbach,**[34] **Göcklingen**)[35] oder *Stockfranzose* (**Aschbach**).[36]

31. Beim Kerweumzug 1985 erinnerte **Waldgrehweiler** an seinen Necknamen *Spanier.*

---

[32] PfWb.
[33] Becker 1925.
[34] PfWb.
[35] "Angeblich sollen sie auch 'Franzosen' heißen, weil auf ihrer Ortsfahne ein Gockelhahn (Symbol der Franzosen) gewesen sei. Von einer solchen Fahne ist jedoch weiter nichts bekannt." Schirmer 1981, S. 850.
[36] PfWb.

Aus Traditionsbewußtsein und überzeugtem Bekenntnis zu seinem Necknamen feiert man in **Lohnweiler** seit den 50er Jahren auf den 1. Sonntag im September die "Spanierkerb", bei der Männer und Frauen die typische spanische Kleidung tragen.

"Verwandschaftliche Beziehungen zu Schweden hatte Pfalz-Zweibrücken. JOHANN der Zweite nahm die Schweden 1632 begeistert auf und wurde bald das eifrigste Mitglied des Heilbronner Bundes gegen den Kaiser. Kurz nach Kriegsende kamen die Zweibrücker Wittelsbacher auf den schwedischen Thron (1654 - 1720). Ihre pfälzischen Untertanen wurden deshalb *'die Schwedischen'* genannt. Diesen Namen hat als Necknamen heute noch der einstige Grenzort **Bruchmühlbach** (...), während die Einwohner des benachbarten **Mühlbach** *'die Sickingsche'* gescholten werden. Die Bauern des im Elsaß liegenden Amtes Kleeburg, die sich als Lutheraner und wohl auch als Träger fortschrittlicher Bauernkultur von ihren Nachbarorten abhoben, nannte man die *'Schwedenbauern'*. Schon aus der Zeit des Krieges sind Ansiedlungen von Schweden bekannt. Auch die Dörfer des Ostertales heißen *'Schweden'*. Nach der Überlieferung sollen die Schweden in diesen verlassenen Dörfern Kolonisten, wohl vom Bischof von Münster vertriebene Protestanten, angesiedelt haben."[37]

Schon in der Zeit vor, vor allem aber nach dem Dreißigjährigen Krieg wanderten schweizer Hugenotten in die Pfalz ein und ließen sich hier nieder. Die *Schweizer* wohnen heute in **Leinsweiler**,[38] **Mörsbach**,[39] **Niefernheim**,[40] **Ruchheim**,[41] **Wiesbach**,[42] **Walsheim**.[43]

Ein Ortsteil von **Hochspeyer** trägt aufgrund der Einwanderung vieler Menschen aus dem Alpenraum den inoffiziellen Namen *Schweiz*,[44] ebenso die Nollgasse in **Bockenheim**, eine enge, krumme, ansteigende Gasse mit kleinen Häuschen.[45]

---

[37] Bertram, Kriegsnot 1939, S. 27 f.
[38] Eigene Erhebung.
[39] Bronner 1911.
[40] PfWb.
[41] Mitteilung von ERICH KRAUTH.
[42] PfWb.
[43] Eigene Erhebung.
[44] Ludt 1974, S. 46.
[45] PfWb. 5,1592.

Im Jahre 1558 zog Herzog WOLFGANG von Zweibrücken Schweizer in sein Land, die eine Mustermolkerei nach schweizer Vorbild errichten sollten. Dazu wurde **Neukastell** bei **Leinsweiler** ausersehen, wo ihnen Raum für Stall, Scheuer und Weidegang abgetreten und dem Melker und dessen Gesinde Wohnung gegeben wurde. Es muß sich um einen Vollbetrieb zur Verarbeitung der Milch zu Butter und Käse gehandelt haben, zu dem auch ein eigener Reifungsraum oder Käselager gehörte.[46]

Aus der pfälzischen *Schweiz* (**Mörsbach, Niefernheim**) weiß man noch folgende Neckverse zu berichten:

"**Leinsweiler** Schweizer,
mit de krumme Kreuzer!"[47]

"**Mörsbacher** Schweizer
scheiße in die Kreuzer,
scheiße in das Butterfaß,
He, (hört) ihr Leut, wie rappelt das!"[48]

Nach dem Dreißigjährigen Krieg sind auch Tiroler in der Pfalz seßhaft geworden, was an den Familiennamen nachweisbar ist. Die *Tiroler* ließen sich einst in **Fehrbach**[49] und in **Carlsberg** nieder. Bei der Erbauung des Zweibrücker Schlosses wurden Arbeiter aus dem Pitztal in Tirol beschäftigt, die die Sitten und Gebräuche der alten Heimat zunächst weiterpflegten:

"Die Tiroler (**Fehrbach**) sind froh,
sie versaufen die Federn und schlafen auf Stroh!"[50]

In **Ruppertsecken** siedelten sich im 19. Jahrhundert Österreicher an, die in der Bundesgarnison **Mainz** *Koschbeutel*, d.h. Kostbeutel, hießen.[51]

Vermutlich wegen ihrer gartenbaumäßig betriebenen Landwirtschaft in der fruchtbaren Rheinniederung nennt man die **Mechtersheimer** *Klee(n)-holländer*.[52]

---

[46] Seebach, Pfälzer Bauer 1991, S. 199.
[47] PfWb.
[48] Bronner 1911.
[49] Becker 1925.
[50] PfWb.
[51] Bronner 1911.
[52] Bertram 1938.

Viele der nachfolgenden Necknamen geben Auskunft über die einstige territoriale Zugehörigkeit im zersplitterten Südwestdeutschland:

Hanauer, (**Gersbach, Walshausen**)[53] *Hanauische,* (**Walshausen,**[54] **Kröppen, Trulben, Vinningen, Winzeln**)[55] *die Hesse* oder *Hanauische Lehmestamper,* (**Kröppen**)[56] *P(f)älzer,* (**Nanzdiezweiler**)[57] *Luxemburger,* (**Relsberg,**[58] **Kirrweiler**)[59] *Dege(n)felder,* (**Altdorf**)[60] *Ise(n)burger* (**Finkenbach-Gersweiler**).[61]

32. Zu den traditionellen Gewerben der Sinti gehörte das Scherenschleifen. RICHARD REINHARD aus **Stein** am Schleifbock prüft das geschliffene Messer, 1955 in **Landau**.

---

[53] PfWb.
[54] Becker 1925.
[55] PfWb.
[56] Schmitt 1980.
[57] Bertram 1939. Erinnert an die frühere Zugehörigkeit zur Kurpfalz.
[58] PfWb.
[59] Bertram 1936.
[60] PfWb. War vor dem Luneviller Frieden den Grafen von Degenfeld.
[61] PfWb.

Ulane finden wir in **Imsbach**, in **Jakobsweiler** die *Römer*.[62]

Zigeuner lebten einst in **Hanhofen**,[63] **Maxdorf**[64] und **Stein**.[65]

Eine andere ethnische Minderheit in der Pfalz waren die Juden, von denen wenig schmeichelhafte Necknamen überliefert sind:

Jurre, (**Herschweiler,**[66] **Hoppstädten**)[67] *Jurrepack,* (**Herschweiler**)[68] sowie *Geschmacksjurre* (**Geinsheim**)[69] und *Gooleme* (**Hoppstädten**).[70]

Wer nach **Unkenbach** kommt betritt *Hunnenland*.[71] Den Bewohnern wird nachgesagt, sie stammten von den *Hunnen* ab, die ehemals dort ein Lager errichtet haben sollen,[72] die Bewohner von **Konken** sind ebenfalls *Hunne*.[73]

Sogar Schwarz- und Rothäute zählen zu unseren pfälzer Landsleuten: So leben *Afrikaner* in **Ilbesheim** (SÜW),[74] *Neger* in (**Merzalben**), *Mohre* in **Schönau**, *Mohrekepp* in **Oberotterbach**, *Zulu* in **Thaleischweiler** und *Indianer* auf dem **Drehenthalerhof**.

"**Oberotterbacher** Mohre,
mit de lange Ohre!"[75]

"**Schönauer** Mohre,
mit de lange Ohre,
huppsen iwer d'Bohnestecke,
mit de dicke Arschbacke!"[76]

---

62 PfWb.
63 Bertram 1938. "Mehrere Siebmacher und Lumpensammlerfamilien stammen aus dem Ort." Ebd. o. S.
64 PfWb.
65 Auch hier waren sie Mitbürger.
66 PfWb.
67 Braun 1991.
68 PfWb.
69 Bertram 1962.
70 Braun 1991. Ein Golem ist nach der jüdischen Sage ein künstlich aus Lehm und Ton´erschaffenes menschliches Wesen, daß über große Kräfte verfügt und den Juden als Retter in Zeiten der Verfolgung erscheint.
71 PfWb.
72 Hebel 1917.
73 Heeger 1953.
74 PfWb. 1,142.
75 PfWb.
76 Schmitt 1980.

15. Vor- und Familiennamen

Die folgende Gruppe von Ortsnecknamen geht ebenfalls auf eine kultur-
geschichtliche Erscheinung zurück. Wie in vielen Familien, so waren früher
auch in einzelnen pfälzischen Dörfern bestimmte Vornamen gebräuchlich.
Hauptsächlich waren es gewisse Doppelnamen, die immer wieder auftraten
und sich Generationen hindurch weitervererbten und so Anlaß für die
Entstehung eines Ortsnecknamens gaben.

"Der Taufname wird dem Kalender entnommen und ist ein bekannter
Heiligenname, im Westrich sehr häufig gedoppelt, als: Hampeter, Hanntöbel,
Ammerie, Marieliß u.a. Gebildete Familien wählen gern besonders auf-
fallende ('artliche') Namen, zumal in der Ostpfalz."[1]

Früher war es üblich, daß der Name des Täuflings häufig nach einem der
zahlreichen Taufpaten und Taufpatinnen, der *Pettercher un Gootcher,*
(**Miesenbach**)[2] ausgesucht wurden.

Handieter, d.h. Johann-Dieter, wohnt in **Gommersheim**,[3] *Hannöwel,* d.h.
Johann-Jakob, in **Impflingen** und **Rehborn**,[4] sein Namensvetter *Hanjob* in
Windsberg,[5] *Hansjörge,* d.h. Johann-Georg, in **Bottenbach**,[6] *Hansmerte,*
d.h. Hans-Martin, in **Oberlustadt**,[7] *Hannikel,* d.h. Johann-Nikolaus, in
Edenkoben[8] und **Rhodt**,[9] sein Namensvetter *Hankel* in **Herrstein**,[10]
Hampeter, d.h. Johann-Peter, wohnt in **Lachen** [11] und in **Bockenheim**.[12]
Wegen dem häufigen Vorkommen von Johann-Nikolaus sind die **Impflinger**
die *Honäglich.*[13]

Nach dem populären Mundartdichter AUGUST HEINRICH, der unter dem
Namen *Bellemer Heiner* bekannt wurde, nennt man die Bürger von **Bellheim**
auch *Heiner.*[14]

---

[1] Schandein 1867, S. 348.
[2] PfWb.
[3] Heeger 1951.
[4] PfWb.
[5] Schmitt 1980.
[6] PfWb.
[7] Heeger 1951.
[8] Keiper 1925.
[9] PfWb.
[10] Heeger 1929.
[11] Heeger 1951.
[12] PfWb. 3,1363.
[13] PfWb.
[14] Bertram 1938.

In **Neuburg** gab man kleinen Kindern häufig den Namen *Jockel* nach dem Reisepatron Jakob.[15] Nach dem Schutzheiligen ihres Ortes, dem Heiligen Sebastian, heißt man **Esthal** *Baschau(n)*,[16] **Meckenheim** nach seinem Dorfheiligen St. Josef *Josefmeckerem.*[17]

Daanl, eine Verkleinerung von Anton, neckt man die **Lingenfelder**.[18]

Justus soll in **Alsenborn** ein beliebter Vornamen gewesen sein, so daß der Neckname *Juschdesse* oder *Juschdes* an ihnen hängengeblieben ist. Ganz ähnlich wird es vermutlich bei den *Hänncher* in **Niederkirchen** (KL)[19] gewesen sein. Nach dem jüdischen Namen Schamschon, der häufig vorkam, heißen die **Fußgönheimer** *Schambcher* oder *Schamscheskores.*[20] Ein notorisch bekannter Bettler aus **Mackenbach** hat schließlich dem ganzen Ort seinen Namen *Flutscher* gegeben.[21]

Die **Ruppertsweiler** sind *die Petere,*[22] und über den, der ihnen den Namen eingebrockt hat, sagt man:

"Deff, deff, deff, (1, 2, 3)
de Rubberswillrer Perer,
der rappelt mit'm Geld,
un sagt, des kann nit jerer.
Stolz wie en Graf,
un wann (weil) er käner is,
so setzt er sich in die Eisebahn (ins Burrefaß, d.h. Butterfaß)
un fahrt bis noch (rumpelt uf) Paris!"[23]

Ein Dorforiginal hat den Lauf der Zeiten in folgendem Vers überlebt:

"In **Hütsche(n)hause(n)** wohnt's Bottsche,
das geht ganz newedrauße!"[24]

Einen gewissen *Bloohans*, d.h. Blauhans, kennt man aus **Haßloch**.[25] Zwei Neckverse haben ebenfalls Vornamen zum Inhalt:

[15] Zink 1921.
[16] PfWb.
[17] Bertram 1962.
[18] Bertram 1937.
[19] PfWb.
[20] PfWb. 5,740.
[21] Bertram 1939.
[22] Schmitt 1980.
[23] PfWb., Geiger 1950.
[24] PfWb.
[25] Keiper 1925,

"Lorenz, pack die Gans an de Schwänz,
un führ' se bis nach Bermesenz (**Pirmasens**)!"[26]

"Edeward vun **Schifferstadt**
hat die Gääs am Bändel g'hatt!"[27]

Nach dem jeweils sehr häufig vorkommenden Familiennamen werden die **Hettenleidelheimer** *Schwalb* genannt,[28] die **Fischbacher** (PS) *Schlicken-fischbacher*.[29] Vermutlich war es der Familienname Kuhn, der den **Noth-weilern** *Kuhnerde* eingebracht hat.[30] *Ätsch-Ebner* sollen in **Mittelhambach** zu Hause sein.[31]

Der Familienname Sourisseaux in **Ramstein** stand Pate für den Necknamen *Surisso*[32] oder *Sorres*. Wer oder was verbirgt sich hinter dem *Pulverstoffel* aus **Hagenbach**?[33]

33. Rheinfischer KARL RICHTER (**Speyer**) mit einem großen Weißfisch, 50er Jahre.

---

26 Palatina v. 27.1.1934, S. 51.
27 PfWb.
28 Bronner 1911.
29 Eigene Erhebung.
30 Schmitt 1980.
31 Schick 1972.
32 Mitteilung von ROLAND PAUL.
33 PfWb.

16. Gegenstände

Namen bezeichnen nicht nur ein Lebewesen oder eine Person, sondern auch abstrakte oder konkrete Gegenstände. Von letzterem macht der pfälzische Volkshumor reichlich Gebrauch. Die Necknamen müssen nicht immer typische, im Ort häufig verwendete Gegenstände bezeichnen, sondern sind in der Regel dem alltäglichen Leben entnommen.

Da die **Haardter** ebenso wie andere Winzer beim Bestellen ihrer steilen Weinberge alles in Körben auf dem Rücken tragen müssen, heißt man sie *Rückkörb*,[1] die **Birkweiler** *Rickkeez*,[2] die **Bindersbacher** *Arschkerb*..[3] Aus mehreren Orten sind verschiedene Varianten eines als Polkalied gesungenen Schnaderhüpfels überliefert. In all diesen kommt als eigentliche Botschaft das spezifische Transportproblem in der Landwirtschaft zum Vorschein, wie es typisch ist für eine Mittelgebirgsregion:

"Wenn die **Birkweiler** Mischt nausführe,
brauchen se kee(n) Karch se schmiere,
henken se die Rickkeez uff,
unn so gehts de Daßberg nuff.
Dreimol hi(n) unn dreimo her,
isch ach schun die Rickkeez leer!"[4]

"Wenn die **Birkweiler** Mischt nausführe,
brauchen sie kään Karch se schmiere,
hänken se die Rickkeez uff,
unn so gehts de Dachsberg nuff.
Dreimol hin, dreimal her,
isch ach schun die Mischtgrieb leer!"[5]

"Wann die **Birkweiler** Mischt nausfiehre,
brauchen sie kän Karch zu schmiere,
hängen sie die Rickkeez uff
un maschieren de Daschberg nuff.
Daschberg hi(n), Daschberg her,
der Borgemeschder is kee(n) Landkummessär!"[6]

---

[1] Zink 1921.
[2] Becker 1925.
[3] Eigene Erhebung.
[4] Heeger 1952.
[5] PfWb.
[6] Becker 1925.

"Wenn die Gebirgsleut Mist 'nausführen,
brauchen sie kein Rad zu schmieren.
Denn sie hängen das Rückkörbel auf
und marschieren den Berg hinauf.
Polka hin, Polka her,
Polka wird kein Landkommissär!"[7]

"Wenn die **Gleishorbacher** Mist nausfiehre,
brauchen se net de Karch verschmiere.
Hängen se de Rückkorb uf
un marschieren de Narrberg nuff.
Dreimol hin, dreimol her,
esch die ganz Meschgrieb leer!"[8]

"Wenn die Gäseberger (Ortsteil von **Dörrenbach**) Mischt nausfiehre,
bauchen se ken Karch zu schmiere,
henken se de Rückkorb uf
un spaziere den Gäsberg nuf,
den Gäsberg nuf, den Steinbach nab,
wenn se nunner kummen, laden se ab.
Einmal hin, einmal her,
die ganze Mistgrub leer!"[9]

"Wenn die **Ramberger** Mischt 'nausfiehre,
brauche sie kee(n) Schubkarch zu schmiere,
hänke sie die Rückkeez a(n)
und trage de Mischt de Schloßberg hina(n)!"[10]

"Wann die **Franke(n)ste(i)ner** Mischt nausfahre,
brauche se keen Karch se lare (d.h. laden),
henke se de Mischtkorb a(n),
un marschiere de Schloßberg na(n)!"

"Wenn die **Iggelbacher** Mischt nausfiehre,
brauchen se kee(n) Karch se schmiere!"[11]

---

[7] Keiper 1925.
[8] PfWb.
[9] Deutsches Volksliedarchiv. "Vorgesungen von KATHARINA SEIBEL, 90 Jahre, **Dörrenbach** (Jan. '39)." Mit dem "Gäseberg" ist wohl ein Ortsteil mit kleinbäuerlicher Bevölkerung gemeint.
[10] Hebel 1917.
[11] PfWb.

Meschtkrabbe, (**Maikammer**)[12] *Reel,* d.h. Reitel, (**Albesen**) und *Wor-schaufel,* d.h. Wurfschaufel, (**Niederhorbach**) sind weitere bäuerliche Geräte. Mit der Wurfschaufel wurde das Getreide in die Luft geworfen und dadurch auf altertümliche Art von der Spreu getrennt, wenn man kein Sieb zur Hand hatte.

Bollmehlstiwel, Bollmehl ist das zuletzt beim Mahlen aus den Mühlsteinen laufende Mehl, schimpft man die Leute von **Sippersfeld**,[13] *Brotschänk,* d.h. Brotschränke, die von **Hinzweiler**,[14] *Brotsäckel* die von **Waldsee**,[15] *Brout-säck* die von **Esthal**.[16] Die **Waldseer** sollen, wenn sie zur Arbeit gingen, in Säckchen aus blauem Tuch ihr Essen mitgetragen haben. *Strohsäck* ist ein weiterer Neckname für die Waldseer,[17]

Satzstee(n), d.h. Grenzsteine, finden wir in **Kalkofen**, *Zabbeziwwerle,* d.h. Wasserzuber, in **Pleisweiler**,[18] *Plätsche,* ein Gerät zum Schlagen, auf dem **Hochstellerhof**.[19] Die Bauernwägen hatten früher *Jochnägel* (**Wesel-berg**).[20] Das war ein Metallstift am Vorderende der Deichsel, der die vom Kummet führende Kette hielt.

Was es wohl mit den *Zabbe,* (**Morschheim**)[21] den *Bambelstange,* (**Max-dorf**)[22] den *Knoppstecke,* (**Rehborn, Welchweiler**) dem *Hebsgescherr* (**Jakobsweiler**) und den *Klammhooke* (**Kollweiler**) auf sich hat?

Prüchel, (**Arzheim**) *Knippel,* (**Schweisweiler**)[23] *Knippelkeil* (**Reichen-bach**)[24] und *Holzknippel* (**Erzenhausen**)[25] sind ursprünglich Schlag-instrumente. Ob man damit auf den Charakter der Bewohner anspielt?

Das Holz wird zuerst auf dem *Sä(g)bock* (**Kirrweiler**)[26] kleingesägt und anschließend auf dem *Hackklotz* (**Esthal**) zerhackt.

---

12 Bertram 1936.
13 PfWb.
14 Bronner 1911.
15 Becker 1925.
16 PfWb.
17 Bertram 1938.
18 PfWb.
19 Becker 1925.
20 PfWb. Auch als Schimpfwort für einen ungeschickten, unbeholfenen, starrköpfigen Menschen; PfWb. 3,1352 f.
21 Heeger 1922.
22 Mitteilung von HELLA STOLL.
23 PfWb.
24 PfWb. 4,385.
25 PfWb.

In der alten pfälzischen Küche kochte die Hausfrau früher am offenen Herd. Wenn sie Feuer unter den *Rußkessel* (**Hornbach**)[27] machte, verbreitete sich *Ruß* (**Walshausen**) in der ganzen Küche.[28]

In einem jeden rechten Haushalt findet man *Dippe*, (**Alsenz**,[29] **Niedermoschel**) *Häwelcher* (**Weilerbach**)[30] und *Küwel*, d.h. Kübel, (**Rothselberg**) manche mit einem *Blechhenkel* (**Welchweiler**).[31] Meint *Kumcher* (**Heltersberg**) den Wetzsteinbehälter oder die Schüssel, Schale?[32]

Als *Stickel* kennt man die **Waldleininger**,[33] als *Perchstickel*, d.h. Pferchstickel, zum Befestigen der Hürden für Schafe, die **Ruppertsecker**,[34] als *Zollbücher* die Bewohner von **Minderslachen**,[35] als *Hinnerhooke*, d.h. Hinterhaken, die **Falkensteiner**.[36]

In **Böhl** schnürt man das *Gastbündel*,[37] in **Mörsfeld** schultert man den *Büchse(r)ranzen*, d.h. Rucksack oder Jagdtasche,[38] in **Gimmeldingen** die *Zwerchsäck*.[39]

---

[26] Menke 1957.
[27] PfWb.
[28] PfWb; siehe Seebach, Pfälzer Bauer 1991, S. 155 –160.
[29] Bronner 1911.
[30] PfWb.
[31] Bronner 1911.
[32] PfWb. 4,692.
[33] PfWb.
[34] Brenner'sche Sammlung. Der Ort soll früher von armen Hirten bewohnt gewesen sein.
[35] Bronner 1911.
[36] PfWb.
[37] Bronner 1911.
[38] PfWb.
[39] Bertram 1962. Das waren große zweigeteilte Leinensäcke, die man über die Schulter hing. Zwerchsäcke wurden einst auch von den **Zeiskamer** Samenhändlern als Transportmittel benutzt.

17. Kirchliches und Biblisches

"Die Pfälzer sind von Haus aus religiös, aber ein besonders kirchliches Volk kann man sie nicht nennen. In der Familie und in der persönlichen sittlichen Tüchtigkeit wurzelt ihre Religiosität viel mehr, als in einem festen kirchlichen Gemeindeleben. Die Moral steht ihnen über der Dogmatik, und beide über dem Kirchenregiment, wohl auch die Schule über der Kirche. In der Kirchenverfassung will der Pfälzer sein eigener Herr sein. Er ist duldsam gegen Andersgläubige, aber er drückt leichter da ein Auge zu, wo er zu wenig, als wo er zuviel Glauben und Kirchentum sieht. Man könnte das eine Toleranz nach der negativen Seite nennen, die freilich oft genug die leibliche Schwester der Gleichgültigkeit ist.

Es kreuzen sich alle Gattungen des Bekenntnisses, wie der persönlichen Religiosität, Kirchenparteien und Religionsstandpunkte im Lande, und diese bunte Mischung geht nicht nur durch alle Gaue, sie geht auch durch alle Stände. Die Extreme platzen schroff heraus, und doch liebt kaum ein anderes Volk in religiösen Dingen mehr das Mittelmaß."[1]

Endgültig vorbei sind die Zeiten des subtilen Religionskampfes, als noch die katholischen und protestantischen Bauern beispielsweise in **Queichhambach** wechselseitig am jeweils höchsten Kichenfeiertag Pfuhl, d.h. Jauche, auf die Felder führten und während der Fahrt durchs Dorf den Hahn des Pfuhlfasses etwas aufdrehten ...[2]

Geblieben aber sind die Necknamen der Religionsgruppen: *Kreuzkepp* (**Arzheim, Börrstadt, Geinsheim, Studernheim,**[3] **Neuhofen**)[4] war die Bezeichnung für die Katholischen, *Dickköpfe* für die Lutherischen und *Spitzköpfe* für die Reformierten.[5]

Werden die **Arzheimer** *Kreuzkepp* gerufen von ihren protestantischen Nachbarn, so antworten sie:

"Ihr habt ja im Luther sei Brotwurscht in **Worms** zu bezahle!"[6]

---

[1] Riehl 1973, S. 304.
[2] Mündliche Mitteilung von MATHILDE SEEBACH.
[3] PfWb.
[4] Eigene Erhebung.
[5] " ... die letztern Bezeichnungen stammen wohl von der Kopfform LUTHERS und ZWINGLIS (CALVINS?). Zudem nannte der andersgläubige Pfälzer die Reformierten auch 'Wasserköpfe', weil sie bei der Taufe eine ganze Handvoll Wasser über den Kopf des Täuflings gossen." Riehl 1973, S. 290.
[6] PfWb.

Weil die **Hohenecker** den St. Rochus als Schutzpatron seit einer erfolgreichen Anrufung bei der Pest im 17. Jahrhundert verehrten, heißen sie *Rochuser* oder *Roches*.[7]

Jeweils am 8. August machen die Winzer von **Hambach** bis **Forst** eine Wallfahrt zur Cyriakuskapelle in Lindenberg, weshalb die Bürger von **Lindenberg** als *Särkeskepp*, d.h. Cyriakusköpfe, bezeichnet werden.

Der Neckname *Spitäler* für **Speyer** ist auf die alte kirchliche Einrichtung der Stadt zurückzuführen. Die **Oggersheimer** sind in der Umgebung als die *Klostermöps* bekannt, die **Leinsweiler** als *P(f)affe*.[8]

Einst residierten im Böchinger Schloß die Ritter von Zeiskam. Sie hatten nicht nur einen eigenen Eingang vom Schloß in die Kirche, sondern in dieser auch einen besonderen abgeteilten Verschlag für die herrschaftliche Familie während des Gottesdienstes. Nach der Säkularisierung nahm der Ortsgeistliche für seine Familie die Ehrenplätze in Anspruch. Darüber kam es mit dem nunmehr privaten Schloßbesitzer mit Namen KERN zum Streit. Als der Pfarrer untersagte, daß dieser den Kirchenverschlag für sich und seine Familie benutzen dürfe, gab KERN seinen Bediensteten den heimlichen Wink, die Ehrenplätze auf hinter(n)listige Art zu verunstalten ... Die **Böchinger** müssen sich heute noch als *Kanzelschisser* verspotten lassen.[9]

Vor langer Zeit verrichtete einmal ein **Schwanheimer** Bürger seine Notdurft im Kohlfeld des Ortspfarrers. Ob dies aus Rache, Protest oder aus Not geschah, ist nicht überliefert. Sein Mißfallen über diese Schandtat äußerte der Geistliche dann Sonntags darauf in der Kirche mit drastischen Worten:
"Christen wollt ihr sein? *Klowe* seid ihr, denn ihr Schwanemer Christen vor dem Herrn, was ich euch heut predige, das hört ihr nicht gern. Ihr habt mir im Garten das Kraut verisse un auch hämlich hinner die Kanzel geschisse. In Gottes Namen soll euch de Deiwel hole ihr Sakraments Schwanemer *Klowe*!"[10]

"Du stellschd dich a(n), wie de erschd Mensch!" ruft man jemandem zu, der sich ungeschickt verhält. Und der erste Mensch, respektive Adam und Eva, müssen Ur-Pfälzer gewesen sein. Zumal für jeden gutgläubigen Pfälzer außer Zweifel steht, daß das Paradies nur in der Pfalz (gewesen) sein kann,

---

[7] Bronner 1911.
[8] PfWb.
[9] Mündliche Mitteilung von EMIL MÜLLER.
[10] Mitteilung von ROLF GÖTTEL, Schmitt 1980. Die motivgleiche Erzählung ist demnach an zwei Orten angesiedelt.

wie es schon PAUL MÜNCH in seiner "Pälzisch Weltgeschicht" geschildert hat. Der göttliche Schöpfungsakt schließlich muß sich demzufolge auch in der Pfalz abgespielt haben:

"De Adam is aus Lehme **(Leimen)** un die Eva aus **Altrip!**[11]

Als Adam nach der Vertreibung aus dem Paradies seiner Eva ein festes Haus in der Nähe der späteren Siedlung **Jockgrim** baute, sagte sie, nachdem dieses Gebilde fertiggestellt war, kritisch: "Adam, des isch jo (c)krumm!"[12]

Weniger gut bei der Schöpfung (des Volksmundes) kommen zwei Nachbargemeinden davon:

"Enkenbach und **Alsenborn**
schuf der Herr in seinem Zorn!"[13]

Bethlehem, (**Böchingen, Schindard**)[14] Sodom und Gomorrha liegen nach dem Glauben des Volkes ebenfalls in der biblischen pfälzer Landschaft:

"Büchelberg - *Bethlehem*!
Hagenbach - *Sodom und Gomorrha!*"[15]

Selbst Petrus und Jesus waren zumindest dem volkstümlichen Glauben nach der pfälzer Sprache mächtig; ob auch sie Landsleute waren?

Als Jesus noch auf Erden wandelte und auf einer Wanderung durch die Pfalz auf die Moschellandsburg kam, wollte ihm Petrus eine Augenweide schaffen und zeigte ihm die Ortschaften der Gegend. Jesus konnte aber ein versteckt liegendes Dörflein nicht sofort finden. Da fragte Petrus wiederholt lebhaft nach pfälzer Art: "Sieht ersch?" (Sieht er's?).
Seit jener Zeit hat der winzige Ort den Namen **Sitters**.[16]

Bibelfeste wissen, daß der Herr Jesus vom Satan versucht worden ist. Ob sie aber auch den Berg wissen, wo das geschehen ist? Die Pfälzer können uns diesbezüglich genau Bescheid geben. Sie sagen, es sei auf der Kästenburg bei **Hambach**, mitten in der sonnigen, gesegneten Pfalz geschehen. Da ist ein Felsplateau, von dem man eine herrliche Rundschau auf die

---

[11] Heeger 1953.
[12] Eigene Erhebung. Damit wird auf die dialektale Aussprache des Ortsnamens angespielt.
[13] Mitteilung von LYDIA WEILER.
[14] PfWb. 1,746. Angeblich wegen den in beiden Orten einst zahlreich dort wohnenden Juden.
[15] Eigene Erhebung.
[16] Bronner 1911.

paradiesische Gartenlandschaft der Vorderpfalz mit ihren Weinbergen hat, wo der gold-perlende Traubensaft reift. Hier habe der Satan verführerisch Jesus all die Schätze gezeigt und gesprochen:

"Sieh, all dies will ich dir geben, wenn du niederfällst und mich anbetest!"

Voll heiligen Zornes habe Jesus, obwohl ihm die goldenen Fruchtgefilde vor seinen Augen recht wohlgefallen hätten und er gerne seinen Blick darüber hinschweifen ließ, nur das Wort gerufen:

"B'halt's!"

So sei die P(f)alz zu ihrem Namen gekommen.[17]

Auch eine alttestamentarische Geschichte hat sich in der Pfalz abgespielt: Wie bekannt, flutete da, wo jetzt das Rheintal ist, einmal ein Meer. Der Wal, welcher den Propheten JONAS verschlungen hatte, schwamm die Rheinmulde herauf und kam bis in die Gegend, wo die heutige pfälzische Kreishauptstadt **Speyer** liegt. Da endlich erhörte Gott das Jammern des Propheten im Bauche des Fisches und befahl dem Meeresungetüm den heiligen Mann ans Land zu speien. Ein paar Hasenpfühler standen in der Nähe, und als sie das Unbehagen und das Würgen des Fisches vor dem Erbrechen beobachteten, riefen sie diesem ermutigend zu:

"Spei' er! Nur zu!"

Dann gingen sie hin und betrachteten den ausgespieenen Mann.

"Der is awer naß!" meinte der eine.
"Jo, -naß!", bestätigte der andere.[18]

Eine wahre geschichtliche Begebenheit liegt folgender Schwankerzählung zugrunde. Als die **Kallstadter** sich vor längerer Zeit eine Kirche gebaut hatten, merkten sie, daß sie keine Glocken besaßen. Um dem Übelstand abzuhelfen, borgten sie sich der Sage nach bei den **Dürkheimern** die Glocken und müssen sich seit jenen Tagen *Glockenborger* nennen lassen. Noch heute wollen die Leute im Klang der Glocken hören:

"Ich bin geborgt un wer(d) bezahlt mit lauder Keschdebäämerlaab!"[19]

---

[17] Schandein 1867.
[18] Bronner 1911.
[19] D.h. Kastanienbaumlaub, womit Inflationsgeld gemeint ist. Zink 1921. Sieben Jahre nach Ende des Dreißigjährigen Krieges (1655) haben der **Kallstadter** Schultheiß JOH. LORENZ SCHÜLLER (Schiller) und seine Frau Dorothea in **Frankenthal** drei Glocken gekauft und für die Kirche gestiftet. Im Spanischen Erbfolgekrieg konnten die Glocken vor den

Den Necknamen *Glockedieb* haben die Bewohner von **Kusel**, weil sie auf der nahen Lichtenburg in der Revolutionszeit ihre Glocken wieder holten. Obwohl zuvor die Insassen der Burgruine bei der Zerstörung der Stadt 1794 sich diese unrechtmäßig aneigneten, sollen die Lichtenberger auf die Kuseler nicht gut zu sprechen gewesen sein. Noch um 1900 haben sie wegen der Heimholung der Glocken die Hunde auf diese gehetzt, wenn sie auf die Burg kamen.[20]

Der Volksmund legt den Klang der Kirchenglocken im Nachbardorf mitunter drastisch aus. Wenn die **Edesheimer** Kirchenuhr Viertel schlägt, hören die Auswärtigen aus dem Klang der Glocke das Wort *Lumpevolk* heraus.[21] Wegen ihrer kleinen Glocke neckt man die **Patersbacher** *Schmelzpännche*.[22] Ob sie vielleicht gar keinen *Glockeklippel* (**Hirschthal**) hat?[23]

Ein junger Geistlicher aus der Pfalz vermochte den regional gefärbten Klang der Glocken auf seine Art zu verstehen. Er wurde von einem wohlhabenden Orte in der sonnigen, weingesegneten Vorderpfalz auf eine Pfarrei im bergigen, steinigen Westrich versetzt. Als eines Tages anläßlich der Firmung der Bischof in sein bescheidenes Dörflein kam, bei ihm Einkehr hielt und ihn leutselig fragte:

"Nun, wie gefällt's Ihnen jetzt hier, Herr Pfarrer, wie geht's?",

da gab der Priester etwas kleinlaut und bedrückt die Erklärung:

"Ach, Hochwürdigster Herr, da braucht man nicht viel reden; den Unterschied hört man schon am Geläut! Wie voll und wohlig klangen die Glocken vorn im Haardtland, als wollten sie sagen: Vi-num bo-num! Vi-num bo-num! (d.h. guter Wein). Wie mager und armselig aber schäppern die Glocken dahinne bei uns, als wüßten sie kein ander' Sterbenswörtchen als: Äppelwein! Grumbeer! Äppelwein! Grumbeer! Ja, Gnaden Herr Bischof, bei uns hat der Kostzettel nur folgende Abwechslung:

---

durchziehenden Franzosen noch gerettet werden, indem sie die **Kallstadter** vergruben, aber im Plünderwinter 1794 fielen sie doch den Franzosen in die Hände. Merk 1952, S. 158.
[20] Brenner'sche Sammlung; Bertram Kriegsnot 1939.
[21] PfWb.
[22] PfWb. 5,1148.
[23] PfWb.

Morgens gebt's Grumbeersupp,
mittags wer(de)n sie ganz verstupp(t),
owends kommen sie mit ganzer Schal,
is dies net e Grumbeerqual?"

Der Bischof mußte aber über dieses offene Zugeständnis herzlich lachen, und es dauerte nicht lange, so ward der junge Pfarrer wieder in die weinfrohe Rheinebene berufen, weniger aber, weil er die Sprache der pfälzer Glocken so gut verstand als vielmehr deshalb, weil er ein braver, tüchtiger und eifriger Seelsorger war.[24]

34. Stille Andacht vor der Lourdesgrotte im Gossersweiler Tal, um 1925.

---

[24] Bronner 1911.

18. Pfälzische Landschaften

Auf den ersten Seiten dieses Buches haben wir erfahren, daß einzelne Personen, soziale Gruppen, Siedlungsgemeinschaften wie Dörfer und Städte, ferner Stadtviertel und Gassen, aber auch Länder und Völker Träger von Necknamen sein können. Zwischen den Orts- und den Volksnecknamen einzuordnen, finden wir gerade in der Pfalz sehr häufig regional begrenzte Neckereien auf bestimmte Landschaften.

Das hügelige Rebenland der Haardt ist die markanteste Trennungslinie in der Pfalz. Sie scheidet die zwei großen pfälzischen Hauptlandschaften, die sich vor allem nach Bodenbildung, Bodenkultur, Anlage der Wohnorte, Tracht, Mundart und Lebensweise der Bewohner voneinander unterscheiden, was natürlich Anlaß zum Spott gibt.

"Es gibt keinen bestimmteren Gegensatz zu absolutem Weinland als absolutes Waldland, und beides steht hier unvermittelt nebeneinander ... Es ist das allgemeine Vorurteil der Bewohner fruchtreicher Ebenen gegen die Siedler eines rauhen Waldgebirges, welches der Vorderpfälzer gegen den Westricher hegt. Da unten im Weinland, wo es nach Pfälzer Redeweise schon um einen ganzen Rock wärmer ist, schaut man mitleidig zu den Waldbauern hinauf, als zu den Leuten, die von Natur geringer sind, die schlechter wohnen, schlechter sich kleiden und nähren, denen nicht die Kraft vorderpfälzischer Weinknochen im Leibe steckt, da ihnen die Kartoffeln ja schier zum Hals herauswachsen ... Weinland und glückliches Land ist aber in der pfälzischen Volksmeinung noch immer ebenso häufig gleichgeltend, wie Berg- und Waldland und armes Land; der Wein macht gescheit und aufgeklärt; der Waldbauer bleibt seine Lebtage verstockt und einfältig."[1]

Westrich

Die Kartoffel ist die vorherrschende Kultur der Westpfalz. *Westricher Dudelsäck, Kartoffel-* oder *Grumbeeresäck*[2] und *Grumbeerebäuch*[3] kann man aus dem Munde eines Vorderpfälzers hören, wenn er einem Westricher begegnet. *Westricher Dudelsäck* heißen auch **Münchweiler** (SÜW) und **Silz**, überhaupt die Leute aus dem Gossersweiler Tal, ebenfalls wegen ihrem Kartoffelanbau.[4]

---

[1] Riehl 1973, S. 41 - 44.
[2] Bronner 1911.
[3] Hebel 1917.
[4] Keiper 1925.

Der Westrich wird als das *Wüstreich* gedeutet, obwohl es sich um eine waldreiche Landschaft handelt.[5] So erklärt sich auch der Neckname *Westricher Knüttel*.[6] Der Ort **Altdorf** ist *Klein-Westrich*.[7]

Der ganze Westrich wird von den stolzen Vorderpfälzern auch als *Heckenland* bezeichnet.[8] *Heckenland* wird auch auf die Nordpfalz bezogen.[9] Das Gebiet zwischen Queich und Lauter heißt allgemein das *Holzland*.[10] Im engeren Sprachgebrauch und nach dem Zeugnis der Geschichte wird damit das alte kurpfälzische Gericht Waldfischbach mit folgenden sechs Dörfern gemeint: **Waldfischbach**, **Steinalben**, **Schmalenberg**, **Heltersberg**, **Geiselberg** und **Schopp**.

Überhaupt ist der Westrich nach den Worten des Mundartdichters LUDWIG SCHANDEIN die *bucklig Welt, wu Fuchs un Haas Gutnacht sich Sache!*[11] Im Gegensatz zu der mit milderem Klima, goldenen Trauben und köstlichen Früchten gesegneten Vorderpfalz ist der Westrich das *Sauerbierenland*. Schon in einem Schreiben des Kurfürsten KARL LUDWIG von der Pfalz vom 28. Juli 1669 aus **Neustadt** heißt es:

"Ich habe meinen Bauch ziemlich mit dergleichen (Trauben) gefüllt, ehe ich ins Saupierenland komme!"

In einem anderen Brief des Fürsten steht:

"**Lautern** den Dienstag 31.August 1669, im sawer-pierenland, da die Trauben so hart sind, daß man die Spatzen mit todtschießen kann!"[12]

Vorderpfalz

Im Gegenspott bezeichnen die Westricher Bauern das flache Gebiet der Vorderpfalz als *Pfannkuchenland*,[13] die Bauern der Rheinebene als *Weinsiffer*[14] oder *Rhei(n)schnooke*, wobei letzteres für **Ludwigshafen** im besonderen gilt.[15]

---

[5] Bronner 1911.
[6] Walter 1904.
[7] PfWb. 4,301.
[8] Bronner 1911.
[9] Walter 1904.
[10] Bronner 1911.
[11] Heeger 1952.
[12] Christmann 1955.
[13] Becker 1925.
[14] Heeger 1952.
[15] Hebel 1917.

Die Gaubauern in der Rheinebene gelten bei den Winzern, die an den Rebenhügeln der Haardt entlang der Deutschen Weinstraße wohnen, als rechte Schollenfresser, Knicker und Geizhälse, die auch in den besten Jahrgängen nicht mehr ausgeben als sonst, und gern alles zusammenscharren. Doch diese lachen darüber, wenn die Weinbauern sie damit uzen wollen und sagen selbstbewußt:

"Mer ziechen meh' Woi(n) an unsere Haiser do unne im Sandland
als manchi Gemee(n) an de Haardt uf ihre ganz Gemarkung!"[16]

Nach einem wohl allgemeinen Charakterzug der Pfälzer nennt man nochmal gesondert die Vorderpfälzer *Krischer.*[17]

Haardt

Aber auch die Bewohner der Haardt kommen nicht gut davon, wenn wir uns an die schon erwähnte Priamel erinnern:

"Wer über die Haardt geht ungespott',
über **Gimmeldingen** ungeroppt
über **Mußbach** ungeschlagen,
der kann von Glück sagen!"

Wer sich in dieser Gegend aufhält, muß auf der Hut sein, denn:

"In der Haardt sind auch die Schubkarren närrisch!"[18]

Wohl als eine Folge der Fremdenverkehrswerbung sind neuere, südländische Bezeichnungen für den südlichen Teil des klimatisch begünstigten Ostabhangs der Haardt zu verzeichnen. Vornehmlich in Reiseberichten unterschiedlicher Zeitschriften und Magazine über den Landkreis Südliche Weinstraße finden sich neuerdings assoziative Bezeichnungen wie *Riviera, Mazedonien* und *Toskana.*

Andere Landschaften

Innerhalb der zwei großen Hauptregionen Vorderpfalz und Westpfalz finden wir jeweils eine Vielzahl von kleinräumigen Landschaften, die sich überschneiden können, da sich die regionalen Necknamen auf ganz unterschiedliche Sachverhalte beziehen.

---

[16] Heeger 1952.
[17] Walter 1904; siehe Kap. 5.
[18] Keiper 1907.

Die Gaubauern um **Landau** werden ebenso wie die **Gerhardsbrunner** auf der Sickinger Höhe *Manschette(n)bauere* genannt. Der Name hat sich von hier aus auf die Bewohner der ganzen Sickinger Höhe übertragen.[19] Bei der Talbevölkerung heißen deren reiche Töchter *Höhbritsche*,[20] sonst nennt man sie allgemein auch *Höhknewel*,[21] *Höhestampe*[22] und *Höhstorre*.[23] Dagegen liegen die Dörfer im Arnbachtal im sogenannten *Speckdaal*.[24]

Die Bruchbewohner, die in der Region zwischen **Homburg** und **Kaiserslautern** leben, werden von den Bewohner der Sickinger Höhe *Bruchkatze* genannt.[25]

Weil die Bewohner mancher Gegenden im vorigen Jahrhundert an überlieferter Tracht, Sitte und Volksbrauch länger festhielten, bekamen sie von ihrer fortschrittlicheren Nachbarschaft den Spottnamen *alte Welt* angehängt. Die *alte Welt* in der Vorderpfalz umfaßt die ehemaligen Kantone **Landau, Bad Bergzabern** und **Kandel**. Die *alte Welt* des Westrichs ist das Land zwischen Glan und Moschelbach.[26]

Das sogenannte *Oberland*, zu dem die Orte **Altenkirchen, Dittweiler, Frohnhofen, Herschweiler, Pettersheim, Krottelbach, Dunzweiler** und **Breitenbach** gehören, wird durch den gleichnamigen Musikantenverein in **Altenkirchen** hochgehalten.

Ein Teil der Südpfalz, der sich durch seinen Viehreichtum auszeichnete und etwa die Orte **Kandel, Steinweiler, Winden, Minfeld, Freckenfeld** und **Dierbach** einschließt, heißt allgemein *der Viehstrich*. "Laß ihn gehen, er esch aus em Viehstrich!" galt einst in den Nachbardörfern als glaubwürdige Entschuldigung.

Nördlich des Bienwaldes gegen das Gebirge zu, im heutigen Landkreis Südliche Weinstraße, liefen dereinst Männer und Frauen in der warmen Jahreszeit häufig ohne Schuhe und Strümpfe, man spricht deshalb von einem *barfüßigen Bezirksamt*. Hier wurde traditionell der Holzschuh getragen.[27]

Dort wo die Schuhindustrie immer noch zu Hause ist, im Gebiet zwischen

---

[19] Heeger 1952; siehe Kap. 2.
[20] Leibrock 1933.
[21] PfWb.
[22] Hebel 1917.
[23] Bronner 1911.
[24] PfWb.
[25] Braun 1991.
[26] Riehl 1973, S. 27, S. 62.
[27] Hebel 1917; siehe Kap. 2.

Waldfischbach, Rodalben, Münchweiler, Hauenstein, Thaleischweiler, Leimen und **Lemberg,** mit **Pirmasens** als Metropole, und wo heute die Deutsche Schuhstraße verläuft, liegt das *Schlappeland*.[28]

Nach einer geringwertigen Wildbirne, die man früher anscheinend an die Schweine verfütterte, nennt man das Tälchen, das von **Diedelkopf** über **Bledesbach** nach **Hüffler** führt, *Saubeeredaal*.[29] Zu den *Saubeeredäälern* werden außer Hüffler die Orte **Wahnwegen** und **Schellweiler** gezählt.[30]

Die Bewohner des Ostertales tragen, wegen ihrer ausgefallenen Küchenspezialität aus geriebenen Kartoffeln Waffeln im Waffeleisen zu backen, den Namen *Waffelpänz*.

Daalkälbcher werden die Bewohner des Lautertals von seiten der Höhendörfer gerufen.[31]

Die "steinreiche" Gegend um den Remigiusberg ist das *Wackenland*.[32]

Als eigenartige landschaftliche Bezeichnung der nördlichen und nordwestlichen Pfalz ist noch das *Buchfinkental* anzuführen, wie das abgeschiedene Tal des Moschelbachs früher mehr denn jetzt hieß.[33]

Einen eigenartigen Namen trägt das südliche Grenzgebiet des Pfälzerwaldes gegen Frankreich hin. In die einsamen, abgeschlossenen und armen Walddörfer war in den neunziger Jahren des 18. Jahrhunderts die Kunde von der Französischen Revolution gedrungen. Die von Gott und der Welt verlassenen Leute wären davon auf wundersame Weise ergriffen worden. Die bösen Nachbarn behaupteten, daß unseren Waldbauern die in der revolutionären Staatspraxis übliche Handhabung des (Fall-) Beiles besonders einleuchtend gewesen sei. Dies sei darum umso verständlicher, weil sie als Holzhauer selbst mit der tagtäglichen Praxis des Beiles vertraut gewesen waren. Deshalb hätte man beschlossen in dieser verlorenen Ecke zuerst in allen deutschen Landen eine Guillotine, ein "Hackmesser", aufzufahren. Von da an heißt der Waldstrich südwestlich von **Pirmasens** mit den Dörfern **Bottenbach, Kröppen, Vinningen** und **Simten** bis auf den heutigen Tag allgemein die *Hackmesserseite*.[34]

---

[28] PfWb.
[29] Hebel 1917.
[30] PfWb.
[31] Bronner 1911.
[32] Hebel 1917.
[33] Bronner 1911.
[34] Becker 1978, S. 363; Riehl 1973, S. 235.

Ein Schnapphahn, aus frz. le chenapan, ist bekanntlich ein herumvagabundierender, den Verkehr auf den Straßen störender und das Leben und Habe der Reisenden gefährdender Wegelagerer. Eine Glanzzeit für Schnapphähne waren das letzte Jahrzehnt des 18. und das erste des 19.Jahrhunderts. Die Gegend zwischen Odenbach und Lauter gilt als das *Schnapphahneland*.

Offensichtlich müssen schon die ehemals ehrbaren Sickinger Ritter Ende des 14. Jahrhunderts zu Strauchrittern geworden sein. Von ihrer Wasserburg in **Schallodenbach** aus sollen sie das Schnapphahnengewerbe betrieben haben. Besonders abgesehen hatten sie es wohl auf die reichen Kaufmannszüge, die vom Rhein, d.h. von **Bingen** und **Kreuznach**, auf den links und rechts am Odenbach durchlaufenden Höhenstraßen nach **Kaiserslautern**, **Zweibrücken** und **Metz** die kostbaren Waren transportierten.

Sie machten so lange die ganze Gegend unsicher, bis der Erzbischof KONRAD von Mainz diesem Treiben ein Ende setzte. In Erinnerung an diese alten Ritterszeiten heißen die **Schallodenbacher** *Schnapphahne*,[35] ebenfalls die Orte **Gangloff,**[36] **Reipoltskirchen**[37] und **Schmittweiler.**[38]

---

[35] Keiper 1925.
[36] PfWb.
[37] Bronner 1911.
[38] PfWb.

Anstelle eines Nachwortes

"Wir haben nämlich einmal vor Jahren eine Umfrage nach solchen Orts-neckereien veranstaltet und mußten's erleben, daß eine Deputation von weither erschien und feierlich erklärte, daß an der Begründung des Necknamens ihres Ortes laut Gemeinderatsbeschluß kein wahres Wort sei.

Ich versichere, daß ich auch ohne amtliche Benachrichtigung von vornherein überzeugt bin, für all die Necknamen, die ich nun mitteile, besteht kein, gar kein Grund und gilt ebenso jener feierlich übermittelte Gemeinde-ratsbeschluß von damals.

Wir wollen lieber hoffen, daß sich kein Dörflein zurückgesetzt fühlt, wenn es seinen Namen in dieser Reihe vermißt."[1]

---

[1] Becker 1925, S. 176.

Ortsregister

Literatur- und Quellenverzeichnis

BECKER, August. Die Pfalz und die Pfälzer. Leipzig 1958. Bearbeitete Neuauflage Neustadt/Landau 1978.

DERS. Die Nonnensusel. Roman aus dem Pfälzer Bauernleben. (Jena) 1886. Bearbeitete Neuauflage Neustadt/W. (1962).

BECKER, Albert. Pfälzer Volkskunde. Bonn-Leipzig 1925. Nachdruck Frankfurt a.M. 1979.

BECK, Karl. Die Chronik von Haardt. Neustadt a. d. W. 1980.

BERTRAM, Otto. Ortsneckereien in der Vorderpfalz. In: Heimat und Volkstum. Amtliches Nachrichtenblatt der Wörterbuchkommission der Bayerischen Akademie d. Wissenschaften in München. 1936, Heft 9, S. 133 - 136.

DERS. Sandhewel und Sauermilchkepp. Eine heitere Folge von Necknamen aus der Südpfalz. In: NSZ-Rheinfront Süd. Nr. 282. v. 2.12.1938. o.S.

DERS. Ortsnecknamen in der Westpfalz. Allerlei Spottnamen zwischen Sickingerhöhe und Potzberg. In: NSZ-Rheinfront. Ausgabe Neustadt a.d.W., Nr. 183, v. 8. August 1939.

DERS. Kriegsnot in der saarpfälzischen Volksüberlieferung. Sonderdruck aus den saarpfälzischen Abhandlungen zur Landes- und Volksforschung. Band 3. o.O. 1939.

DERS. Butzelropper, Gäuschnickel und Spüllumbesugler. Die Ortsnecknamen des Landkreises Neustadt an der Weinstraße. In: Die Pfalz am Rhein 1962, Heft 10, S. 183 f.

BEYSCHLAG, Friedrich. Von Ortsneckereien im allgemeinen und den Sammetärmeln im besonderen. In: Pfälzisches Museum 1926. S. 65 ff.

BLAUL, Friedrich. Träume und Schäume vom Rhein. Kaiserslautern 1838.

BRONNER, F. J. Bayerisches Schelmen-Büchlein. Diessen 1911.

CARL, Viktor. Pfälzer Sagen. 3 Bde. Neustadt/W. 1977

CHRISTMANN, Ernst. "Raachhinkel", "Pannewärmer", "Linsebuwe" und "Heckeböck". Über Herkunft und Bedeutung heimatlicher Ortschafts-Uz-Namen. In: Pfälzer Sonntag 1951, Nr. 33, S. l.

DERS. Heimatliche Ortsnecknamen. In: Der Jäger aus Kurpfalz. Pfälzer Heimatkalender für das Jahr 1951. S. 77 - 79.

DERS. Das Rätsel des Namens "Aegypten". Deutung eines Vorstadtnamens von Neustadt a.d.W. In: Pfälzische Heimatblätter 1953, Nr. 9, S. 1.

Ders. Saubeeredal und Sauerbierenland. Wer weiß etwas davon? In: Pfälzische Heimtblätter 1955. Nr. 11. S. 85.

DERS./FRIEDEL, Heinz. Kaiserslautern einst und jetzt. Otterbach-Kaiserslautern 1970.

DILLENKOFER, Werner. Münchweiler an der Rodalb. Pirmasens 1990.

DOCHNAHL, Friedrich, Jacob. Chronik von Neustadt an der Haardt. Neustadt a.d. Haardt 1867.

DRECHSEL, Heinrich. Von "Spiehllumbe" und "Eckeschisser". Uznamen für Ortsbewohner der VG Kirchheimbolanden. o.O.,o.J.

ESSLINGER, Jakob. Aus der Jugendzeit. Eine Plauderei eines alten Derkemer. Zweite, erweiterte Auflage. Dürkheim 1922.

FRIEDEL, Heinz. Kirrweiler. Die Geschichte eines pfälzischen Weindorfes. Kirrweiler 1978.

GEIGER, Theo. Ernst-heitere Spruchpoesie der Südpfälzer. Ein Spiegelbild ihres Lebens. In: Die Kunkelstube v. 16. März 1934, S. 1 f.

DERS. Spiegelbild Pfälzer Lebens. Lebendige Spruchpoesie der Südpfälzer. In: Pälzer Feierowend 1950, Nr. 2, S. 1 f.

GRÜNENWALD, Lukas. Die Höfe und Wüstungen an der Queich, am Sulzbach und im Dernbachtale. (Sonderdruck des Rheinpfälzers). Speyer 1925.

HAAB, Emil. Tod oder Landau. In: Palatina 1931, Nr. 41, S. 302.

HEBEL, Friedrich Wilhelm. Pfälzisches Sagenbuch. Kaiserslautern 1912.

DERS. Pfälzer Humor in Sprache und Volkstum. Kaiserslautern 1917.

HECKEL, Friedrich. Wer auf der Cöllner Brücke steht ... Allerlei Pfälzer Eigenarten und Angewohnheiten im Spiegel des Volkshumors und der Ortsneckerei. In: Pälzer Feierowend 1952, Nr. 44, S. 1 f.

HEEGER, Fritz. Pfälzer Ortsneckereien. In: Pfälzer Land 1922, Nr. 31, S.1 f.

DERS. Pfälzer Ortsneckereien. In: Pfälzer Land 1923, Nr. 35, S. 138. (Nachträge zum vorhergehenden Artikel).

DERS. Die Dorfneckereien der Südpfalz. In: Landauer Anzeiger v. 31. Oktober 1929, S. 3 und 2. November 1929, S. 3.

DERS. Der Kuckuck in der pfälzischen Volksmeinung. In: Der Trifels 1933, Nr. 6. S. 1 f.

DERS. Pfälzer Volksheilkunde. Ein Beitrag zur Volkskunde der Westmark. Neustadt 1936.

DERS. Unsere Bauern als Mundartforscher. Sprachneckereien und Uznamen aus der Pfalz. In: Pälzer Feierowend 1951, Nr, 16, S. 1 f.

DERS. Es klingelt Eulenspiegels Kappe. Die Dorfneckereien der Südpfalz. In: Pfälzer Land 1951, Nr. 26, S. 1 f.

DERS. Aus'm Häffel, fer des Häffel. Leibspeisen und Küchenaltertümer und wie sich die Pfälzer damit uzen. In: Pälzer Feierowend 1951, Nr. 33, S. 1 f.

DERS. Buntes Bild der pfälzischen Landschaft. Wie sich die Bewohner in Spott und Gegenspott uzen. In: Pälzer Feierowend 1952, Nr. 25, S. 1 f.

DERS. Die regsame, schaffensfreudige Pfalz. Ihr mannigfaltiges Spiegelbild im Humor des Volkes. In: Pälzer Feierowend 1954, Nr. 17, S. 1 f.

DERS. Vom großen Tiergarten der Pfalz. Ein Kapitel von Friesenheimer Eulen, der Enkenbacher Kuckuckskerwe und den Iggelbacher Wildkatzen. In: Pälzer Feierowend 1954, Nr, 28, S. 1 f.

DERS. Von Samtärmeln, Slowaken, Herzogsnarren. Geschichtliche Erinnerungen in pfälzischen Ortsneckereien und Schwanksagen. In: Pälzer Feierowend 1953, Nr. 44, S. 1 f.

DERS. Vom "Bockstall" zu den "Meistersingern". In: Pälzer Feierowend 1963, Nr. 28, S. 1 f.

DERS. Kuckucks- und Quetschekuchekerwe. In: Pälzer Feierowend 1963, Nr. 30, S. 1 f.

HERZOG, C.A. "Daut oder Landaag!" In: Pälzer Sunndag 1953, Nr. 4, S. 2.

HERZOG, Fritz. Die Tracht in der Pfalz. In: Pfälzische Landeskunde. Beiträge zu Geographie, Biologie, Volkskunde und Geschichte. Hrsg. Geiger, Michael/Preuß, Günter/Rothenberger, Karl-Heinz. 3 Bde. Landau 1981, Band 2, S. 463 - 475.

HEPDING, Hugo. Die Heidelbeere in Ortsneckereien. In: Hessische Blätter für Volkskunde. Band 24. Gießen 1926, S. 129.

HODAPP, Carl Josef. So uzt mer bei uns. In: Pälzer Sunndag (Beilage zur Pfälzischen Volkszeitung) 1967, Nr. 41, S. 6 f.

KAMM, Elisabeth. Pälzer Wörterbuch. Eine Sammlung von Wörtern, Ausdrücken, Redensarten, Redewendungen. Sprichwörtern u.a. in der Eigenart des Pfälzer Dialekts aus der Bad Bergzaberner Gegend. Bad Bergzabern 1978.

KEIPER, Philipp. Krimm, Kotten und Lawandee. In: Pfälzisches Museum 1903, Nr. 3, S. 44 - 46; Nr. 4, S. 58 - 61; Nr. 5. S. 76 - 78; Nr. 6, S. 92 f; Nr. 7, S. 103 - 105; Nr. 8, S.119 - 121, Nr. 9, S. 129 - 132.

DERS. Otterberg - Krakau. In: Pfälzisches Museum 1907, Nr. 5/6. S. 74 - 78.

Ders. Die Pfalz und die Pfälzer im Volksmund. In: Pfälzisches Museum 1907, Nr. 5 - 8, S. 137 - 142.

DERS. Rheinpfälzische Ortsspitznamen. In: Blätter zur bayerischen Volkskunde 1925, Heft 10, S. 21 ff.

KELLER, Kurt. Geschenk des Prinzregenten Luitpold an seine treuen "Königskinder" aus Harthausen. Geschichte des historischen Tabaktrocken-Schuppens von Harthausen oder: Warum die Harthausener "Königskinder" heißen. In: Heimatjahrbuch Landkreis Ludwigshafen 1985, S. 108 - 111.

KLEEBERGER, Karl. Ortsneckereien aus der Pfalz. Zusendung an den Verein für bayerische Volkskunde und Mundartforschung, (Brenner'sche Sammlung) 1908, 4 Seiten, handschriftlich.

KOCHENDÖRFER, Max. Warum die Kärweilerer "Brüder" häßen. In: Pälzer Feierowend 1958, Nr. 85, S. 2.

KÜCHLER, J. Otterberg - Krakau, die Lautringer Schabsler, das Schnapp-hahnenland, "c'est ici Landstuhl", der Lauterer Torbau u.a. In: Pfälzisches Museum 1908, Nr. 2, S. 22 - 24.

KÜSTNER, Wilhelm. Die Pfalz und die Pfälzer im Volksmund. In: Pfälzisches Museum 1908, S. 24 - 26.

LEIBROCK, Karl. Aus dem tiefsten Westrich. In: Der pfälzische Heimat-kalender 1923, S. 39.

DERS. Wie man sich im Westrich hänselt. In: Der Jäger aus Kurpfalz 1933, S. 49.

LUDY, Wilhelm. Wie sich Dorf und Landschaft verändern. In: Heimatkalender Stadt und Landkreis Kaiserslautern 1974, S. 44 - 48.

MENKE, Theo. Neckreime für Machbardörfer. In: Heimatkalender Birkenfeld 1957, S. 83 f.

Ders. Necknamen der Dörfer in der Grumbacher Gegend. Heimatkalender Birkenfeld 1961.

MERK, Ernst. Heimatbuch des Edelweinortes Kallstadt. Kallstadt 1952.

MÜLLER, Robert. Aus dem Westricher Anekdotenbüchlein: Lokale Necknamen - Westricher Spottvögel. In: Westricher Anzeiger, 1972, Nr. 43.

800 Jahre Münchweiler an der Rodalb. 1179 - 1979. Hrsg. Gemeindeverwaltung Münchweiler a. d. Rodalb.

NIERHAUS, W. Vom Haschbacher Kätzche und vom Trahweilerer Kuckuck. In: Westrichkalender Kusel 1980, S. 156 - 158..

N.N. Wie se sich nexe rund um de Exe. In: Aus heimatlichen Gauen, 1951, Nr. 45, o.S., Nr. 46, o.S. Nr. 47. o.S.

N.N. Was sind noch für Spitznamen für unsere Dörfer und Städte bekannt? In: Rheinpfalz, Ausgabe Kusel, v. 25.5.1961.

N.N. Weitere Spitznamen für unsere Dörfer und Städte. In: Rheinpfalz, Ausgabe Kusel, v. 8.6.1961.

N.N. Von "Haabcher" und "Meldestribber". Spitznamen unserer Dörfer und Städte. In: Westrichkalender 1962. Hrsg. Landkreis Kusel. (Aufgrund der beiden vorherigen Zeitungsartikel erstellt).

Der Pfälzerwald 1910, Nr. 7/8, S. 91; Nr. 10, S. 120; Nr. 11, S. 128; Nr. 12; S. 136; Nr. 13, S. 144; Nr. 14, S. 156.

Pfälzisches Wörterbuch, begründet von ERNST CHRISTMANN, fortgesetzt von JULIUS KRÄMER, bearbeitet von RUDOLF POST unter Mitarbeit von SIGRID BINGENHEIMER und JOSEF SCHWING. Wiesbaden. Stuttgart 1965 ff.

PFISTER, Friedrich. Weiteres zu den Ortsneckereien. In: Blätter zur bayerischen Volkskunde, Würzburg 1925, Heft 10, S. 34 f.

POST, Rudolf. Sprache der Nachbarn, Phonetische, morphologische und lexikalische Eigenheiten benachbarter Mundartsysteme im Eigenurteil pfälzischer Sprecher. In: BONNER, Maria/BRAUN, Edith/FIX, Hans (Hrsg.) Nachbarschaften. Thematische und systematische. Festschrift für Max Mangold zum 70. Geburtstag. Saarbrücken 1993, S. 259 - 275.

DERS. Pfälzisch. Einführung in eine Sprachlandschaft. Landau 1990.

REUTER, (Werner). Vun "Beerebumbes" bis "Weinsiffer". Allerlei Lustiges über Pfälzer Spottnamen - Übelnehmen gilt nicht. In: Pälzer Feierowend 1949, Nr. 9, S. 7.

RIEHL, Wilhelm, Heinrich. Die Pfälzer. Ein rheinisches Volksbild. Stuttgart-Augsburg 1857. Neuauflage Neustadt a.d. W. 1973.

RUBY, Arnold. Neukirchen - Mehlingen - Baalborn. Geschichte der Dörfer aus dem Kreis. Mehlingen 1979.

SCHICK, Ernst. Kose-Namen unserer Nachbarorte. In: Heimatkalender für die Stadt und den Landkreis Zweibrücken 1970, S. 50 - 53.

SCHIRMER, Adolf. Ortschronik. Göcklingen bei Landau/Pfalz. Geschichtliche Studien über ein Winzerdorf an der Südlichen Weinstraße. Göcklingen 1981.

SCHMITT, Heinrich. Von den Orts-, Spitz-, Uz- oder Ulknamen im Landkreis Pirmasens. In: Heimatkalender für das Pirmasenser und Zweibrücker Land 1980, S. 142 - 147.

SEEBACH, Helmut. Die Ortsnecknamen des Landkreises Südliche Weinstraße. Als Quelle der volkskundlichen Heimatforschung. In. Heimat-Jahrbuch 1987, Landkreis Südliche Weinstraße, S. 141 - 149.

DERS. Weihnachten in der Pfalz. Eine volkskundliche Studie zum Weihnachtsbrauchtum. Annweiler-Queichhambach 1990.

DERS. Wandergewerbe. Fahrende Handwerker, Wanderarbeiter und Hausierhändler. Altes Handwerk und Gewerbe in der Pfalz. Band 1. Annweiler-Queichhambach 1990.

DERS. Was der Pfälzer Bauer nicht kennt ... Essen und Trinken im Wandel der Zeit. Ein Beitrag zur Volkskunde der Pfalz. Annweiler-Queichhambach 1991.

DERS. Haardt. Küferhandwerk, Weinbau, Weintransport und Weinverkauf. Altes Handwerk und Gewerbe in der Pfalz. Band 2. Annweiler-Queichhambach 1991.

DERS. Ortsnecknamen des Landkreises Kusel - Quellen der volkskundlichen Heimatforschung. In: Westrichkalender Kusel 1992, S.66 - 73.

STEHLE, Ludwig. Dorfdialekt unserer Vorfahren. (Berg 1982).

STURM, Heinz. Spitznamen halten sich. Wie der Volksmund viele Gemeinden der Südpfalz nennt. In: Pälzer Sunndag (Beilage zum Schifferstadter Tageblatt) 1970, Nr. 12, S. 1.

VOGELSGESANG, Hugo. Sitten und Gebräuche im Bezirke Kusel. Sondernummer des Vereins für Heimatkunde des Remigiuslandes. Kusel 1921.

WALTER, Johannes. Neuer Beitrag zur pfälzischen Volkskunde. In: Das Bayerland 1905, S. 339 - 341.

WILDE, Julius. Pflanzennamen der Pfälzer. Neustadt 1923.

WUNN, Erich. Weber mit Stehkragen. In: Westrich-Kalender. Kusel 1977, S. 124 - 130.

ZINK, Theodor. Pfälzische Dörfer im Spott. Werkzeitung der Badischen Anilin- und Sodafabrik 1921, Nr. 9, S. 131 f.

DERS. Über das Spotten. Zusendung an den Verein für bayerische Volkskunde und Mundartforschung, (Brenner'sche Sammlung), 1899, vier Seiten , handschriftlich.

Ferner wurden Materialien des PFÄLZISCHEN WÖRTERBUCHS in **Kaiserslautern** verwendet, die BRENNER'SCHE SAMMLUNG im Archiv des Vereins für bayerische Volkskunde und Mundartforschung im Institut für deutsche Philologie, Volkskundliche Abteilung, der Universität **Würzburg** ausgewertet, die einschlägigen Materialien des DEUTSCHEN VOLKSLIED-ARCHIVS in **Freiburg** durchgearbeitet, sowie in den Jahren 1979 bis 1992 auf zahllosen Pfalzfahrten eigene Erhebungen gemacht.

Bildnachweis:

Sammlung ARNOLD, HERMANN (Bundesarchiv Koblenz Zsg. 142/50), A V 29 A: **32**

BECKER 1979, Abb. 67: **3**

Bildagentur INGRID E. LIEBSCHNER (Bühlertal): **10, 19, 20**

BOCK 1964, (1) S. 405: **26**

BONNER u.a. 1993, S. 265, 268: **14, 15**

CHRISTMANN 1939, (2) S. 120: **1**

EHRHARDT 1988, (3) S. 36, 60: **11, 12,**

FRIES 1925, (4) S. 115, 17, 89, 103: **9, 18, 22, 24**

ders. 1926, (5) S. 160, 73, 192, 159, 175, 133,: **4, 6, 13, 25, 27, 34,**

FREITAG, KURT (Edesheim): **23**

HÄSSEL, GERD (Reichenbach-Steegen): **16**

HENSSEN/WREDE 1935, (6) S. 275: **2**

Loschter Handkeesfescht-Zeitung 1938, S. 3: **5**

Sammlung RICHTER, KARL (Speyer): **33**

SCHLUNDT 1985, (7) S. 134, 129: **17, 31**

YODER 1961, (8) S. 45, 57: **7, 8**

ZIEGLER 1989, (9) S. 376, 183: **21, 30**

ZINK, THEODOR, historische Fotosammlung, Pfalzbibliothek Kaiserslautern: **28, 29**

(1) BOCK, HIERONYMUS. Kreutterbuch. Straßburg 1577. Reprint München 1964.

(2) CHRISTMANN, ERNST. Wir Saarpfälzer. (Deutsches Volk. Band 20). (Berlin) 1939.

(3) EHRHARDT, HANS. Sou war's frieher. Gossersweiler-Stein 1988.

(4) FRIESS, KARL. Durch die Pfalz. Bilder und Aufsätze. Speyer 1925.

(5) DERS. Durch die Pfalz. Zweiter Band. Ein Kranz ums Jahr. Speyer 1926.

(6) HENSSEN, GOTTFRIED/WREDE, ADAM. Volk am ewigen Strom. 2 Bände. Band 1: Arbeit und Leben am Rhein. Essen 1935.

(7) SCHLUNDT, RAINER. Waldgrehweiler. Chronik eines Dorfes. Hrsg. Ortsgemeinde Waldgrehweiler 1985.

(8) YODER, DON. Sauerkraut in the Pennsylvania Folk-Culture. In: Pennsylvania Folklife 1961, Nr. 2, S. 56 - 69.

(9) ZIEGLER, CÄCILIE. Sozialgeschichtliche Betrachtungen über das Winzerdorf St. Martin im 19. und frühen 20. Jahrhundert. St. Martin 1989.

Anhang:

Kerwefeste mit Ortsnecknamen:

Amselkerwe: **Knöringen**

Apfelschmierkerb: **Altenglan**

Bachstelzkerwe: inoffizielle Bezeichnung der **Queichhambacher** Kerwe durch den Vereinigten Turn- und Gesangverein, nachdem der Ortsbeirat einstimmig den Ortsnecknamen als Kerwenamen abgelehnt hatte.

Backenbirnenkerb: **Biedershausen**

Bajazze-Kerwe: **Alsenborn**

Besenbinder-Kerwe: **Reipoltskirchen**

Bleßkerwe: **Bruchweiler**

Bremerekerb: **Rathsweiler** (nach dem Ginster benannt).

Bürstenbinderkerwe: **Ramberg** (mit Bürstenbindertanz, -lied und -lauf).

Dampfkneppkerwe: **Wollmesheim**

Erbsenkerwe: **Quirnheim**

Froschschenkelkerwe: **Speyerdorf**

Gagertkerwe: **Gossersweiler-Stein**, nach dem Necknamen für Stein.

Gänsekerwe: **Oppau** (als sie noch am So. nach St. Martin gefeiert wurde); Oppau nennt die Kerwe nicht nach seinem Necknamen, sondern feiert am 1. Juniwochenende ein eigenes "Dambnudel-Fest"

Ginsfescht: **Winden**

Gummerekirb: **Dörnbach**

Hahnekerb: **Reuschbach**

Hädstorrekerwe: **Rinnthal**

Keschtekerwe: **Dannenfels,**

Kirschenkerb: **Rothselberg, Lauerhof**

Kuckuckskerwe: **St. Alban, Appenhofen, Enkenbach, Hayna, Hilst, Lambsborn, Roschbach, Seebach, Sondernheim, Trahweiler, Wernersberg.**

Original Kallstadter-Saumagen-Kerwe: **Kallstadt**

Pfefferminzkerwe: **Freisbach**

Quetsche-Kerwe: **Edigheim**

Quetsche Kerb: **Börrstadt**

Quetschekuchekerwe: **Mundenheim, Hohenöllen**

Rehbockskerb: **Hachenbach**

Rübenkerwe: **Studernheim**

Spelzenkerb: **Kaulbach**

Strauwekerwe: **Sarnstall**

Waffelekerb: **Mühlbach a. Gl.**

Wein- und Froschkerwe: **Speyerdorf**

Wein- und Hellschuchkerwe: **Kapellen-Drusweiler**

Wein- und Knoppfest: **Hochstadt**

Wein- und Quetschekuche-Kerwe: **Haardt**

Wildsaukerwe: **Gräfenhausen**, hier wird in jüngster Zeit eine lebende Wildsau beim Umzug mitgeführt, auch als Stofftier im Tanzlokal.

Worschdezippel-Kerwe: **Venningen.**[1]

---

[1] Die Zusammenstellung erhebt keinen Anspruch auf Vollständigkeit. Sie wurde aufgrund vielfältiger Informationen und eigener Recherchen gemacht.

Karnevalsvereine mit Ortsnecknamen:

Altrip: K.G. "Wasserhinkle" e.V.

Annweiler a. Tr: KV "Die Bockstallesier" e.V.

Bad Bergzabern: KG "Harneckia" e.V.

Berg: Carnevalverein Rot-Weiß "Die Gässeknie" e.V.

Billigheim-Ingenheim: Karnevalverein "Die Sandhasen" *

Bobenheim: Carneval-Verein "Die Zellerieköpp" 1965 e.V.

Böhl: KV "Böhler Hängsching"

Frankenthal: Karnevalsgesellschaft "Flomerschummer Zwiwwelböck" 1950/71 e.V.

Friesenheim: K.V. "Eule" e.V.

Germersheim: K.V. "Die Rhoischnooke" *

Heßheim: K.V. "Hessemer Kiesbolle" 1976

Hördt: hier wird der "Benserobber" als Faschingsfigur gewählt und der "Benserobber-Ball" gefeiert. *

Iggelheim: "Igg'lemer Bessem"

Kandel: BI-KA-GE 1963 "Die Krautköpf" e.V.

Lambrecht: Fastnachtskomitee e.V. "Die Lambrechter Gäsböck"

Miesenbach: Unterhaltungsverein Miesenbach e.V. "Miesenbacher Vielläppcher"

Mundenheim: Karnevalsverein "Munnemer Göckel" e.V.

Offenbach: KG. "Die Froschköpp"

Oppau: KV. "Obbarer Dambnudle" 1948 e.V.

Pirmasens: Fanfaren- und Musikzug "Die Schlabbeflicker 75" e.V.

Rammelsbach: Unterhaltungsver. Rammelsbach e.V. "Die Wackepicker" *

Ramstein: K.V. "Bruchkatze" e.V.

Rheingönheim: KG. "Klotzgrumbeer" 1909 e.V.

Rhodt: Karnevalverein "Rhodter Wämscht" im Turnverein Rhodt

Roxheim: Carnevalverein 1956 e.V. "Altrhoischnooke"

Rülzheim: K.G. "Rot-Weiß Die Stecher" e.V.

Schifferstadt: Karnevalgesellschaft "Schlotte" e.V.

Silz: Karneval-Club "Schnecketreiwer"[2]

---

[2] Mit Ausnahme der mit einem * gekennzeichneten sind alle Namen dem Mitgliederverzeichnis 1991/1992 der Vereinigung Badisch-Pfälzischer Karnevalsvereine e.V., Speyer 1991, entnommen.

Necknamensammlungen angrenzender oder pfälzisch beeinflußter Regionen:

Baden/Schwaben:

MOSER, Hugo. Schwäbischer Volkshumor. Die Necknamen der Städte und Dörfer in Württemberg und Hohenzollern, im bayerischen Schwaben und in Teilen Badens sowie bei den Schwaben in der Fremde mit einer Auswahl von Ortsneckereien. Stuttgart 1950.

Banat/Batschka/Donauschwaben:

HAGEL, Hans. Schwäbischer Volkswitz im Banat. In: Ders. Die Banater Schwaben. Gesammelte Arbeiten zur Volkskunde und Mundartforschung. München 1967, S. 179 -186.

HORN, Nikolaus. Ortsneckereien. In: GEHL, Hans (Hrsg.) Schwäbisches Volksgut. Beiträge zur Volkskunde der Banater Deutschen. Temeswar 1984, S. 121 - 128.

PETRI, Anton Peter. Donauschwäbische Ortsneckereien. Versuch einer Sammlung und Sichtung. Mühldorf/Inn. 1969.

Elsaß:

LIENHART, Hans. Elsässische Ortsneckereien. Ein Beitrag zum Studium von Land und Leuten unter Mitwirkung von Freunden und Kennern des Elsass gesammelt und bearbeitet. Heidelberg 1927. (Schriften der Elsass-Lothringischen Wissenschaftlichen Gesellschaft zu Straßburg. Reihe A. Bd. 2.).

Pennsylvania:

STOUDT, John, Baer. The Folklore of the Pennsylvania-German. Lancaster 1915.

Kurpfalz:

LEHR, Rudolf. Bloomailer, Wetzstoi(n)spucker un Brigande. In: LEHR, Rudolf/WAIBEL, Paul. Mudersprooch. Ein pfälzisch-fränkisches Mundartbuch. Karlsruhe 1978., S. 31 - 36.

MULCH, Roland. Ortsneckereien des Kreises Bergstraße. In: AUGST, Gerhard u.a. (Hrsg.) Festschrift für Heinz Engels zum 65. Geburtstag. Göppingen 1991, S. 198 - 230.

Rheinhessen:

KOCH, Hans-.Jörg. Blarrer, Zappe, Leddeköbb. Ortsneckereien aus Rheinhessen. Alzey 1984.

MULCH, Roland. Die Ortsnecknamen der rheinhessischen Kreise Mainz und Bingen. In: HILDEBRANDT, Reiner/FRIEBERTSHÄUSER, Hans (Hrsg.). Sprache und Brauchtum. BERNHARD MARTIN zum 90. Geburtstag.
Marburg 1980, S. 359 - 375.

Saarland:

BRAUN, Edith. Necknamen der Saar und drum herum. Lebach 1991.

Ebenfalls im BACHSTELZ-VERLAG sind erschienen:

Helmut Seebach

Haardt. Küferhandwerk, Weinbau, Weintransport und Weinverkauf.

Altes Handwerk und Gewerbe in der Pfalz. Band 2.

DM 68,- ISBN 3-924115-11-7

Helmut Seebach

Weihnachten in der Pfalz.

Eine volkskundliche Studie zum Weihnachtsbrauchtum.

DM 28,80 ISBN 3-924115-10-9

Helmut Seebach

Was der Pfälzer Bauer nicht kennt ... Essen und Trinken im Wandel der Zeit.

Ein Beitrag zur Volkskunde der Pfalz.

DM 44,- ISBN 3-924115-08-7

Bruno Hain

De erschte Schmatz om rechte Platz.

Lustspiel in drei Akten nach Hippolyt August Schauferts "Der Gaisbock von Lambrecht oder Ein Kuß zur rechten Zeit".

DM 20,- ISBN 3-92115-09-5

Bruno Hain

O du moi goldischi Krott! E pälzisches Liewesgedicht.

DM 8,- ISBN 3-924115-06-0

Ebenfalls im BACHSTELZ-VERLAG sind erschienen:

Helmut Seebach/Leo Seck
Die abenteuerliche Floßfahrt der Tiere durch das Pfälzer Land.
Ein märchenhaftes Kinder- und Bilderbuch.
(Empfohlenes Buch des Kultusministeriums Rheinland-Pfalz).
DM 19,80 ISBN 3-924115-02-8

Helmut Seebach/Ulrich Schreiber
Das Hambacher Fest der Tiere.
Die abenteuerliche Rückreise der vier Freunde.
(Empfohlenes Buch des Kultusministeriums Rheinland-Pfalz).
DM 25,80 ISBN 3-924115-04-4

Helmut Seebach
Annweiler und der Trifels in der Literatur.
Eine pfälzische Stadt und eine Burg im Spiegel von Sage und Dichtung.
DM 35,- ISBN 3-924115-03-6

Helmut Seebach/Bernhard Zerwann
Der deutsche Michel - fabel-haft. Eine politische Satire.
DM 22,80 ISBN 3-924115-05-2

Helmut Seebach
Wandergewerbe. Fahrende Handwerker, Wanderarbeiter und Hausierhändler.
Altes Handwerk und Gewerbe in der Pfalz. Band 1.
DM 48,- ISBN 3-924115-07-9

Natur~Park

DAS BIER, MIT DEM MAN FREUNDSCHAFT SCHLIESST.

PARKBRAUEREI AG PIRMASENS · ZWEIBRÜCKEN · TELEFON (06331) 8050

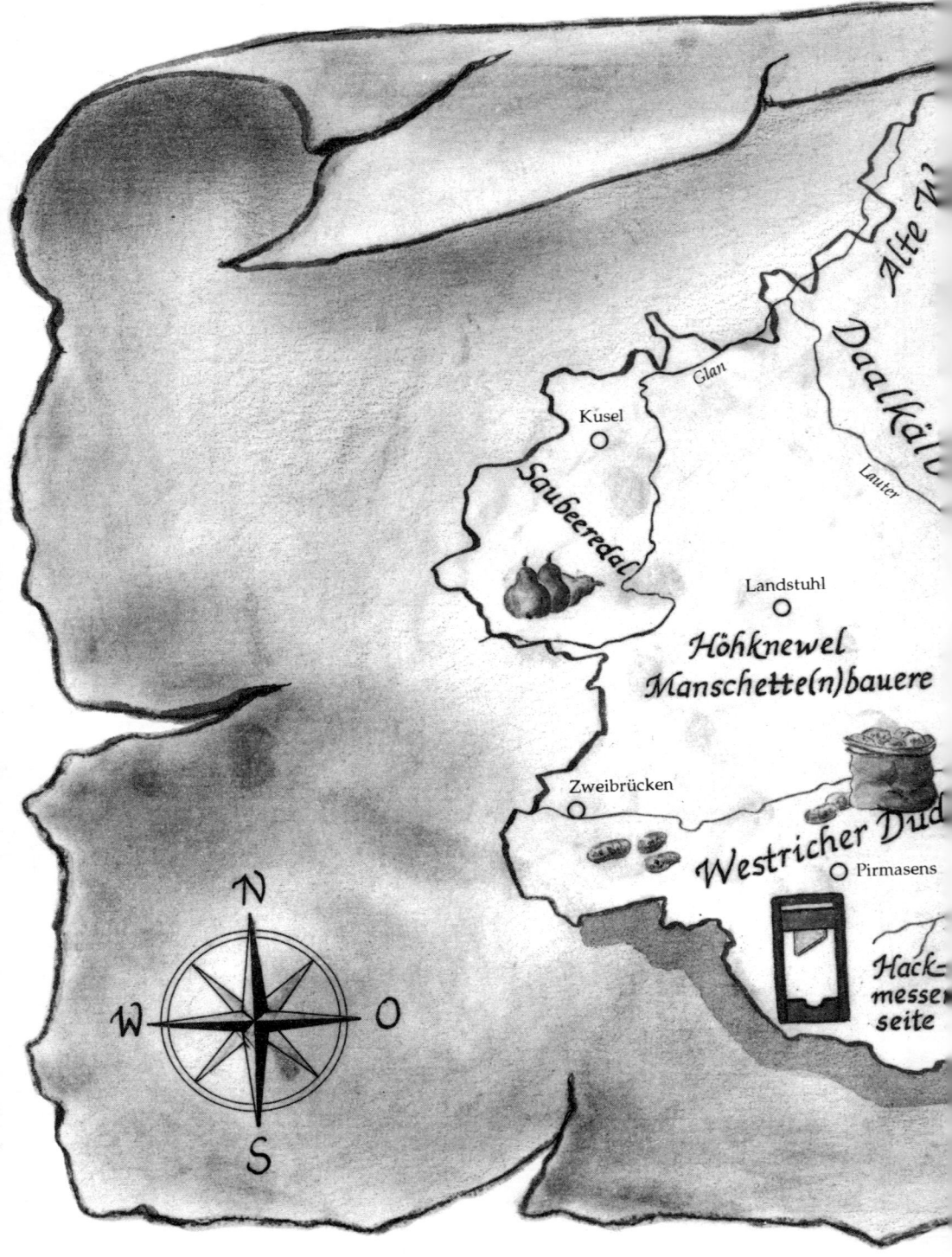

Alte W'

Daalkäl

Glan

Kusel

Saubeerdal

Lauter

Landstuhl

Höhknewel
Manschette(n)bauere

Zweibrücken

Westricher Dud

Pirmasens

Hack-
messer
seite

N

W   O

S